آفاق الحضارة

العربية الإسلامية

آفاق الحضـــارة

العربية الإسلامية

تأليف

الدكتور فاضل محمد الحسيني
دكتوراه دولة في الآداب

2006

رقم الإيداع لدى دائرة المكتبة الوطنية
(2006/1/66)

956

الحسيني ، فاضل
آفاق الحضارة العربية الإسلامية/ فاضل الحسيني . -
عمان: دار الشروق ، 2006.
(288) ص
ر.إ. : 2006/2/393
الواصفات: /الحضارة الإسلامية//العرب//

● تم إعداد بيانات الفهرسة الأولية من قبل دائرة المكتبة الوطنية

(ردمك) ISBN 9957 - 00 - 256-2

(رقم الإجازة المتسلسل) 2006/2/309

● آفاق الحضارة العربية الإسلامية .

● الدكتور فاضل الحسيني .

● الطبعة العربية الأولى : الإصدار الأول 2006 .

● جميع الحقوق محفوظة © .

دار الشروق للنشر والتوزيع
هاتف : 4618190 / 4618191 / 4624321   فاكس : 4610065
ص .ب : 926463   الرمز البريدي : 11110   عمان - الأردن

دار الشروق للنشر والتوزيع
رام الله : المنارة - شارع المنارة - مركز عقل التجاري هاتف 02/2961614
غزة: الرمال الجنوبي قرب جامعة الأزهر هاتف 07/2847003

■ الاخراج الداخلي وتصميم الغلاف وفرز الألوان و الأفلام :
دائرة الإنتاج / دار الشروق للنشر والتوزيع
هاتف : 4618190/1 / فاكس 4610065 / ص .ب ، 926463 عمان (11110) الأردن

Email : shorokjo@nol.com.jo

الإهداء

إلى روح والدي

الذي لم أره لمدة عقدٍ من الزمن

قبل رحيله الأبدي

المؤلف

المحتويات

المقدمة 9

الفصل الاول:

عراقة الحضارة العربية وأصالتها 11

الفصل الثاني:

معالم الحضارة العربية قبل ظهور الإسلام 33

الفصل الثالث:

الدور الريادي للحضارة العربية الإسلامية في بناء الحضارة الإنسانية 49

الفصل الرابع:

أثر حركة الترجمة في رفد الحضارة العربية الإسلامية 69

الفصل الخامس:

مسلمون مبدعون عبر العصور 93

الفصل السادس:

مدن إسلامية عريقة... 111

الفصل السابع:

التنظيمات الإدارية والسياسية إبان العصور الإسلامية المختلفة 147

الفصل الثامن:

صفحات من سفر الحضارة العربية الإسلامية........................ 181

الفصل التاسع:

الحضارة العربية الإسلامية والمفاهيم المعاصرة 205

7

الفصل العاشر:

آفاق الحضارة العربية الإسلامية في جنبات القارة السمراء..................233

المصادر والمراجع...257

الملاحق 265

8

المـحتويـــات

المقدمــة

الحضارة العربية الإسلامية إحدى أهم الموضوعات الجديرة بالاهتمام والإطلاع عند أبناء العرب والمسلمين عامة وطلبة الجامعات والشريحة الواعية المثقفة خاصة, إذ يجد الجميع رغبة في التعرف على الركائز الأساسية الأولى للبناء الشامخ الذي شيده الأجداد عبر العصور المتعددة مما يحملهم على الزهو والاعتزاز من جهة ويجدد فيهم العزم والثقة بالنفس نحو الخلق والإبداع من جهة أخرى.

نعتنا الحضارة في هذا المؤلف بالحضارة العربية الإسلامية ليس اعتباطا وإنما جاء ذلك وفق اعتبارات علمية سديدة فليس من الواقع في شئ أن نسمي حضارتنا بالعربية وحسب و لاسيما أن الإسلام بعصوره المتعاقبة وبالأمم المختلفة التى انضوت تحت لوائه وما جادت به قرائحها لا يمكننا والحالة هذه من إلغائها تماما, وكذلك الأمر إذا ما أسميناها بالحضارة الإسلامية فقط فإننا بذلك قد أقدمنا على قطع جميع الجذور والأسباب العربية لهذه الحضارة وقفزنا من فوق لنتأمل الأغصان فحسب دون النزول إلى الأعماق حيث الجذور القوية الممتدة في الأرض الصلبة عبر آلاف السنين لذا جاء عنوان الكتاب بـ (آفاق الحضارة العربية الإسلامية) منسجما تماما مع وقائع التاريخ وأحداث الماضي بصدق وموضوعية بعيدا عن التعصب أو التجني على الحقيقة..

حاولنا أن تتوائم فصول الكتاب مع التسلسل التاريخي لأحداث الحضارة العربية الإسلامية حيث بدأنا بتناول (عراقة الحضارة العربية و اصالتها) في الفصل الأول من الكتاب لنشير بذلك إلى قدم الحضارة العربية وعهودها السحيقة ثم تناولنا (معالم هذه الحضارة قبل الإسلام) في الفصل الثاني.

ومن الجدير بالذكر أن هذين الفصلين قد تناولا أحداث الحضارة العربية قبل بزوغ شمس الإسلام على الجزيرة العربية , لكننا , في الفصل الثالث نتطرق إلى الدور الريادي الذي لعبته الحضارة العربية الإسلامية في بناء الحضارة الإنسانية و ذلك بعد أن تشكلت ابرز الأبعاد الحضارية للحضارة العربية الإسلامية ثم نحاول الولوج إلى أهم الآفاق

الرئيسية لهذه الحضارة وذلك من خلال تناول أهم معالجاتها مثل (اثر حركة الترجمة التي قام بها العرب والمسلمون في رفد الحضارة العربية الإسلامية) وذلك في الفصل الرابع من هذا الكتاب تتبعه الفصول الأخرى في التطرق للعديد من الموضوعات الحضارية التي سطرها العرب المسلمون في مختلف أرجاء العالم الإسلامي وعبر عصوره الزاهية والتي أنجبت الكثير من العلماء الأجلاء في مختلف ميادين المعرفة والعلم كما أرست العديد من المدن الإسلامية الزاهرة فضلا عن وضع الأسس المتينة للتنظيمات الإدارية والسياسية العديدة ولم يغب عن بالنا التطرق لمفاهيم اليوم وصلتها الحميمة بالحضارة العربية الإسلامية حيث سبق وأن قالت كلمتها الفصل في هذه المفاهيم والتي يعتبرها البعض اليوم بأنها عصرية بحتة كالعولمة مثلا أو حوار الحضارات وتلاقي الأديان وغيرها وقد أدرجت هذه الموضوعات في الفصول الأخيرة من الكتاب..

الواقع, أن فصول الكتاب هي عبارة عن باقة من البحوث والمقالات التي تم نشرها في العديد من المجلات العلمية والصُحف العربية كما أن بعضا منها قد تم طرحه في مؤتمرات عربية علمية والبعض الآخر القي على طلبتنا الأعزاء في كل من جامعات العراق والمغرب وليبيا , وجدتُ في الأخير ضرورة ضمها في كتاب واحد توخيا للفائدة ولسهولة الإطلاع عليها لاسيما وأن موضوعاتها تشكل مادة أساسية عند طلبة مرحلة الليسانس كما أنها تغني الباحثين من طلبة الدراسات العليا في ميدان الحضارة العربية الإسلامية.

وفي الختام، لابد من الإشارة بأن ميادين الحضارة العربية الإسلامية متعددة ومتشعبة وموضوعاتها كثر لا يمكن والحالة هذه حصرها في كتاب أو مجلد واحد فقط لذا لا يمكننا القول بأن هذا الكتاب سيغطي موضوعات الحضارة العربية الإسلامية بأكملها وإنما تُعد فصوله بمثابة الشذرات من تاريخ هذه الحضارة والمفاتيح الأساسية لموضوعاتها تنير الطريق لمن يريد الاستزادة والتوسع أو الإضافة والتعمق.

آمل أن يتحف هذا المؤلف مكتبتنا العربية في مجال الحضارة العربية الإسلامية ويقدم العون والفائدة لطلبتنا الجامعيين والباحثين الأكاديميين .. والكمال لله وحده.

د. فاضل محمد الحسيني

(2005 م)

المحتويـــــات

الفصل الأول

عراقة الحضارة العربية وأصالتها

عراقة الحضارة العربية وأصالتها[*]

مقدمة:

من المؤسف أن يصف بعض الباحثين من الأوربيين دور العرب في نقل المؤثرات الفكرية إلى أوربا خلال العصور الوسطى، والتي نجم عنها التطور التاريخي لأوروبا وانتقالها إلى عصر النهضة، بدور الوسيط أو مثلما ينعتوهم أحيانا بـ (سعاة البريد)، أي أن العرب كانوا مجرد واسطة لنقل الحضارة اليونانية إلى أوروبا، ناسين أو متناسين بأن الحضارة العربية أقدم من الحضارة اليونانية وأن الأخيرة ما هي إلا امتداد للحضارة العربية واقتباس منها، وأن علماء اليونان قد اعتمدوا كثيراً في إنجازاتهم الحضارية على ما أنتجه وأبدعه العرب في وادي الرافدين ووادي النيل وفي بلاد الشام، وقد أكد ذلك الباحث رالف لنتون في كتابه (شجرة الحضارة) وذكر: "بأننا قد بدأنا فقط منذ وقت قريب ندرك مدى الدّين الذي تدين به الحضارة الإغريقية القديمة للحضارة العربية (1).

وأن الشواهد على ذلك كثيرة، فالطب اليوناني قد استفاد كثيراً من الطب المصري أو البابلي، وشعار الأفعى الذي يرمز للشفاء والذي نسب لليونان زوراً هو في حقيقة الأمر منحوتة من مدينة (لكش) العراقية تعود للعام 2000 قبل الميلاد وموجودة الآن في متحف اللوفر كدليل بيّن على إنتسابها للبابليين وليس لليونان، وكذا الأمر في الرياضيات فقد اعتمد اليونانيون في تقدمهم على العرب إذ أن البابليين قد سبقوهم في حسابات المثلثات القائمة والمتشابهة ونظرية فيثاغورس اليونانية أصبح معروفاً اعتمادها في الأساس على الأصل العربي البابلي(2).

---

*نشرت هذه الدراسة في مجلة شؤون عربية، التي تصدرها جامعة الدول العربية في القاهرة، العدد (115)، لسنة 2003

(1) لنتون، رالف: شجرة الحضارة (قصة الإنسان منذ فجر ما قبل التاريخ حتى بداية العصر الحديث). ترجمة د. أحمد فخري، مؤسسة فرانكلين للطباعة والنشر، القاهرة. نيويورك، ج2، ص209.

(2) قدورة، زاهية: تاريخ العرب الحديث. بيروت، 1985، ص322.

13

وفي هذا الصدد قال (ديورانت) في كتابه (قصة الحضارة):

((إن بابل علمت اليونان مبادئ الحساب والطب وعلم الطبيعة والفلسفة)) (3).

وحتى في حقل التاريخ، فقد لقبوا (هيرودوت) بأبي التاريخ كي يصوروا لنا أسبقية اليونان في الاهتمام بالتاريخ بيد أن العرب الفينيقيين قد سبقوهم بذلك حيث أظهروا اهتمامهم بالتاريخ منذ أواخر الألف الثاني قبل الميلاد(4).

كما لا يمكننا إغفال ما اقتبسه اليونان والرومان من العرب في ميدان اللغة، إذ عمل اليونان على نقل الأبجدية الفينيقية بين عامي 850-750 قبل الميلاد وقد اعترف اليونان بذلك وفي القرن السادس عشر قبل الميلاد انتقلت هذه الأبجدية إلى الرومان، وكتبت بها اللغة والآداب اللاتينية إلى سائر العالم الغربي(5).

إضافة إلى أن العرب عندما أطلعوا على تراث اليونان والرومان لم يأخذوه كما هو عليه، بل أقدموا على تحليله وتهذيبه فأضافوا إليه وأبدعوا، وأن الذي يستطيع أن يضيف ويحلل ويبدع لابد أن يكون قد امتلك إرثاً حضارياً عريقاً ولديه الباع الطويل في ميدان الحضارة ولن يكون قد التقى والحضارة لأول وهلة.

لذا سنتناول في هذه الدراسة الوجيزة عراقة الحضارة العربية وأصالتها لنثبت بما لا يرقى إليه الشك على قدم الحضارة العربية الضاربة جذورها في أعماق التاريخ، وسنتبع في تناول هذه الدراسة اتجاهين متداخلين مع بعض:

الأول: الاتجاه الأفقي: وهو الجانب الجغرافي الذي يتضمن محاولة لمسح الوطن العربي برمته بحيث يشمل مناطق الجزيرة العربية والخليج والعراق وبلاد الشام ومصر.

والثاني: الاتجاه العمودي: وهو الجانب التاريخي حيث ستغوص الدراسة في أعماق التاريخ لتمتد إلى أكثر من سبعة آلاف سنة قبل الميلاد.

---

(3) ديورانت، ويل: قصة الحضارة. ترجمة محمد بدران، ج2، القاهرة، 1957، ص187.

(4) مرعي، عيد: التاريخ الفينيقي لفليون الجبيلي. مجلة تاريخ العرب والعالم، العدد (180) السنة التاسعة عشرة، بيروت، 1999، ص12.

(5) أبوخليل، شوقي: الحضارة العربية الإسلامية. طرابلس، 1987، ص114.

وفي البداية وقبل الولوج في صلب الدراسة نحاول التعرض للحضارة بمفهومها العام، فقد عرّفها العديد من الباحثين العرب والأجانب على مر العصور بتعريفات شتى فمنهم من أرجعها إلى أصلها في اللغة حيث أنها كلمة مشتقة من الحضر ـ وهم سكان الأمصار والبلدان كما يرى ذلك ابن خلدون ويصفهم بأنهم المتقيدون بحاجات الترف والكمال في أحوالهم وعوائدهم بخلاف البدو سكان البادية المقتصرين على الضروري في أحوالهم والعاجزون عما فوقه(6).

وهناك من الباحثين الذين شاركوا ابن خلدون الرأي فوصفوا الحضارة بالمدينة Civilization المستمدة من لفظة (Civitas) اللاتينية والتي انحدرت منها الكلمات الأوروبية الدالة على الحضارة(7).

ومنهم من حصر مفهومها بالثقافة فقط (Culture) لكن الغالبية قد أجمعت على تحديد مفهومها بالأنشطة التي يقوم بها الإنسان ـ في أي مكان ـ وعلى كافة الأصعدة في طريق النهوض الواعي نحو الرقي والتمدن.

والحضارة العربية واحدة من الحضارات العالمية التي لعبت دوراً ريادياً في بناء الحضارة الإنسانية، وكانت إحدى أهم الروافد التي ساهمت في تشكل حضارة العصر.

وهي على تشعب موضوعاتها وكثرة ميادينها يصعب على الباحث تناولها في سفر واحد لكونها تحتاج إلى مجلدات كثيرة وتفصيل أكثر كما يعجز الباحث حصر خصائصها العديدة ومزاياه المتنوعة في بحث مستقل لذا سيركز هذا الفصل على أبرز ما اتسمت به الحضارة العربية من مزايا وصفات ألا وهي العراقة والأصالة.

الحضارة العربية منذ القدم ولغاية ميلاد السيد المسيح

لقد أثبتت الدراسات التاريخية من خلال الأبحاث والحفريات، أن الوطن العربي يمتلك إرثاً حضارياً بعيد الغور مغرقاً بالقدم.

---

(6) ابن خلدون، عبدالرحمن بن محمد: كتاب العبر وديوان المبتدأ والخبر في أيام العرب. المجلد الأول، ط3، بيروت، 1967، ص ص211-214.

(7) شجاع، سليمان أسعد، الحضارة بين الأصالة والمعاصرة، جريدة الدعوة الإسلامية، العدد (668)، الصادرة في 1999/10/20، طرابلس، ص5.

فموقعة ((تل السلطان)) في أريحا على سبيل المثال والواقعة في فلسطين كانت تقطنها أكثر من ثلاثة آلاف نسمة إبان العصر الحجري السابق لعصر الفخار والذي يمتد إلى حوالي سبعة آلاف سنة قبل الميلاد.

وكذلك الأمر بالنسبة للعراق حيث كانت مستوطنة ((تل حسونة)) شمال العراق يعود تاريخ وجودها إلى ما قبل ستة آلاف سنة قبل الميلاد، وقد جرى استغلال سهول نهري دجلة والفرات الغنية بالطمى في منطقة (اريدو) جنوب العراق بحيث شملت منطقة بلاد الرافدين مركزاً لحضارة العصر الحجري وبذات الوقت أرست الركائز الأساسية لقيام الحضارة السومرية قبل خمسة آلاف سنة قبل الميلاد(8).

ومن الجدير بالذكر أن السومريين في العراق ابتدعوا الكتابة لأول مرة بخطها المسماري أواخر الألف الرابع قبل الميلاد وأنهم أول من سكن بلاد الرافدين بعد الطوفان وعلى ضوء ذلك سميت منطقة جنوب العراق بـ (سومر) (9)، وقد توارثت الحضارات من بعدهم الكتابة التي ابتدعوها، إذ شهدت بلاد الرافدين ظهور عواصم الإمبراطوريات العربية الكبرى في التاريخ مثل بابل وأشور ونينوي(10).

لقد ساعدت خصوبة التربة في العراق وأرضه الغرينية على الزراعة المزدهرة وفي هذا الصدد قال المؤرخ اليوناني (هيرودوت) عن الزراعة في العراق يومذاك تنمو عندهم الزروع جداً حتى لا يضاهيها أرض خصبة بكل أقطار العالم(11).

فكانت الزراعة في العراق وبخاصة إنتاج الحبوب تشكل الدعامة الأساسية في تقدم المنطقة فضلاً عن تطور الري فيها سواء من النهرين الكبيرين (دجلة والفرات أو من روافدهما العديدة، إذ حفر السومريون الترع والجداول والقنوات ولا تزال إحدى قنواتهم وهي (قناة شط الحي) مستعملة ليومنا هذا.

---

(8) مسيرة الحضارة العربية: موسوعة عليمة مصورة، مراجعة د. شاكر مصطفى، المجلد الأول، إيطاليا، 1982، ص45.

(9) أبوخليل، مرجع سابق، ص79.

(10) أسمينا الإمبراطوريات التي شهدتها بلاد الرافدين بالإمبراطوريات العربية لكونها تضم القبائل العربية التي نزحت من شبه الجزيرة العربية، وأن البعض قد أطلق عليها لقب السامية مستنداً في ذلك إلى التسمية التي أطلقها اللغوي النمساوي شلوتسر لأول مرة في عام 1780م على بعض اللغات الشرقية.

(11) الحسني، عبدالرزاق: العراق قديماً وحديثاً. لبنان، 1956، ص12.

أما في مجال الصناعة فقد عرف أبناء الرافدين المعادن، مثل النحاس والفضة والـذهب كـما عرفـوا البرونـز منتصف القـرن الثالث قبل الميلاد.

وفي حقل العلوم أبدع السومريون في الحساب وامتهنوا الطب وكان الطبيب يركب عقـاقيره بنفسه، كـما أشـارت إلى ذلـك إحدى الوثائق السومرية وفي التشريع كان (اوروكاجينا) أول مشرع كما يعد أول مصلح اجتماعي عرفه العالم وقد سبق حمورابي سادس ملوك الدولة البابلية وصاحب الشريعة المعروفة باسمه، والتي تضمنت مائتين واثنين وخمسين مادة هـي القواعـد العامـة والخاصة للحقوق في الشرق العربي وخاصة فيما يتعلق بأمور الزواج والتبني والوراثة والتجارة.

ومن المفيد الإشارة إلى أن الملك حمورابي قد اتخذ من مدينة بابل بالعراق عاصمة له منـذ عـام (2100) قبل الميـلاد، وكـان يعد أعظم ملك عرفه التاريخ يومذاك، ومن إنجازاته الخالدة إضافة للتشريع هو تأسيسه للمدارس وحفره للأنهر (12).

ولا يفوتنا ونحن نتحدث عن البابليين في أرض الرافدين أن نتطرق لتقدمهم الباهر في ميدان الرياضيات فهم الـذين قسـموا محيط الدائرة إلى (360) درجة ووضعوا قواعد لاستخراج مساحة الأشكال غير المنتظمة وأوجدوا إشارات الطرح والتقسيم واعتمدوا التعداد العشري والتعداد الستيني، كما برع البابليون في علم الفلك حيث اهتموا بالتنجيم الذي قادهم إلى رصد النجوم وصوروا مساراتها.

ولابدّ ونحن نختتم الحديث عن عراقة الحضارة في وادي الرافدين أن نذكر (الجنائن المعلقة) في بابل أيام الكلدانيين، والتي تعد من عجائب الدنيا السبع، وهي عبارة عن حدائق على شكل مصاطب مرتفعة وفسيحة مبنيـة فـوق أقـواس تسـقى بواسـطة مضخات لولبية هي أعجوبة بحد ذاتها، قد بناها نبوخذنصر عام 500 قبل الميلاد تكريماً لزوجته(13) كل ذلك جعل منطقـة بـلاد الرافدين منطقة ذات حضارة اثبتت الحفريات بأنها من أكثر الحضارات غنىً وازدهاراً وعراقة(14).

---

(12) الحسني: المرجع السابق، ص14.

(13) أبوخليل: مرجع سابق، ص95.

(14) مسيرة الحضارة، مرجع سابق، ص50.

آفاق الحضارة العربية الاسلامية

وفي سوريا حيث مملكة "ايبلا" التي ظهرت على المسرح السياسي للمنطقة منذ أواسط الألف الثالث قبل الميلاد والتي عرفت بازدهارها الحضاري الكبير بين مصر وبلاد الرافدين وقد ظهرت إلى جانبها المملكة (ماري) قرب مدينة البوكمال الحالية والتي شهدت هي الأخرى ازدهاراً حضارياً خلال الألف الثالث قبل الميلاد حيث برزت فيها الفنون الرفيعة من تماثيل ولقى واختام وقبور فضلاً عن النحوت البارزة في الجانب الديني مثل "عشتار".

إن عراقة الحضارة العربية في بلاد الشام أو ما يطلق عيها أحياناً بسوريا الطبيعية قد تمثلت بشكل واضح في البقايا الأثرية التي عثر عليها الأثاريون خلال عمليات التنقيب التي أجروها في أراضي بلاد الشام، مثل الأدوات الحجرية أو بقايا الفحم الذي وجد في كهوف جبالها والذي يعود إلى عهود سحيقة في القدم تمتد إلى حوالي (150) ألف سنة كما أكد لنا ذلك علماء الآثار(15).

ومن الجدير بالذكر أن العصر النحاسي الحجري قد بدأ في سوريا عندما استخدم السوريون النحاس منتصف الألف الخامس قبل الميلاد ثم انتشر البرونز بعد ذلك ولعل أهم مراكز الحضارة في سوريا خلال هذا العصر هو مركز (أوغاريت) أو رأس الشمرا فضلاً عن المراكز الأخرى مثل تل حلف وتل براك.

كما شكل الآراميون التي تفيد المصادر من أن تسميتهم جاءت نسبة إلى (أموره) التي استخدمها أبناء الرافدين والتي تعني المنطقة الغربية أي أنهم يقطنون غرب بلاد الرافدين ثم أطلقت التسمية على سوريا بأكملها وهم من الشعوب العربية القديمة وتعدهم المصادر أول من هاجر من الجزيرة العربية صوب سوريا وذلك حوالي سنة (2500) قبل الميلاد وقد تمكن الآراميون من تأسيس عدة ممالك من أشهرها مملكة (عماض) وعاصمتها حلب(16).

كما أسس الآراميون دويلات وممالك أخرى بين القرنين الحادي عشر والعاشر قبل الميلاد ومن أبرزها مملكة (شمأل) شمالاً ومملكة (دمشق) التي تزعمت الممالك السورية جميعها لفترة طويلة لكن هذه الممالك جميعاً لم تستطع أن تؤسس مملكة أو دولة قوية واحدة لهذا لم يدم نفوذها السياسي طويلاً لكن ذلك لم يمنع إطلاقاً من استمرار شعاعها

(15)) قدورة، زاهية: تاريخ العرب الحديث. بيروت، 1985، ص322.

(16) أبوخليل: مرجع سابق، ص112.

الحضاري على المنطقة بل العالم وهذا ما حدث فعلاً بالنسبة للثقافة الآرامية وخاصة اللغة والكتابة التي بقيت منتشرة قروناً عدة ولا زالت بقايا هذه اللغة موجودة ليومنا هذا! في أماكن متفرقة في كل من سوريا والعراق ولا يفوتنا أن نذكر بأن اللغة الآرامية هي التي تحدث بها السيد المسيح لأنها كانت اللغة السائدة يومذاك في فلسطين وقد أصبحت نفس اللغة ذات طابع دولي امتد استخدامها من ضفاف النيل حتى ضفاف السند(17).

ومن المفيد الإشارة ونحن نتحدث عن حضارة بلاد الشام وعراقتها أن نذكر الكنعانيين الذين هاجروا من الجزيرة العربية نحو سوريا حوالي سنة (2500) قبل الميلاد وقد استوطنوا جنوب سوريا وتأثروا بالحضارة المصرية بخلاف الآراميين الذين تأثروا بالحضارة البابلية بالعراق، لقد انتشر الكنعانيون على طول الساحل الشمالي لسوريا الأمر الذي حمل اليونانيون أن يطلقوا عليهم اسم الفينيقيين وقد أسسوا ممالك عدة منها بيسان وصور وصيدا وبيروت وطرطوس ومن المعروف أن الفينيقيين أي (كنعانيو الساحل) هم الذين أسسوا مركز قرطاجة عام 814 قبل الميلاد(18).

لقد برع الفينيقيون في الصناعة كصناعة الزجاج والنسيج وصنع الأقمشة ويعد الفينيقيون أول الشعوب البحرية في التاريخ وقد تطور لديهم فن الملاحة ونشطت عندهم التجارة وكان اليونانيون يلقبون النجم القطبي بالنجم الفينيقي لطول باع الفينيقيين في الملاحة والبحر وقد تمكن الفينيقيون من ربط الشرق بالغرب بشبكة من الروابط التجارية والثقافية وشرعوا ينتشلون أوروبا من براثن الهمجية وذلك بتمكينها من استخدام حروفهم الأبجدية في الكتابة(19).

أما في مصر، فقد عرفت هي الأخرى أعرق الحضارات والتي تعود إلى ما قبل التاريخ أي حوالي 4000 سنة قبل الميلاد(20).

تلك الحضارة التي ساهمت بصنعها القبائل العربية التي قدمت إلى مصر عبر هجرات

---

(17) مسيرة الحضارة، مرجع سابق، ص131.

(18) أبوخليل: مرجع سابق، ص ص96-95.

(19) ديورانت: مرجع سابق، ص313.

(20) لنتون: مرجع سابق، ص208.

متعددة من شبه الجزيرة العربية سواء عن طريق باب المندب فالشواطئ الأفريقية الشمالية الشرقية ثم أثيوبيا فمصر أو عبر طريق الجنوب فشواطئ بحر الهند والخليج فالعراق وبلاد الشام وثمة مصر أو تلك التي قدمت عن طريق برزخ السويس، ومن الجدير بالذكر، إن هذه الموجات العربية قد نزحت إلى مصر في عصر سمي بعصر (ما قبل الأسرات) الذي مهد السبيل لقيام الحكومة الموحدة في أول العهد الفرعوني ويحدده المؤرخون بسنة (3500) قبل الميلاد، وللحقيقة التاريخية، نقول ليس العرب وحدهم الذين نزحوا نحو مصر بل قد رافقت الهجرات العربية هجرات أخرى من الحاميين عن طريق أفريقيا الشرقية ليمتزجا معاً مكونين سكان مصر القدماء بيد أن العرب كانوا الغالبية الساحقة لسكان مصر القديمة وأن الأرومة العربية قد تسربت إلى جميع الأسرات الحاكمة في مصر كما تغلغلت في مختلف المناطق المصرية.

وخلاصة الأمر، أن العنصر العربي قد دخل مصر قبل العصر الفرعوني وخلاله وأن بعض الباحثين يرجعون جميع العناصر التي استوطنت مصر إلى شبه الجزيرة العربية كموطن أصلي لهم(21).

لقد بدأ العصر الفرعوني في مصر منذ حوالي ثلاثة آلاف سنة قبل الميلاد وهو بذلك يسجل لنا بداية العصر التاريخي لمصر حيث تمت فيه توحيد مصر بشطريها القبلي والبحري في مملكة واحدة، وقد حكم مصر عدة ملوك لسلالات متعددة فكان (مينا) أول ملوك السلالة الحاكمة الأولى والذي قام بتأسيس العاصمة القومية لمصر وهي (ممفيس) إلى الجنوب من دلتا النيل وفي عهد السلالة الأولى والثانية أخذ المصريون يستخدمون المحراث على نطاق واسع في الزراعة كما أدخل نظام الري كذلك واستنبطت الكتابة الصورية، ومع قيام السلالة الثالثة بدأت الفترة المعروفة بالمملكة القديمة والتي هي تمتد من 2686 إلى 2181 قبل الميلاد، وكان أبرز ملوكها (زوسر) الذي من أجله بنى مجمع الهرم المدرج وفي عهد (سنفرو) مؤسس السلالة الرابعة بني أول هرم بالمعنى الصحيح وقد وصل فن بناء الأهرام ذروته في الروعة والإتقان في عهد خلفائه خوفو وخفرع ومنقرع، وفي أواخر السلالة الخامسة نقشت النصوص على جدران المدافن في الأهرام الملكية لضمان

(21) قدورة: مرجع سابق، ص ص327-321.

انتقال روح الحاكم بأمان إلى العالم الآخر وفي نهاية السلالة السادسة جردت حملات للقبائل لابتزاز العاج والذهب كما نمت سلطة الملوك الأمر الذي أدى إلى ظهور سلالات مناوئة فاجتاحت مصر حروب أهلية عرفت هذه الحقبة المضطربة باسم المملكة الوسطى الأولى انتهت بتغلب أمير طيبة (منتوحوتب الثاني) وهو من السلالة الحادية عشر على منافسيه وقد تمكن من توحيد البلاد تحت حكمه.

ومن المفيد الإشارة إلى أن أمير طيبة قد افتتح عهده (2020- 1786) قبل الميلاد بإنجاز حضاري رائع وهو أنه قد بنى هيكلاً وقبراً جنائزياً لنفسه على الضفة الغربية من النيل وأن مصر خلال المملكة الوسطى وهي الممتدة من عام 1786-1570 قبل الميلاد قد أثمرت فيها السلطة المركزية كما أن البلاد قد تعرضت خلال هذه الحقبة إلى غزو (الهكسوس) الذين قدموا من ناحية الشمال الشرقي للبلاد والذين تمكنوا من حكم مصر إلا أن ذلك الغزو لم يدم طويلاً حيث تمكن المصريون بقيادة أمراء طيبة من طرد الغزاة من مصر والإستيلاء على عاصمتهم (أواريس) (22).

ومن الجدير بالذكر أن الفراعنة الذين كانوا ينتمون إلى إحدى وثلاثين أسرة قد تعاقبوا على حكم مصر لغاية دخول الإسكندر المقدوني البلاد عام 32 قبل الميلاد باستثناء فترات قليلة مثل فترة حكم الهكسوس لمصر، والذي يهمنا في هذه الدراسة هو تبيان العراقة للحضارة المصرية إذ أثبت المؤرخون والأثاريون من خلال الأبحاث والتنقيبات بأن مصر تمتلك إرثاً حضارياً كبيراً يمتد إلى أكثر من عشرة آلاف سنة قبل الميلاد منذ العصور الحجرية القديمة ولكن مصر قد نضجت حضارتها وتألقت منذ أكثر من ثلاثة آلاف سنة قبل الميلاد وبالتحديد منذ (3400) سنة قبل الميلاد عندما تولى حكمها الفراعنة بسلالاتهم الواحدة والثلاثين والتي حصل خلالها التراكم الحضاري المذهل الذي شمل جميع أوجه الحياة وأنشطتها إذ عرفت مصر إبان عهود الفراعنة النظام الإداري بدأً من الحاكم أو الملك إلى مساعده الوزير وحتى القضاء فضلاً عن القوانين مثل المرسوم الذي وضعه (حورمحب) للقضاء على الظلم والرشوة والفساد ناهيك عن الوظائف الأخرى مثل مدير بيت المال ومدير القصر الملكي ومدير المنشآت الملكية ولم تنس مصر أيام الفراعنة الجيش وتنظيماته فقد تأسست فرق الجيش الدائمة في عهد المملكة الوسطى للدفاع عن البلاد.

---

(22) مسيرة الحضارة، مرجع سابق، ص ص69-66.

ومن المعروف الاهتمام الزائد لدول الفراعنة بالحياة الدينية فقد دلّت الأبحاث على اهتمام المصريين القدماء بالدين حيث عبدوا قوى الطبيعة وآمنوا بالحياة بعد الموت واهتموا بتحنيط جثث الموتى، وفي المملكة الوسطى أصبح للإله المحلي لمدينة طيبة (آمون) المقام الأول في العقيدة الدينية الرسمية، ومما تجدر الإشارة إليه أن المصريين بعد طردهم للغزاة الهكسوس أصبح الإله آمون آلهاً عالمياً في المشرق الأدنى بأسره.

ومن الجدير بالذكر أن المصريين القدماء اهتموا كذلك بالتعليم فكانوا يدربون صغارهم على مبادئ القراءة والكتابة والحساب. أما الحياة الاقتصادية في مصر القديمة فقد اعتمدت على الصناعة والتجارة والزراعة فاستخرج المصريون المعادن من مناجم سيناء كالنحاس واستعملوا الذهب وصاغوه بمهارة كما بنوا السفن من الخشب الجيد وعرفوا صناعة الزجاج والمنسوجات ولا يفوتنا أن نذكر دور المصريين وتفوقهم في الجانب العلمي واهتمامهم بالعلوم لفائدتها التطبيقية فبنوا السدود لرفع منسوب المياه كما عرفوا التعداد العشري لغاية المليون وفي مجال الفلك درس المصريون النجوم ومواقعها كما قسموا السنة منذ عصر ـ ما قبل التاريخ إلى اثنى عشر شهراً وكل شهر ثلاثون يوماً واخترعوا الساعة المائية كذلك في الطب كان الوزير (امحوتب) أول مكتشف للدواء وقد تخصصوا في الطب فكان هناك طب العيون وطب الأسنان والجراحة كما ساعد التحنيط على تقدم الطب لديهم.

ولابد لنا في النهاية من الإشارة إلى الفنون ولا سيما في العمران الذي برعت فيها مصر قديماً حيث بناء الأهرامات والمعابد ولعل من أشهر المعابد هو معبد الكرنك ومعبد الأقصر وهي باقية لليوم كدليل واضح على عراقة الحضارة العربية في مصر وعلى روعة فنهم القديم، ومن المفيد الإشارة بأن تلك المعابد قد تم بناؤها من الحجر الصلب بخلاف أبناء الرافدين حيث كانت قصورهم ومعابدهم من الطين، الأمر الذي أدى إلى اندثارها(23).

وإذ انتقلنا إلى مكان آخر من وطننا العربي وهي منطقة الجزيرة العربية والخليج العربي سنرى شواهد تاريخية عديدة تنم عن أصالة هذه المنطقة وعراقة حضارتها ففي منطقة الجزيرة العربية حيث كانت التجمعات البشرية العربية قديمة جداً قدم الطوفان بل

---

(23) أبوخليل: مرجع سابق، ص ص76-65.

عراقة الحضارة العربية وأصالتها

قبله ثم استمرت فيها بعده حتى الألف الثاني قبل الميلاد أيام سيدنا إبراهيم وولده اسماعيل وقصة بنائهم للبيت، لقد استوطن العرب الجزيرة العربية في العصور القديمة عندما كانت خصبة التربة تمتاز بغزارة الأمطار ووفرة المياه وكثافة الغابات وضخامة الأشجار وأنها كانت مأهولة السكان ميسورة المياه وكان جوها خيراً من جو أوروبا إبان العصور الجليدية ولكن عندما تغير الجو من الخصب إلى الجفاف أضطر سكانها إلى الخروج في هجرات متتالية كما أسلفنا ذلك في هذه الدراسة، لذلك يتفق معظم الباحثين على أن الجزيرة هي الموطن الأصلي الأول للعرب جميعاً وذلك قبل حدوث الهجرات المتتالية لهم نحو الشمال ابتداءً من عام3500 قبل الميلاد(24).

لقد كان العرب القاطنين في شبه الجزيرة العربية يعرفون بعرب الشمال وذلك نسبة لموقعهم في نجد والحجاز اللتين تقعان شمال اليمن تمييزاً لهم عن عرب الجنوب الذين سكنوا اليمن وموقعهم في جنوب جزيرة العرب، وأن عرب الشمال يرجعون في نسبهم ـ كما يرد ذلك في شجرة الأنساب العربية ـ إلى سيدنا إسماعيل بن إبراهيم الخيل(25)، بعد أن نزل الحجاز لذلك يلقبون بالإسماعلية وأحياناً بالعدنانيين أو النزارية أيضاً تمييزاً لهم عن عرب اليمن الذين يلقبون بالقحطانيين(26).

ومن الجدير بالذكر أن ممالك عربية عديدة قد نشأت في شمال وغرب الجزيرة العربية وبالتحديد بين منطقتي الحجاز والشام مثل مملكة الثموديين الذي قد ورد ذكرهم في القرآن الكريم والذي أكدّهم المسح الأثري في مواقع تبوك والعلا ومدائن صالح وحائل وهي تعود للألف الثالثة قبل الميلاد، ومن المفيد الإشارة بأن الثموديين يعدون آخر العنقود من قبائل العاربة (أي العرب البائدة) وهم من أقدم الجماعات التي استوطنت شبه الجزيرة العربية وأن لغتهم العربية شبيهة إلى حد ما بلغتنا العربية اليوم وأن مملكتهم قد استمرت حتى عهد السيد المسيح كما ذكر المؤرخون القدماء ذلك أمثال سترابو(27).

---

(24) دروزة، محمد عزة: تاريخ الجنس العربي. ج1، بيروت، بدون تاريخ، ص25.

(25) كحالة، عمر رضا: معجم قبائل العرب القديمة والحديثة. ج2، ليبيا 1968، ص761.

(26) عبدالحميد، سعد زغلول: تاريخ العرب قبل الإسلام. 1975، بيروت، ص ص242-239.

(27) مايلز، س ب: الخليج بلدانه وقبائله. ترجمة محمد أمين عبد الله، ط4، 1990، عُمان، ص21.

ومن الممالك العربية الأخرى في شبه الجزيرة العربية هي مملكة (اللحيانيين) وهم عرب قدماء من فرع ثمود كان مركز تجمعهم عند مدائن صالح (مدينة ديدان) وقد كانت تابعة لمعين الواقعة على الطريق التجاري بين الشام واليمن ومن أهم آثارهم الباقية اليوم هو قصر زلوم الشهير بقصر (السموأل) (28).

ويفيد المؤرخون بأن اتجاه عرب شمال الجزيرة كان نحو العراق وبلاد الشام الأمر الذي أدى إلى اعتماد الممالك التي تشكلت هناك على التجارة بشكل أساسي وأن الموانئ التي كان يعتمدها سكان شمال الجزيرة بصفة خاصة وهي الموانئ الثلاث الكبرى الواقعة على البحر الأحمر والتي هي (أبلة) أي العقبة والحوراء وينبع ومن المفيد الإشارة بأن منطقة الحجاز على الرغم من كونها جبلية جرداء لكنها كانت تمتلك العديد من الواحات التي مثلت محطات تجارية هامة ومنها مكة والمدينة والعلا وتبوك.

وفي منطقة الخليج العربي التي تبدو وكأنها منطقة نائية معزولة عن مواطن الحضارة والعالم كما عبر عنها المؤرخ الإنجليزي أرنولدويلسون في كتابه (تاريخ الخيلج) وأردف قائلا: إن المظهر خداع في كثير من الأحيان، فقد لعبت منطقة الخليج العربي والتي نعتبرها نائية ومعزولة دورها في تاريخ العالم لعدة قرون كما شهدت إقامة إمبراطوريات عدة(29).

لقد احتضن الخليج العربي أعرق حضارات الشرق منذ القدم، وأن سواحله مازالت تشهد آثار الإنسان العربي الأول حيث مراكز النشاط التجاري التي أدت إلى ازدهار المنطقة ورخائها، وقد أدرك سكان شبه الجزيرة العربية منذ أقدم العصور أهمية منطقة الخليج العربي فنزحت إلى سواحله واستقرت على شواطئه القبائل العربية حيث شيدت حضاراتها التي أثرت ولا شك فيمن جاء بعد ذلك واستقر في المنطقة.

ويتفق الجغرافيون على أن للخليج العربي شخصيته العربية مدللين على ذلك بسكن القبائل العربية في شرقه وجنوبه فضلاً إلى الأسماء العربية التي عرفت بها المدن الواقعة على سواحله وقد كان للعرب دورهم الأساسي في الازدهار الحضاري للخليج نظراً لسيادتهم وتفوقهم البحري، كما أن تأثيرهم لم يكن تأثيراً عابراً بل كان له سمة الاستقرار

---

(28) مسيرة الحضارة، مرجع سابق، ص125.

(29) ويلسون، ارنولد: تاريخ الخليج. ترجمة محمد أمين عبد الله، ط3، 1988، عمان، ص7.

ذلك لأن القبائل التي استقرت على سواحله أخذت تندمج في عملية صهر حضاري أثر على الإنتاج الزراعي والتجاري للمنطقة.

ولا يفوتنا أن نذكر ما للخليج العربي من أهمية استثنائية حيث تمتع بموقع استراتيجي هام بالنسبة للملاحة الدولية وقد لعب العرب في تاريخ هذه المنطقة وحضارتها دوراً كبيراً فهم الذين حددوا اتجاهات الرياح الموسمية في فصلي الصيف والشتاء الأمر الذي ساعدهم كثيراً على القيام برحلاتهم التجارية إلى الشرق كما كان لعرب الخليج إسهامات هامة في صناعة السفن فضلاً عن إبداع الأجهزة البحرية والجغرافية التي سهلت لهم عمليات الإبحار والتي سجلها لهم التاريخ كإنجازات حضارية ارتبطت بتراثهم وتاريخهم، وقد تناول المؤرخون والرحالة منطقة الخليج العربي بالوصف الدقيق كما تناولوا بالوصف جزره المهمة مثل جزيرة تاروت وجزيرة فيلكا ومكانتهما الحضارية والأثرية(30).

ومن الجدير بالذكر أن المؤرخين والرحالة العرب منهم والأجانب قد أكدوا على أن منطقة الخليج العربي قد سكنتها منذ القدم القبائل العربية التي نزحت من شبه الجزيرة وأن هذه القبائل يعود لها الفضل في تلك المغامرات الشجاعة التي قاموا بها سواء في حقل التجارة أو ميدان الملاحة البحرية في الخليج العربي وبحر العرب، ولعل منطقة عُمان قد حظيت بشهرة كبيرة وعراقة في حضارتها وذلك بسبب ما قام به أبناؤها من نشاط بحري وملاحي ولكونهم كانوا رواداً للملاحة في المحيط الهندي وقد استطاعوا نقل مختلف الأدوات ومنتجات الشرق الهامة إلى العالم الغربي عبر الخليج وبهذا النشاط ساهموا في تطوير الحضارة وتنميتها في منطقة آسيا الغربية وقد ساعد موقع عُمان الجغرافي بين العراق من جهة والهند الغربية من جهة أخرى على امتلاكها لمركز تجاري فريد ومتحكم(31).

ومن المفيد الإشارة إلى أن الحضارة العمانية قد اثبتت الأبحاث العلمية وعمليات المسح الأثري بأن جذورها تمتد إلى ثلاثة آلاف عام قبل الميلاد وقد تمكنت ـ بعثة هارفارد الأثرية عام 1973 بأن تقوم بأول عملية مسح للآثار العمانية وأن تحدد مواقع لسبعة عشرة مستوطنة يعود تاريخها إلى الألف الثالث قبل الميلاد وكانت هذه المستوطنات للفخار في

---

(30) مهنا، محمد نصر وفتحية النبراوي: الخليج العربي. 1988، اسكندرية، ص ص37-35.

(31) مايلز: مرجع سابق، ص ص31-18.

صنع الأواني ومن بين قطع الفخار التي تم التعرف عليها في عُمان هي تلك التي تعرف بآنية قبور دبـلي وقبـور حفيت الأولى في عصر جمدة نصر ومن السلالات الأقدم عهداً.

ومن الجدير بالذكر أن عُمان الحالية هي المكان لمملكة "مُجان" التاريخية في الألف الثالث قبل الميلاد والتي كانت منطقـة عامرة يعتمد اقتصادها عـلى أنظمـة زراعيـة تعتمـد بالأسـاس عـلى الـري مـن السـيول كمـا كانـت عـمان مملكـة تنعم بالرخـاء والاستقرار(32).

ومن المفيد الإشارة بأن لفظ "مُجان" قد أطلقه السومريون على عُمان عندما استخدموا النحاس العماني الذي صدر إلى بـلاد ما بين النهرين على ظهر سفن عُمانية خلال الألف الثالثة قبل الميلاد والذي كان يستخرج مـن (صحار) وهـو ميناء عـماني يعـود تاريخه إلى الألف الرابع قبل الميلاد، وتدل الحفريات التي قامت بها عُمان على وجود أختام مصنوعة من الحجر يرجع تاريخها إلى الألف الثالث قبل الميلاد كما تبين بعض الألواح المكتوبة بالخط المسماري والتي يرجع تاريخها إلى 2300 قبل الميلاد بأن الإمبراطور سرجون الأكدي، كان يمتدح السفن القادمة من دلمون (البحرين) ومن مُجان (عمان) والتي كانـت ترسـو عـلى طـول رصيـف أكـد بالعراق.

لقد أكدت الأبحاث والتنقيبات الأثرية أن الإنسان العربي في عمان قد عاش منذ العصور الأولى وبالتأكيد منذ الألف الخامس قبل الميلاد في تجمعات سكنية في المناطق الساحلية مثل القرم من ضواحي مسقط، كما أثبتت الأبحاث اكتشاف مستوطنة سكنية ضخمة بمساكنها وقبورها ومنتجاتها الفنية ولا سـيما الفخاريـة في الجزيـرة الصغيـرة المسـماة (أم النار) والتـي تقـع بالقـرب مـن (أبوظبي) الحالية، ويعتقد بأن هذه المستوطنة تعود للسنوات الأولى من الألف الثالث قبل الميلاد، كما تم اكتشاف مقابر بـالقرب من جبل حفيت (القريب من مدينة العين)، وهي عبارة عن ركامات حجرية مع بعض القطع الفخاريـة مؤرخـة في الفـترة مـا بـين 3400 -3000 قبل الميلاد.

أما البحرين فقد شكلت أهمية تاريخية متميزة في أحداث وتاريخ الخليج العربي بصفة خاصة والتاريخ العربي بصفة عامـة لكونها كانت تتمتع بموقع جغرافي مهم ومتميز على

---

(32) عُمان في فجر الحضارة، ط3، 1994، مسقط، ص ص14-5.

عراقة الحضارة العربية وأصالتها

الساحل الشرقي لشبه الجزيرة العربية المطل على الخليج العربي إضافة لامتلاك البحرين قدرة بشرية فاعلة من خلال الوجود العربي المتمثل باستقرار قبائل عربية ضاربة في ربوعها قبل الميلاد بعدة قرون ومن أبرزها قبائل تميم والأزد وقد أسهمت هذه القبائل العربية بشكل جدي وفعّال في إرساء بناء قواعد الحضارة العربية في هذا الجزء الحيوي من منطقة الخليج العربي منذ القدم إذ عرفت البحرين ركوب البحر منذ عصور قديمة وكانت لها سفنها ورحلاتها البحرية وتجارتها كما كان لأهل البحرين خبرة ممتازة في صناعة السفن فكانت أشرعة السفن المصنعة فيها لا تقل شهرة عن صيتهم في صيد اللؤلؤ والمرجان وتجارتهما (33).

ولابد لنا في النهاية ونحن نتحدث عن تاريخ الخليج العربي أن نذكر اللبان في منطقة ظفار والذي كان مصدراً رئيسياً لسلعة كانت منبعاً لثراء الأهالي الذين يشتغلون في تجارتها جنوب شبه الجزيرة العربية خلال الألف الأولى قبل الميلاد، وقد زاد الطلب على اللبان بعد القرن السادس قبل الميلاد في اليونان وفارس وأخيراً في روما وأن أشجار اللبان لا زالت تنمو طبيعياً وبخاصة في المناطق التي تتأثر بالرياح الموسمية(34).

مما تقدم يتضح لنا جلياً عراقة منطقة الجزيرة العربية والخليج العربي حيث شهدت حضارات راقية ما تزال آثارها شواهد تاريخية حية على قدرة الإنسان العربي الأول في الخلق والإبداع.

وفي اليمن حيث بلاد العرب السعيد، كما أطلق عليها اليونان والرومان، قامت حضارات عربية عريقة، وقد أفادت الأخبار للنسابة بأن عرب اليمن، هم أصل العرب وأن يعرب بن قحطان أول من تكلم اللسان العربي، وأنه أول من حياه قومه بتحية الملك في اليمن(35). وأن العرب القدماء عاشوا على أرض اليمن فأسسوا ممالك عديدة كانت أولها مملكة (عاد) وقبائل عاد هي من أقدم قبائل العرب على الإطلاق لذلك أخذت كلمة عاد

---

(33) الشمري، محمد كريم إبراهيم: البحرين في مؤلفات جغرافي القرنين الثالث والرابع الهجريين، مجلة الوثيقة، العدد35، السنة 18، عام 1999، البحرين، ص ص86-85.

(34) بن حبيب، مال الله بن علي: ملامح من تاريخ عُمان. ترجمة محمد محمد كامل، بدون تاريخ، مسقط، ص ص10-3.

(35) عبد الحميد: مرجع سابق، ص170.

تعني في اللغة العربية (القديم) أو الضارب في القدم كما اشتقت منها كلمة العاديات أي التحف والآثار القديمة، ومن الجدير بالذكر أن عاد يرجع بنسبه إلى عوض بن آرم بن سام بن نوح حسب ما أوردته الأنساب العربية وأن مملكة عاد قد تأسست في منطقة الأحقاف باليمن وهي عبارة عن إقليم من الرمال تقع بين حضرموت وبحر عدن.

أما المملكة الثانية التي عرفتها اليمن بعد مملكة عاد فهي مملكة ثمود نسبة إلى ثمود بن عابر بن آرم وهو أبن العم لعاد وقد هاجر من بابل واستقر في قلب اليمن في وادي صفاء مؤسساً مملكة عربية ذات حضارة زاهرة، ومما يجدر الإشارة إليه أن الثموديين قد انتشروا بعد ذلك في مواضع عدة حتى وصلوا وادي القرى ثم إلى رملة في فلسطين ليؤسسوا مملكة ثانية لهم، ولكن المملكة الأولى في اليمن هي التي تعنينا إذ أنها نشأت في منطقة غنية كثيرة المياه خصبة التربة الأمر الذي أدى بها إلى الازدهار حيث زاولت التجارة بشكل رئيسي(36).

لقد توالت بعد ذلك في اليمن حضارات قديمة تمتد إلى 1300 سنة قبل الميلاد، وقد عثر في الآثار التي اكتشفها الرحالة والمستشرقون على الكثير من أخبار هذه الحضارات التي أنجبتها ممالك يمنية عديدة ذات حكومات سعت لتنظيم حياة المجتمعات وشؤونها ومن هذه الممالك حسب تزامنها التاريخي:

1- مملكة معين منذ عام 1200 قبل الميلاد وهي من أقدم الدول التي برزت في جنوب الجزيرة العربية كدولة كبيرة شاملة وقد ذكرها سترابون اليوناني في مدوناته(37).

2- مملكة قتبان منذ عام 1000 قبل الميلاد.

3- مملكة سبأ منذ عام 950 قبل الميلاد.

4- مملكة حضرموت منذ عام 630 قبل الميلاد.

5- مملكة حمير منذ عام 300 قبل الميلاد.

---

(36) عبدالحميد: مرجع سابق، ص109-107.

(37) دروزة: مرجع سابق، ص32.

6- مملكة اوسان وظهرت أواخر القرن الثالث قبل الميلاد.

ومن المفيد الإشارة إليه بأن دول اليمن السابق ذكرها لم تكن دولاً ذات حروب وفتوح وإنما تركزت جهودها على الجانب الاقتصادي حيث النشاط التجاري والصناعي والزراعي وكانت مهمة الجيش فقط حفظ النظام وحماية القوافل التجارية وقد تميز اليمنيون بالنشاط التجاري الواسع في المنطقة حيث كانوا ينقلون من الهند والصين وسواحل أفريقيا الشرقية إلى المصريين والفينيقيين والآشوريين المعادن الثمينة والأقمشة الحريرية والتوابل وريش النعام وقد ساعد رخاء اليمن الاقتصادي وتوفر الثروة لديهم على التقدم في الصناعة ولا سيما أن أرض اليمن قد أستخرج منها الذهب والفضة والأحجار الكريمة فعرف السيف اليماني والبرد اليمانية وتحضير البخور واللبان كما برز اليمانيون في فن البناء فكانت قصورهم الشاهقة مثل قصر ـ غمدان وسدودهم الشهيرة مثل سد مأرب الذي كان على إرتفاع (3900) قدم عن سطح البحر(38).

ومن الجدير بالذكر أن سكان اليمن القدماء وقد وصفوا بعرب الجنوب وأحياناً لقبوا بالقحطانيين بخلاف سكان وسط الجزيرة الذين يعرفون بالعدنانيين والذين يتصل نسبهم إلى اسماعيل وموطنهم نجد(39).

ومما تجدر الإشارة إليه أن حضارة اليمن قد تعثرت بسبب تعثر الاقتصاد فكان ذلك دافعاً للهجرات نحو أقصى الشمال وإلى بلاد الهلال الخصيب على شكل موجات، وهكذا نجد أن الاقتصاد يشكل عاملاً أساسياً في الجذب أو الطرد للسكان، فكما جاء مؤسس أول مملكة يمانية من بابل نحو اليمن عندما كانت تفيض بالخيرات والرخاء، عاد عرب اليمن نحو الشمال عندما تغير الحال وتعثر الاقتصاد، وعلى كلٍ، فأرض اليمن قد عاشت عليها دولاً منتظمة ذات حضارة زاهية منذ آلاف السنين قبل الميلاد، مما يثبت بما لا يرقى له الشك بأن الحضارة العربية في اليمن كانت عريقة وقديمة قدم الإنسان العربي نفسه على أرض اليمن فهي تختلف كثيراً عن مناطق أخرى كالخليج أو الحجاز التي لا زالت إلى يومنا هذا قيد البحث والاستقصاء المستمر.

---

(38) أبوخليل: مرجع سابق، ص ص105-102.

(39) كحالة: مرجع سابق، ص761.

الاستنتاجات

من خلال ما تقدم نتوصل إلى الحقائق الآتية:

1- أثبت الأبحاث والحفريات بأن للعرب حضارة أصيلة عريقة تمتد إلى أكثر من سبعة آلاف سنة قبل الميلاد، وأن هذه الحضارة متواصلة العطاء والتجدد فقد لاحظنا في سياق هذه الدراسة إذا ما إعترى بعض المواقع الحضارية العربية ضموراً وإندثاراً ظهر التألق الحضاري في موقع عربي آخر بدلاً منه، الأمر الذي جعل الحضارة العربية دائمة التوهج والتواصل دون انقطاع.

2- ينكر بعض الباحثين من الأوروبيين الأصول العربية للحضارة الإسلامية ويضربون مثلاً بالعمارة الإسلامية التي يحسبونها ذات أصول أجنبية بيد أننا قد توصلنا من خلال هذه الدراسة إلى أن للعرب القدماء باع طويل في ميدان العمارة، فاليمن وقصورها ومحافدها وحصونها وسدودها التي كانت قمة في فن الهندسة والبناء، والعراق كذلك وقصوره، ذائعة الصيت والتي مازالت إلى اليوم تدل على هذه العظمة، فضلاً عن قصور بلاد الشام الجميلة وحتى مناطق نجد والحجاز الصحراوية لم تحرم من القصور والدور، ناهيك عن مصر القديمة وأهراماتها المعجزة، الأمر الذي يؤكد الوحدة العمرانية الراقية للعرب جميعاً والتي تركت بصماتها واضحة في فن العمارة الإسلامية إبان العصور الوسطى.

3- ليس هناك من ضير أن تأخذ الحضارة العربية أو تقتبس من الحضارات الأخرى في العالم كاليونان والرومان والفرس والهنود وغيرهم فهذا أمر معروف في تاريخ الحضارات وتلك هي سنة التطور في الحياة ولكن المهم في الأمر أن الحضارة العربية قدمت الكثير للعالم وكانت من أبرز وأهم الروافد التي غذت الحضارة الإنسانية التي نعيشها اليوم.

4- على ضوء ما تقدم، لا يمكننا أن نصف العرب الذين أوصلوا مشاعل الحضارة إلى العالم خلال العصور الوسطى بأنهم مجرد سعاة بريد وإنما نعدّهم صانعي حضارة وبناة مجد، فعندما أقدموا على تراث اليونان ليترجموه لم يكتفوا بالترجمة فقط،

وإنما عكفوا على تبويبه وشرحه فأمعنوا في التحليل والدراسة وأبدعوا في الإضافة والاجتهاد فقدموه للعـالم بحلـة عربيـة جديـدة

فتحت ـ للغرب خاصة ـ أفاقاً حضارية رحبة نقلته من عصور الظلام إلى عصر النهضة والرقي والتمدن.

الفصل الثاني

معالم الحضارة العربية قبل ظهور الاسلام

معالم الحضارة العربية قبل ظهور الإسلام (*)

تميزت الحضارة العربية عبر الحقب الزمنية المتعددة بمعالم وأبعاد أعطتها المكانة اللائقة بين الحضارات في العالم، كما اعتبرت من أهم الروافد التي غذت الحضارة الإنسانية التي نحيا في ظلها اليوم.

ولعل أبرز هذه المعالم تكمن في العراقة والقدم حيث أمتدت جذور الحضارة العربية بعيدة في أعماق التاريخ فضلاً عن العطاء اللامحدود في كافة المرافق والمجالات سواء العلمية منها أو الفنية والتي شملت آفاقها العظيمة ـ بعد ظهور الإسلام ـ العالم أجمع مساهمة في خلق وصياغة معالم الحضارة الإنسانية جمعاء.

سنتطرق في هذا الفصل إلى أهم وأبرز معالم الحضارة العربية إبان الفترة الزمنية التي سبقت ظهور الإسلام على البسيطة، وبالتحديد منذ القرن الأول لميلاد السيد المسيح ولغاية القرن السابع الميلادي، إذ ستتناول الدراسة غالبية أجزاء الوطن العربي كبلاد الشام والعراق واليمن والخليج العربي وحتى وسط الجزيرة العربية مركزة على المعالم الحضارية لهذه البقاع العربية حيث التمدن والرقي الذي صحب بناء الدول والممالك وتطور العمران وتعدد الفنون... إلخ.

يقيناً، سيرى المتتبع لهذه الدراسة صورة واضحة عن تنامي الحضارة العربية وازدهارها في هذه المرحلة، الأمر الذي يحملنا على الاعتقاد بأن الحضارة العربية مثلما هي اليوم تشكل أحد الروافد المهمة للحضارة الإنسانية فأنها ستكون غداً إحدى أهم الركائز للعولمة التي بات العالم أجمع ينتظرها بفارغ الصبر.

فلو انتقلنا بالحضارة العربية من القرون التي سبقت ميلاد السيد المسيح إلى القرون التي تلت الميلاد لوجدنا الوطن العربي بكل أرجائه قد استمر بالعطاء الحضاري للإنسانية ولم يتوقف إشعاعه الحضاري مع توالي السنين أو القرون بل على العكس من ذلك نجده قد

---

*نُشر في مجلة تاريخ العرب والعالم، التي تصدر بلبنان، في العدد (208) لسنة 2004.

ازداد توثباً نحو الأمام بالخلق والإبداع وتأسيس الدول والممالك وإقامة المراكز الجديدة للحضارة العربية.

ففي بلاد الشام ظهرت الدول العربية العديدة التي أسهمت في بناء حضارة عربية مزدهرة مطلع القرون التي تلت الميلاد ومنها دولة الأنباط التي قامت في الجزء الجنوبي من بلاد الشام، وأن الأنباط عرب يرجع نسبهم إلى العرب البائدة كما يرى ذلك المؤرخ العربي الشهير المسعودي[1].

وأن أصل تسميتهم الأنباط هو نبطو كما جاء ذلك الاسم في النقوش التاريخية[2].

وأن معناها الماء كما يسموه عندهم، ومن المفيد الإشارة بأن دولة الأنباط قد اتخذت من (البتراء) أو ما تسمى أحياناً (بطرا) عاصمة لهم والتي كانت مركزاً هاماً للقوافل التجارية بين الجنوب وموانئ البحر المتوسط، وقد بلغت دولة الأنباط أوج عظمتها في القرن الذي تلا الميلاد عندما وصلت سلطتها إلى دمشق، ومن أشهر ملوك الأنباط هو الحارث الثالث الذي اهتم بالأبنية الرائعة مثل المسرح المخطط وكانت للأنباط وكالات تمثلهم في كل من العراق والمدن الفينيقية والاسكندرية وروما حيث كان لهم في الأخيرة معبد خاص بهم وقد امتد نشاطهم حتى بلغ بلاد الغال وأسبانيا، كما تمكن الأنباط من المحافظة على سيادتهم واستقلالهم أمام السلوقيين وقد استمرت مزاولتهم للتجارة عدة قرون حتى كانت قوافل النبط التجارية تسير في أوائل الدعوة الإسلامية بين الجوف والشام ومكة[3].

وكذلك دولة تدمر وقد ظهرت في بلاد الشام بعدما ضعفت دولة الأنباط نتيجة لاحتلال الرومان لها وتدمر عبارة عن واحدة كبيرة تقع في قلب بادية الشام قد زاولت العمل التجاري في القرون التي سبقت الميلاد واستمرت في ازدهارها الحضاري حتى القرون التي تلت الميلاد حيث بلغت ذروتها إبان القرن الثالث للميلاد بسبب تملكها ناصية التجارة بين

---

(1)المسعودي، أبو الحسن علي بن الحسين: مروج الذهب ومعادن الجوهر. بيروت، 1965، ج2، دار الأندلس للطباعة والنشر، ص25.

(2)علي، جواد: المفصل في تاريخ العرب قبل الإسلام. دار العلم للملايين، بيروت، 1968، ج3، ص12.

(3)مسيرة الحضارة، موسوعة علمية مصورة، مراجعة د. شاكر مصطفى، المجلد الأول، إيطاليا، 1982، ص ص276-275.

معالم الحضارة العربية قبل ظهور الاسلام

المشرق والبحر الأبيض المتوسط، والواقع أن دولة تدمر لا تدين بازدهارها لاضمحلال دولة الأنباط وإنما لتمتعها بموقع جغرافي ممتاز في قمة بادية الشام وفي مركز وسط يكاد يمثل همزة الوصل بين أراضي الفرات الشمالية الغربية الخصبة وأراضي الشام الشمالية الشرقية.

ومن الجدير بالذكر أن كلمة تدمر هي تحوير للكلمة العربية الآرامية (تتمر) التي تعني مدينة النخيل وهي ذات المعنى في اللغات الأوربية حيث تسمى بالميرا Palmyra([4]) وتتميز مدينة تدمر بالعراقة الحضارية وهي تمتلك إرثاً كبيراً فقد إحتوت على هيكل كبير مع سور ضخم وأعمدة ضخمة فضلاً عن المدافن للمدينة وأن معظم أثارها الرائعة باقية إلى اليوم وهي تعود للقرنين الثاني والثالث الميلاديين، ومن المفيد الإشارة بأن دولة تدمر حضيت بالتقدير من الرومان بسبب مكانتها الاقتصادية والعسكرية ولكن سمعتها السياسية قد بلغت ذروتها أيام أميرها (أذينة 268-260 للميلاد) الذي تمكن من أن يلحق الهزيمة بشابور الأول ملك الساسانيين عام 265م عندما أراد غزو بلاده فطارده حتى عاصمته المدائن وبذلك صارت سيادته تضم مصر وسوريا والأناضول وأرمينيا، وقد لقبه الرومان آنذاك (بدوق الشرق) وقد تولت بعده زوجته الشهيرة (زنوبيا) والتي لقبت بملكة الشرق وقد ازدهرت المعالم الحضارية في عهدها حيث بناء القصور الفخمة والأنظمة الإدارية الكفوءة فضلاً عن سك النقود باسمها وهي التي طاردت جيوش الرومان حتى أنقرة، الأمر الذي جعلها سيدة المشرق كله يومذاك، حيث إمتدت سيادة دولة تدمر إبان عهدها من مصر إلى الأناضول([5]).

ولو قمنا باستعراض للحضارة العربية في بلاد الشام نحو القرون المتقدمة بعد الميلاد والتي سبقت ظهور الإسلام سنجد هناك من الممالك العربية التي تأسست خلال هذه الفترة والتي ازدهرت فيها الحضارة مثل دولة الغساسنة التي نشأت على حدود بلاد الشام وهم عرب من قبيلة مازن إحدى قبائل الازد اليمانية الكبيرة، هاجروا من اليمن إلى الشام حوالي القرن الرابع للميلاد، وقد استقر الغساسنة في أواخر القرن الخامس الميلادي أطراف

---

(4)عبدالحميد، سعد زغلول: تاريخ العرب قبل الإسلام. 1975، بيروت، ص150.

(5)مسيرة الحضارة، مرجع سابق، ص ص277-276.

البادية بزعامة آل جفنة ثم أثبتوا قدراتهم الحربية فحلوا محل بني سليم في حماية القوافل التجارية والحدود.

كان الغساسنة ينظرون إلى أنفسهم إلى أنهم ملوك بادية الشام وليس ملوك حضر لهذا ظلوا جوالين بين أقصى شمال البادية وجنوبها وكانت لهم صلات واشجة مع تدمر وسهوب الأردن وحوران، ومن المفيد الإشارة إليه أن الغساسنة نلمس طابعهم البدوي في كل مناحي حياتهم فحتى الجيش لديهم كان ذو طابع بدوي حيث لم يأخذ شكل الكتائب الرومانية كما لم يملكوا الحصون أو المدن كمراكز لهذا الجيش.

ومن الجدير بالذكر أن أول ملوك الغساسنة كان عمر بن جفنة وهو الذي تمكن من الانتصار على الروم أواخر القرن الخامس الميلادي، وأن دولة الغساسنة قد تألقت أيام ملكها الحارث بن جبلة (529-569) حيث ازدهرت التجارة في عهده كثيراً فضلاً عن التفوق العسكري.

ومن المفيد الإشارة بأن دولة الغساسنة تعد الوريث لدولة الأنباط كما أنها تعتبر آخر دول العرب في بلاد الشام قبل ظهور الإسلام([6]).

وفي العراق ظهرت الدول العربية العديدة ذات الحضارة الراقية في القرون التي تلت الميلاد ومنها دولة الحضر والتي تسمى أحياناً بدولة (عربايا) كما لقبت بدولة الشمس بسبب طلوع الشمس فيها على مدار السنة دون أن تحجبها الغيوم، وقد تأسست دولة الحضر التي تقع إلى الجنوب الغربي من مدينة الموصل الحالية بالعراق في منتصف القرن الأول قبل الميلاد وقد استمرت بالازدهار والتألق الحضاري خلال القرون الثلاثة الأولى بعد الميلاد، إذ كشفت لنا الآثار والتنقيبات عن تطور فن البناء والنحت فيها فهي لا تقل في هذا المضمار روعة وفناً عن تدمر أو البتراء، وكانت عاصمتها تسمى (الحضر) كذلك وهي تقع في الجزيرة بين نهري دجلة والفرات على الطريق التجاري المهم القادم من الصين والهند والذاهب إلى آسيا الصغرى وأوروبا.

ومن الجدير بالذكر أن أهالي الحضر قد خصوا الشمس بالأولوية في العبادة والتقديس كما حضي النسر عندهم بمنزلة رفيعة حيث كان رمزاً للسيادة عندهم.

---

(6)عبدالحميد: مرجع سابق، ص ص206-201.

ومما تجدر الإشارة إليه أن الحضر هم عرب أقحاح وقد حكمهم الأمير العربي (سنطرق) الذي كان يلقب بملك العرب، وقد اشتهرت الحضر بسمعتها الحربية وتفوقها العسكري حيث تمكنت من صد هجمات الروم وقد أراد الإمبراطور سيفروس إقتحامها نهاية القرن الثاني الميلاد إلا أن أهالي الحضر تمكنوا من صده بواسطة القذائف النارية والتي عرفت باسمهم (النار الحضرية) فضلاً عن الأقواس المبتكرة الخاصة بهم، وبذلك استطاعت دولة الحضر من الحفاظ على سيادتها فترة طويلة(٧).

وتفيد بعض المصادر التاريخية بأن الحضر قد ورثت المكانة التجارية من الأنباط بعد سقوطها بيد أن مصادر تاريخية أخرى تذكر بأن المركز الديني والموقع الاستراتيجي للحضر هما اللذان أعانا مركزها التجاري على الظهور والتألق إبان القرن الثاني للميلاد فضلاً عن تقدمها العمراني حيث كانت تمتلك سوراً دائرياً من مائة وثلاثة وستين برجاً مع عدد من القلاع إضافة إلى المعبد الأكبر وهو من أضخم أبنية الحضر يومذاك زائداً التماثيل العديدة والبديعة(٨).

وفي العراق أيضاً هناك دولة عربية أخرى ظهرت في القرون التي تلت الميلاد وهي (المناذرة) والتي عرفت بدولة اللخميين، واللخميون هم عرب من بني المنذر أصلهم من عرب اليمن وبالتحديد من قبيلة الازد الكبيرة التي هاجرت من اليمن لأسباب شتى، وقد تفرق أبناؤها عبر الطريق وكانت كل جماعة قد اختارت الموطن الجديد حسب حاجاتها وإمكانياتها، فاستوطن بنو المنذر العراق واتخذوا من الحيرة عاصمة لهم وقد عاصرت دولة المنادرة دولة الغساسنة التي مرّ ذكرها في بلاد الشام.

عرفت دولة المناذرة الرقي والحضارة بسبب خصوبة أرضهم التي استقروا بها في أرض الطف بالنجف الواقعة على الضفة الغربية لنهر الفرات فهذه المنطقة تتميز بوفرة الماء والنخيل وطيب المناخ واعتداله حتى قيل عنها (يوم وليلة بالحيرة خير من دواء سنة) (٩).

وتذكر المصادر التاريخية بأن أكثر من عشرين ملكاً توالوا على الحكم في دولة المناذرة

---

(7)أبوخليل، شوقي: الحضارة العربية الإسلامية. 1987، طرابلس، ص106.

(8)مسيرة الحضارة، مرجع سابق، ص277.

(9)علي، جواد: المفصل.. مصدر سابق، ص158.

لمدة تفوق الأربعمائة سنة، ومن الطريف أن اسم المنذر الذي هو اسم جدهم الأكبر قد تكرر عدة مرات كاسم لملوكهم الذين حكموا البلاد مثلما تكرر النعمان كذلك، والذي يهمنا في هذه الدراسة هو الجانب الحضاري لدولة المناذرة فقد تميزت بالرقي العمراني والتقدم الحضاري إذ نسب لملكها النعمان المعروف بالأكبر الذي حكم أوائل القرن الخامس للميلاد نسب لعهده بناء القصرين الشهيرين وهما الخورنق والسدير كما إشتهر النعمان ذاته بكتيبتيه المعروفتين بالدوسر والشهباء وقد ازدهرت العاصمة الحيرة في عصره، كما أن الملك المنذر وهو من أشهر ملوك المناذرة والذي عاصر ملوك فارس قباذ وأبيه كسرى آنوشروان كما عاصر قيصر الروم جستنيان قد تمكن من إحراز النصر على الروم عام 531م.

كما لا يفوتنا ونحن نتحدث عن دولة المناذرة أن نذكر بأن من مفاخر هذه الدولة أن عاصمتها الحيرة قد صارت أيامها مهداً للكتابة العربية إذ ظهر (حماد بن زيد) ككاتب بارع في بلاطها[10]. حيث تذكر بعض المصادر التاريخية بأن الكتابة العربية قد تأثرت بالمؤثرات الشمالية في الحيرة، ومن الحيرة انطلقت إلى مكة ويثرب[11].

كما لقبت الحيرة بالحيرة البيضاء ويقصد بها حسن عمارتها أو لبياض مبانيها ومهما يكن القصد من نعتها بالبيضاء فإنه يدل على رقي العمران وتقدم الفن فيها حيث عرفت العاصمة العديد من القصور ففضلاً عن الخورنق والسدير المار ذكرهما فهناك قصور السندباد والزوراء والصنبر والعذيب وغيرهم.

لقد استمرت الحضارة العربية في وطننا العربي بالتجدد والعطاء فمثلما لاحظنا في هذه الدراسة أن مشاعل الحضارة انتقلت من جيل إلى آخر في أرجاء الوطن العربي كبلاد الشام والعراق نجدها في أرجاء أخرى مثل اليمن تحتفظ بعض الممالك بحضارتها وكيانها المستقل منذ قبل الميلاد وتستمر هي ذاتها لغاية القرون التي تلت الميلاد مثل مملكة حضرموت التي استمرت في عطائها الحضاري واستقلالها حتى القرن الرابع الميلادي، وكذلك مملكة حمير التي استمرت حتى القرن السادس الميلادي، وبالرغم من احتلال الحبشة لليمن فترة وجيزة إلا أن القائد العربي سيف بن ذي يزن تمكن من إنهاء الاحتلال.

(10)المسعودي: مصدر سابق، ج2، ص75.

(11)عبدالحميد: مرجع سابق، ص228.

معالم الحضارة العربية قبل ظهور الاسلام

ومن الجدير بالذكر أن الكتّاب والباحثين اليونان قد أشاروا في كتاباتهم إلى دول وإمارات عرفتها اليمن مطلع التاريخ الميلادي مثل معين وعاصمتها القرن وقتبان وعاصمتها مأرب إلى جانب حضرموت وسبأ مما يثبت لنا استمرار وجود هذه الممالك منذ ما قبل الميلاد ولغاية ما بعده([12]).

ومما تجدر الإشارة إليه إن من بين الدول اليمانية التي عاشت بعد الميلاد هي الدولة الحميرية وتفيد المصادر التاريخية أن هذه الدولة قد توسعت كثيراً لتبدأ بعد الميلاد وانتشرت في أغلب أرجاء البلاد العربية الجنوبية وكأنها أصبحت إمبراطورية تحوي كل الأقاليم في جنوب البلاد العربية فهي قد ضمت سبأ وريدان وحضرموت واليمن جميعه بسهولة ومرتفعاته حتى أشارت لنا النقوش التاريخية بأن ملكها (شمربهر عش) قد حمل لقب ملك سبأ وذي ريدان وحضرموت واليمن وهو الذي حكم البلاد أواخر القرن الثالث للميلاد وحتى أوائل القرن الرابع للميلاد وتنسب إليه الروايات التاريخية فتوحاته العديدة في جهات شرق البلاد وغربها وهي تشير بذلك إلى ضم القبائل العربية مثل عسير وتهامة ونجران وحضرموت لحكمه.

والذي نريد تسليط الضوء عليه هو عراقة الممالك اليمانية ورقيها الحضاري ولا سيما في ميدان الفن المعماري الرائع حيث القصور والقبور والسدود وقد خص المؤرخ العربي الهمداني في مؤلفه الكبير عن تاريخ اليمن المسمى بـ (الإكليل) حيزاً كبيراً عن قصور اليمن ومحافدها وقصورها مثل قصر غمدان وظفار ومأرب وينون وصرواح وغيرها([13]).

ومما تجدر الإشارة إليه في النهاية أن حاكم اليمن حسان تبع الذي حكم البلاد في النصف الأول من القرن الخامس الميلادي قد تعرض سد مأرب للتصدع في عهده فجدده ولده (شرحبيل) ثم تعرض ثانية للتصدع فأعيد إصلاحه عام 456م([14])، وإزاء تكرار التصدع للسد أضطر الناس للرحيل إلى مواضع أخرى من البلاد العربية.

---

(12)المرجع نفسه، ص182.

(13)الهمداني، أبو محمد الحسن بن أحمد: الإكليل. بغداد، 1931، ج1، ص43.

(14)علي، جواد: المفصل.. مصدر سابق، ج2، ص530.

وفي منطقة الخليج العربي خلال التاريخ الميلادي واصلت مراكزها الحضارية التألق والازدهار لا سيما في مجالات الملاحة والتجارة فمنطقة عُمان قد شهدت قبل ظهور الإسلام حضارة عربية شامخة ما تزال آثارها شواهد حية على قدر الإنسان العربي في الخلق والإبداع حيث نبتت على الأرض العمانية في القرون التي تلت الميلاد حضارة رائعة أجمع المؤرخون على الإشادة البالغة بالتقدم الحضاري لمدينة (صحار) قصبة عمان آنذاك فسموها بـ (خزينة الشرق) ([15]).

ومن الجدير بالذكر أن عمان استوطنت أرضها قبيلتان عربيتان خلال القرون الستة للميلاد([16])، فكانت الأولى من اليمن وهي من قبائل الأزد الكبيرة التي توزعت على امتداد الوطن العربي وتعد قبيلة الأزد من أول المجموعات العربية الحديثة التي حكمت عُمان بزعامة مالك بن فهم وقد تميز عهده بالاستقرار والهدوء تخلله جهوده التي ركّزها لتثبيت دعائم حكمه وتأسيس جهاز حكومي منظم، وتفيد المصادر التاريخية بأن قبائل الأزد قد تابعت بالهجرة لعُمان موجات إثر موجات وهم الذين أطلقوا اسم البلاد عمان تيمناً باسم أحد الأودية في اليمن([17]).

أما القبيلة الثانية التي استوطنت عُمان مطلع القرن الخامس الميلادي فهي قبيلة نزار التي نزحت من الشمال عن طريق نجد فاندمجت القبيلتان مع بعضهما ليكونا المجتمع الحديث لدولة عُمان خلال القرون الميلادية التي سبقت ظهور الإسلام وقد امتدت سيادتها حتى البحرين والاحساء.

والذي يهمنا التركيز عليه في هذه الدراسة كما أسلفنا هو عراقة الحضارة العربية وتواصلها في منطقة الخليج العربي ولا سيما عُمان التي احتلت موقعاً جغرافياً هاماً فيما بين العراق من جهة والهند الغربية من جهة أخرى الأمر الذي أضفى على الموقع أن يكون مركزاً تجارياً فريداً ومتحكماً، ويرى المؤرخ الإنجليزي (مايلز) أنه لو قدر لعُمان أن تحتل مركزاً في ميدان التجارة على البر كما كانت عليه في البحر لأصبحت من أقوى وأغنى دولة في العالم، غير أن الصحراء الشاسعة من الغرب كانت حاجزاً أمام القوافل التجارية([18]).

---

(15)المرهوبي، عامر علي عمير: عُمان قبل وبعد الإسلام. 1980، عُمان، ص5.

(16)عُمان تاريخاً وعلماء، ترجمة محمد أمين عبد الله، ط3، 1994، عمان، ص ص6-5.

(17)المرهوبي: مرجع سابق، ص ص20-4.

(18)مايلز، س.ب: الخليج بلدانه وقبائله. ترجمة محمد أمين عبد الله، ط4، 1990، عمان، ص ص 6-5.

هذا الموقع الاستراتيجي منح عُمان الدور المتميز الذي لعبته في المنطقة والعالم ولا سيما أن الملاحين العُمانيين كانوا ملمين بعلوم الملاحة والبحر عارفين بالطرق البحرية والرياح في الخليج والمحيط الهندي، وقد شهدت السنوات التالية للميلاد وبالتحديد بين عام 50م وحتى عام 200م توسعاً لم يسبق له مثيل في آفاق التجارة العالمية وفي حجم تجارة النقل بين الشرق والغرب حيث وصل العمانيون في القرن الثاني الميلادي إلى الملايو وأطراف الصين كما أصبحت (صحار) مركزاً للنشاط البحري العماني وللمنطقة بأسرها فضلاً عن مسقط التي كانت تعد من أهم المدن العُمانية التي إنفتحت على العالم كله حيث تزورها السفن بكثرة وتغادرها كميناء دائم وأمين([19]).

ومن المفيد الإشارة أن عُمان قد شهدت بعد الميلاد تأسيس ممالك حضارية عديدة منها مملكة (سمهرام) التي نشأت في القرن الأول للميلاد وكانت السفن تؤمها وتبحر منها نحو الهند، وتسمى أحياناً بـ (خوروري) إلا أن التسمية سمهرام كما وردت في نقوش شبه الجزيرة العربية بذلك، وكذلك مملكة (ظفار) التي تقع فيها مدينة (حنون) أحد المراكز التي يجمع منها اللبان وهي تقع في المنطقة الداخلية من ظفار ويرجع تاريخها للقرن الأول الميلادي وتدل الحفريات على أن المدينة حنون ذات موقع طبيعي ممتاز كميناء يحتمي من الرياح والتيارات القوية التي تهب على ساحل ظفار وكان ذلك يساعد على سهولة تحميل السفن التي تنقل اللبان إلى شواطئ حضرموت، ومنها تنقل براً إلى شبوأ ومأرب والمدينة ثم إلى البحر المتوسط، وقد أكد لنا المؤرخون اليونان والرومان مدى أهمية اللبان يومذاك حيث كان يستخدم في الصلوات والطقوس الدينية([20])، وفي مكان آخر من منطقة الخليج العربي وهي منطقة البحرين حيث تألقت الحضارة العربية فيها بعد الميلاد كامتداد لحضارتها القديمة (دلمون) قبل الميلاد حيث ذكر لنا المؤرخون بأن البحرين في نهاية القرن الثاني للميلاد وفد عليها جماعات من الأزد النازحين من اليمن فوصلوا منطقة (الحجر) وهو الاسم الذي كان يطلق على البحرين والذي استمدته من اسم المقاطعة الرئيسية التي كانت تضم عدداً من المدن والقرى الصغيرة وكان يسمى أكبرها بالحجر والتي كانت تضم أيضاً المنطقة المعروفة اليوم بالاحساء.

---

(19)عُمان في أمجادها البحرية، ط3، 1994، مسقط، ص ص15-12.

(20)بن حبيب، مال الله بن علي: ملامح من تاريخ عُمان. ترجمة محمد محمد كامل، د. ت، عمان، ص10.

ويذكر لنا المؤرخ (الطبري) أن بداية القرن الثالث للميلاد كان يحكم البحرين ملكاً يدعى (سلفرون) وكان يقيم في داخل قلعة منيعة، وأن منطقة البحرين قد شهدت خلال القرون الأولى للميلاد ازدهاراً حضارياً ولا سيما في الملاحة والتجارة، وبذلك نلحظ استمرارية التدفق الحضاري لعموم منطقة الخليج العربي في القرون التي سبقت الميلاد والتي تلته([21]).

ومن المفيد الإشارة إلى أن أطراف الجزيرة العربية كاليمن والعراق وعُمان والشام قد أثبتت الحفريات والدراسات الأثرية بأنها كانت أكثر تقدماً وتحضراً من وسط الجزيرة وخاصة في الفترة التي سبقت ظهور الإسلام ولكن على الرغم من ذلك فإن وسط الجزيرة لم تخلو من مناطق للنهوض الحضاري حيث كانت هناك إرهاصات ومحاولات لإقامة مراكز حضارية بين الحجاز والشام ومنها مملكة كندة التي قامت ما بين القرن الأول قبل الميلاد ولغاية القرن السادس للميلاد وكانت عاصمتها مدينة الفاو التي تقع على أطراف الربع الخالي والتي كانت تربط بين جنوب الجزيرة العربية وشمالها وشمالها الشرقي حيث تمر بها القوافل التجارية القادمة من اليمن، ومما تجدر الإشارة إليه أن أهالي مملكة كندة هم من العرب يرجع أصلهم إلى قبيلة يمانية كانت تقطن شمال نجران بداية الأمر ثم سكنت منطقة تهامة.

لقد تألقت مملكة كندة حضارياً وسط الجزيرة العربية إذ برز أهلها في أغلب النشاطات الحضارية، وفي مقدمتها مزاولتهم للتجارة حيث ساعد موقعها المهم على ذلك إذ كانت تعد مركزاً تجارياً وإقتصادياً هاماً في قلب الجزيرة العربية لمدة تزيد على الخمسة قرون ولم تكن كندة بمعزل عن قيام الحضارات آنذاك فقد تاجر أبناؤها بالحبوب والطيوب والنسيج والأحجار الكريمة والمعادن وأثروا ثراء كبيراً قد إنعكس على اهتماماتهم الفنية حيث بنوا القصور والمعابد والأسواق وزينوا بيوتهم بالرسوم المتنوعة والتماثيل المعدنية والمرمرية وقد بلغ قمة تقدمهم في العملة التي سكوها والخاصة بهم حيث ضربوا عليها اسم الههم (كهل) كما اهتموا بالمكاييل والموازين وبالزراعة والري وزرعوا النخيل والكروم والحبوب([22]).

---

(21)ويلسون، ارنولد: تاريخ الخليج. ترجمة محمد أمين عبد الـلـه، ط3، 1988، عُمان ص47.

(22)أبوخليل: مرجع سابق، ص ص106-105.

كما أصبحت كندة في أوائل القرن الرابع للميلاد واحدة من التجمعات الثمانية العسكرية التي تؤلف جيش حمير ولم تكتف

في السير في مسار الحضارة بجوانبها الاقتصادية والفنية والعسكرية بل تعدته للأدب والشعر بحيث وصل إلى قمة السلطة فيها

أحد أبرز شعراء العرب المعروفين وهو الشاعر (إمرؤ القيس).

ومن ملوكها المشهورين أيضاً الحارث بن عمرو الذي أنهى حرب البسوس الشهيرة التي كانت قائمة بين قبيلتي بكر وتغلب

والذي حكم المملكة أكثر من أربعين عاماً[23].

ولا يمكننا ونحن نتحدث عن عراقة الحضارة العربية وأصالتها وسط الجزيرة العربية أن نتجاهل (مكة) وخاصة ونحن

نقترب بالزمن صوب العصور الإسلامية، فقد كانت مكة قبل ظهور الإسلام محطة تجارية تميزت بوجود الكعبة فيها وقد فشل

الروم والأحباش في السيطرة عليها فظلت محافظة على سيادتها عبر العصور وهي تعد من أهم حواضر الحجاز وهي عبارة عن

قرية في وادٍ ضيق على شكل سهل منبسط غير ذي زرع تحيط بها الجبال من جميع الجهات فتزيد من قسوة مناخها[24].

وقد سُميت مكة لقلة مائها بينما يرى بعض الباحثين لكونها مكاناً مقدساً يجذب الناس إليه من جميع الجهات[25].

أما (بكة) فهو المكان الذي وضع فيه البيت الحرام، ومن الجدير بالذكر أن مكة كانت مجرد محطة تجارية تمر بها القوافل

ولم تعرف السكنى إلا في عهد سيدنا إبراهيم وولده إسماعيل عليهما السلام وقصة بناء البيت المعروفة إبان القرن التاسع عشر

قبل الميلاد[26].

كانت مكة تواكب الممالك التي قامت في شمال الجزيرة وشرقها حيث المناذرة في العراق والغساسنة في الشام وكندة في الوسط والتي

سبق وأن تطرقنا إليها في هذه الدراسة، ومن المفيد الإشارة إلى أن مكة قد ازدهرت حضارياً وتجلت في حياتها أغلب أوجه

(23)سيرة الحضارة، مرجع سابق، ص ص316-315.

(24)سرور، جمال الدين محمد: قيام الدولة العربية الإسلامية. القاهرة، 1964، ط3، ص36.

(25)مهران، بيومي محمد: دراسات في تاريخ العرب القديم. 2000، الإسكندرية، ص392.

(26)الشريف، أحمد إبراهيم: مكة والمدينة في الجاهلية وعهد الرسول. 1965، القاهرة، ص26.

45

النشاط الحضاري عندما تسلمت أمر قيادتها قبيلة قريش أيام (قصي بن كلاب) حيث تولت البيت وأمر الكعبة بـدلاً مـن قبيلة خزاعة[(27)].

فمنذ عام 440 للميلاد وهو العام الذي تولى فيه قصي أمر مكة أصبحت الأخيرة في عهده مركزاً للتجـارة والحيـاة الدينيـة في شبه الجزيرة العربية تشد إليها الرحال وتشخص نحوها الأبصار[(28)].

وفي الواقع أن قصياً الذي ينتسب إلى قبيلة قريش تلك القبيلة التي زاولت مهنة التجارة منذ القدم حتى أن بعض المـؤرخين يرى أن سبب التسمية لقريش عائد لاحترافها التجارة وقد استأثرت قريش بمكة وأثرت وربحت وتزعمت في وقت لم يبتعـد كثيراً عن مولد الرسول محمد ـ صلى الـلـه عليه وسلم ـ فكان قصي أول زعيم لها بيد أنه لم يكن رجل سياسة وزعامة فحسب بـل كان رجل دين كذلك ينسب إليه جملة أشياء شرعها لقريش فاتبعتها وصارت من سنن أهل مكة وقد ذكر لنا المؤرخ جواد علي ((.. أن من يقرأ تاريخ مكة يرى أن اسم قصي قد تخطى أسماء من سبقوه حتى ليكاد تاريخ هذه المدينة القديمة التـي سبقت قصياً في الوجود تبتدئ به..)) [(29)].

تمكن قصي بن كلاب حاكم مكة خلال القرن السادس للميلاد وزعيمها من أن يستفيد من الحروب القائمة بين الفرس والروم آنذاك فينظّم أحوال المدينة حيث جعل لقافلتها التجارية نظاماً في رحلتي الشتاء والصيف كـما أسـس للمجتمـع المكـي مجلسـاً للشيوخ وهو ما كان يسمى بـ (دارة الندوة) يجتمع فيها كبار الأهالي وتتخذ فيه القرارات المتصلة بالمصلحة العامـة، كـما عرفـت مكة تنظيماً تجارياً آخر تجلى في الأسواق التي كانت تطوف الجزيـرة العربيـة في دورة سـنوية كاملـة وكانـت مواسـمها مناسبات دينية وأدبية واجتماعية فضلاً عن التجارة ومن أشهرها سوق عُكاظ قرب مكة.

إن مكة قد عاشت فترة قبل الإسلام نهوضاً حضارياً لم يشمل الجوانب الاقتصادية والدينية فحسب بل شمل كذلك الجانـب الفكري المتطور والمتمثل في الشعر واللغة العربية

---

(27)ابن الأثير، عز الدين أبوالحسن على الشيباني: الكامل في التاريخ. ج2، 1980، بيروت، ط2، ص12.

(28)مهران، بيومي محمد: الحضارة العربية القديمة. الإسكندرية، د.ت، ص396.

(29)علي، جواد: تاريخ العرب في الإسلام. تقديم فرحان صالح، 1988، دار الحداثة، بيروت، ط2، ص52.

التي عبرت مفرداتها وتراكيبها على مستوى رفيع لا يمكن أن ينم إلا عن مستوى مماثل من الفكر، ولا ننسى ونحن نتحدث عن الحضارة في مكة أن نذكر بأن الجانب الديني فيها لم يقتصر على الوثنية بل ظهر كذلك الأحناف أتباع دين إبراهيم الذي مهد وجودهم لتقبل الإسلام([30]).

ومن المفيد الإشارة كذلك إلى أن الحضارة العربية في مكة لم تغفل الجانب الفني حيث العمران والبناء تجلى في الدور العديدة التي شيدت في مكة من الحجر والتي زينت بالنقوش والزخرفة ومنها دور عبد الله بن جدعان ثري مكة المعروف، وهذا ما يؤكد لنا بأن العمارة الإسلامية لها جذورها العربية بخلاف ما يراه بعض المؤرخين الأوروبيين بأن عناصر العمارة الإسلامية تعود لأصول أجنبية([31]).

وفي نهاية الحديث عن مكة لابد أن نقول بأن مكة قبل ظهور الإسلام قد بدت عاصمة للجزيرة العربية بفضل تحضر القريشيين الذين تولوا أمرها في الوقت الذي كانت فيه وسط الجزيرة تستعد لتقبل الطفرة الحضارية الكبرى في حياتها والتي أتى بها الإسلام فما أن بزغت شمس الدين الجديد على ربوع الجزيرة العربية ثم بقية أرجاء الوطن العربي حتى تجددت معالم الحضارة العربية وتوسعت آفاقها لتسطّر صفحات رائعة في سفر التاريخ الوسيط للعالم أجمع.

الاستنتاجات

من خلال هذه الدراسة توصلنا للاستنتاجات التالية:-

أولا: أثبتت الأبحاث الأثرية والدراسات التاريخية بأن للعرب قبل الإسلام حضارة راقية شملت معالمها مختلف الجوانب والمناحي للحياة بخلاف ما أعتقد البعض من الباحثين الأجانب الذين أنكروا امتلاك العرب للحضارة قبل ظهور الإسلام.

ثانياً: لمّا سطعت شمس الإسلام على ربوع الجزيرة العربية بداية ثم أنتشر الإسلام في بقاع شتى من العالم، فقد نقل معه إشعاعات الحضارة العربية إلى تلك البقاع

---

(30)مسيرة الحضارة، مرجع سابق، ص317.

(31)عبدالحميد: مرجع سابق، ص ص412-406.

آفاق الحضارة العربية الاسلامية

الأمر الذي أدى إلى إرساء معالم لحضارة جديدة ألا وهي الحضارة العربية الإسلامية التي استمرت في التدفق والعطاء ليومنا هذا.

ثالثا: لا يمكننا والحالة هذه أن ننكر الدور الذي لعبته الحضارة العربية في تشكيل الحضارة الإسلامية وبلورتها وبذات الوقت لا يمكننا أن نغفل دور الإسلام في تنامي وتصاعد وتاثر الحضارة العربية عامة.

الفصل الثالث

الدور الريادي للحضارة العربية الاسلامية في بناء الحضارة الانسانية

الدور الريادي للحضارة العربية الإسلامية (*)
في بناء الحضارة الإنسانية

إن الحضارة التي يعيش آفاقها إنساننا اليوم والتي يتبجح الأوربيون بخلقها ما هي في الحقيقة إلا ثمرة لجهود عربية متواصلة منذ آلاف السنين قبل التاريخ وحتى أواخر العصور الوسطى عندما بدأ الأوربيون ينهلون من معين الحضارة العربية الثر والذي نجم عنه التطور التاريخي لأوربا وانتقالها إلى عصر النهضة.

فبينما كان السكان العرب في النصف الثاني من القرن العاشر للميلاد يتجولون في شوارع قرطبة ليلا على ضوء المصابيح العامة كانت شوارع لندن لسبعة قرون تالية بعد ذلك لم تر نور مصباح واحد كما بقيت ألمانيا لغاية عام 1819م تعتبر إنارة الشوارع بمصابيح الغاز شر مستطير يهدد الظلام الإلهي كما جاء ذلك على لسان صحيفتها (كولونيا) في ذلك العام ، ومثلما كانت تنظف مدن الأندلس بواسطة عربات القمامة التي تجرها الثيران نظفت باريس شوارعها بنفس الطريقة ولكن بعد مضي قرنين من الزمن على ما كان متبعا في بلاد الأندلس([1])، وبعد أن تم نقل الحضارة العربية إلى الغرب عن طريق المعابر الحضارية الثلاثة الأندلس وصقلية وبلاد الشام، وعلى الرغم من ذلك فمن يتصفح اليوم مئة كتاب تاريخي أوروبي لا يجد ذكرا لدور العرب في ثمانية وتسعين منها([2]).

سنتناول في هذا البحث الدور الذي لعبته الأمة العربية الإسلامية في بناء الحضارة الإنسانية من خلال المحاور التالية:

1) وسائل الاتصال بين الحضارة العربية الإسلامية وأوربا.

---

*نشر هذا البحث في مجلة شؤون عربية التي تصدرها جامعة الدول العربية في العدد 97 لسنة 1996.

([1]) حلاق، حسان: العلاقات الحضارية بين الشرق والغرب في العصور الوسطى. بيروت، 1986، ص20.

([2]) هونكه، زنغريد: شمس العرب تسطع على الغرب أو أثر الحضارة العربية في أوربا. نقله عن الألمانية فاروق بيضون وكمال دسوقي، راجعه ووضع حواشيه مارون عيسى الخوري، ط9، الدار البيضاء، 1991، ص11.

2) ميادين الاستفادة من الحضارة العربية الإسلامية.

3) دور العرب في إيصال العلوم اليونانية والرومانية إلى العالم.

1) وسائل الاتصال بين الحضارة العربية الإسلامية وأوربا.

قبل التطرق إلى وسائل الاحتكاك بين الحضارة العربية الإسلامية والأوربيين حري بنا أن نتحدث أولا وبشكل موجز و سريع عن الحضارة العربية.

فمن المعلوم أن العرب قد امتلكوا ناصية العلم والمعرفة منذ آلاف السنين قبل الميلاد عندما خرجوا من الجزيرة العربية في هجرات واسعة متجددة إلى ما حولها من المواطن البشرية حيث تشكلت حضارات بابل وآشور وآرام وكنعان وفينيقيا([3])، واخترعوا الكتابة وبرعوا في الفنون التشكيلية فأنتجوا الروائع نحتا وتصويرا وسنوا القوانين وابتدعوا التنظيم الإداري والتجاري وأسسوا النظم السياسية واستخدموا السفن، فعلوا جميع ذلك بمبادرتهم وبجهودهم الذاتية فشمخت عندهم الدولة القوية المتقدمة في اليمن كالدولة المعينية والدولة السبئية وفي الشمال كانت دولة (الأنباط) في البترا ودولة (تدمر) و(الغساسنة) في الشام ودولة (كندة) في اليمامة ودولة (المناذرة) و(الحيرة) في العراق، وكانت مكة قبل الإسلام مركزا تجاريا ودينيا يستقطب كل القبائل في الجزيرة العربية وتقر فيها السياسات المالية وتنطلق منها الحركة الفكرية والأدبية([4]). ولم يكن العرب في جميع هذه الدول منقطعين عن العالم الخارجي بل العكس كانت لهم صلات واشجة وعلاقات دائمة مع الدول المعاصرة الكبرى في آسيا وأفريقيا وأوربا وكانت هذه الصلات تتناوب بين الصراع تارة والتفاهم والتحالف تارة أخرى بينهم وبين كل من الفرس والبيزنطيين والحبشة واليونان والرومان وهكذا فان العرب قبل أن تبزغ شمس الإسلام على ربوعهم كانوا على اتصال حضاري مع العالم يرفدونه بما تنتجه عقولهم وما يسفر عنه إبداعهم من خلق وتطور فكان تفاعلهم مع الشعوب التي حولهم وصلاتهم بهم قد أسهم كثيرا في وضع الركائز

([3]) الحسني، عبدالرزاق: العراق قديماً وحديثاً. ط2، صيدا، 1956، ص ص14-13.

([4]) صابر، محي الدين: الحضارة العربية بوصفها حضارة عالمية.. البعد التاريخي واستشراق المستقبل. العلاقات بين الحضارتين العربية والأوربية، وقائع ندوة همبورغ، تونس، 1985، ص160.

الأولى للحضارة الإنسانية، لكن هذا الاحتكاك بالحضارة العربية كان عميقا ومؤثرا بعد ظهور الإسلام وانتشاره خارج الأرض العربية والذي ساعد كثيرا على تبلور الحضارة العربية ورقيها لأن فترة ازدهار الحضارة العربية سبقت مباشرة فترة ازدهار الحضارة الأوربية وبما أن الحضارات تأخذ عن بعضها فقد كان لعملية الإحراز على قصب السبق في ميدان النشاط الحضاري العلمي بين العرب والأوربيين عند نهاية العصور الوسطى تفاعل وتماس واضحين أدى إلى ظهور الحضارة الأوربية([5])، وهذا ما سنلمسه في تناولنا للمعابر الحضارية الثلاثة التي تم من خلالها نقل الحضارة العربية إلى العالم وبخاصة أوربا والمعابر هي كما يلي:

أ- طريق الأندلس:

أخذت الحضارة تزحف إلى أوربا منذ أواخر القرن الحادي عشر الميلادي وسلكت في طريقها عدة مسالك أهمها طريق الأندلس([6])، فبعد فتح العرب المسلمون لأسبانيا أوائل القرن الثامن الميلادي (711م) ([7])نتيجة مخطط سياسي عسكري اتفق عليه زمن الخليفة الأموي الوليد بن عبد الملك في دمشق وقائده في المغرب موسى بن نصير انتهى الأمر بعد سلسلة من المعارك بين المسلمين والأسبان إلى قيام الحكم العربي الإسلامي في أسبانيا التي سُميت فيما بعد ببلاد الأندلس وقد مرّ الحكم العربي الإسلامي فيما بعد بعدة عصور حيث بقي العرب في بلاد الأندلس منذ عام (711م) ولغاية عام (1492م) أي ثمانية قرون تقريبا([8])، استطاعوا خلال هذه المدة أن يؤثروا في الأسبان خاصة والأوربيين عامة وعلى كافة الأصعدة الحضارية ومن العوامل التي ساعدت على هذا التأثير هو الاختلاط الذي حصل بين العرب والعناصر الأسبانية والقوطية الأمر الذي أدى إلى نشوء طبقة جديدة من جرّاء ذلك سُميت بـ(المسالمة) ([9]) حيث اختلطت دماء العرب المسلمين بالدماء الأسبانية عن

([5]) زباديه، عبدالقادر: الحضارة العربية في عالمنا المعاصر. العلاقات بين الحضارتين العربية والأوربية، وقائع ندوة همبورغ، تونس، 1985، ص160.

([6]) صالح، محمد محمد: تاريخ أوربا من عصر النهضة وحتى الثورة الفرنسية 1500 1789. بغداد 1982، ص72.

([7]) الجميلي، رشيد عبد الله: دراسات في تاريخ الخلافة العباسية. الرباط، 1984، ص432.

([8]) المرجع نفسه، ص455.

([9]) حلاق: مرجع سابق، ص18.

طريق المصاهرة والزواج([10])، كما أن هناك عامل آخر هو سياسة التسامح التي اتبعها العرب إزاء العناصر غير الإسلامية من المسيح واليهود([11])والذي ساعد كثيرا على نقل الحضارة العربية إلى الأسبان ثم بقية الأوربيين إذ اقبل المستعربون الأسبان على تلقي العلوم وتعليم اللغة العربية كما تتلمذ الكثير من المسيح واليهود على أيدي العلماء العرب فأصبح هؤلاء المستعربون رسلا جددا للحضارة العربية نتيجة لإتقانهم اللغتين العربية واللاتينية معا فنقلوا العلوم العربية إلى الأسبان والأوربيين وقد أصبح إقبال الأوربيين على تعلم العلوم العربية من الأمور اللافتة للنظر فهذا الكاتب المتعصب (الفارو ALVARO) الذي عاش في القرن التاسع الميلادي يقول: "إن إخواني المسيحيين يدرسون كتب فقهاء المسلمين وفلاسفتهم لا لتفنيدها بل لتعلم أسلوب عربي بليغ، وأسفاه إنني لا أجد اليوم علمانيا يقبل على قراءة الكتب الدينية أو الإنجيل، بل إن الشباب المسيحي الذين يمتازون بمواهبهم الفائقة أصبحوا لا يعرفون علما ولا أدبا ولا لغة إلا العربية، ذلك أنهم يقبلون على كتب العرب في فهم و شغف"([12]).

ومن الأمثلة على مدى التأثير العربي على مدن الأندلس يجدر بنا الإشارة إلى مدينة (طليطلة) التي بقيت بأيدي العرب قرابة أربعة قرون وقد غلب على سكانها العروبة فلبثوا نصارى إلا أنهم اتخذوا من العربية لغة وثقافة لأنفسهم.

ومن الغريب أنهم كانوا يقيمون طقوسهم و صلواتهم الكنيسية باللغة العربية والقوطية الأمر الذي دعا الأسبان إلى تسميتهم (موز اراب Mosarabes) أي نصف عرب وظلت طليطلة بعد سقوطها عام (1085م) من المراكز العلمية الهامة وقد تدفق طلاب العلوم عليها من غرب أوربا ونشطت فيها حركة الترجمة من العربية إلى اللاتينية. كما كانت (قرطبة) التي سمتها الشاعرة الألمانية (هيروسويثا) بـ(جوهرة العالم) مقصد طلاب العلم من أوربا وغيرها يرتوون من مكتبتها الرئيسية التي رعاها أهل الأندلس علماء وأمراء فضمت أروقتها زهاء نصف مليون كتاب في وقت كانت اليد تقوم بدل الطباعة وقد ذكر ابن حزم الاندلسي فهارس هذه المكتبة في كتابه (جمهرة انساب العرب) ([13]).

([10]) كان أول عربي تزوج أسبانية هو عبدالعزيز بن موسى بن نصير من (إخلونا) أرملة لذريق آخر ملوك القوط التي أسلمت بعد الزواج وتكنت بأم عصام، حلاق: مرجع سابق، ص18.

([11]) هامرتن، جون: تاريخ العالم. ترجمة وزارة التربية والتعليم المصرية، المجلد الخامس، القاهرة، بدون تاريخ، ص731.

([12]) حلاق: مرجع سابق. ص21.

([13]) الحجي، عبدالرحمن علي: أضواء على الحضارة والتراث. الجزائر، بدون تاريخ، ص ص107-104.

لقد كان تأثير الحضارة العربية واضحا بادئ الأمر على الأسبان لان البلاد الأسبانية كانت في الوقت الذي فتحها العرب لا تختلف كثيرا عن باقي مناطق أوربا من حيث الجهل والتخلف العلمي والاجتماعي([14]) بسبب طول فترة النزاعات الداخلية والفتن بين المذاهب المسيحية بدليل أن بعض أمراء أسبانيا ورئيس أساقفة اشبيلية ساعدوا العرب على فتح أسبانيا، ولم تمض مدة طويلة حتى أصبحت مدن الأندلس من أغنى وأهم المدن الأوربية ولا سيما قرطبة وذلك لان الأسبان وللعوامل التي أسلفت لم يدخروا جهدا في تحصيل علوم العرب التي جاءتهم بواسطة العلماء العرب الذين صحبوا الحملات العسكرية أو الذين استدعوهم الخلفاء الأمويين بعد ذلك.

لقد استمرت المؤثرات الحضارية العربية في أسبانيا بعد استردادها من قبل المسيحيين حيث بقي الاسبانيون يتحدثون العربية ويتغنون بها حتى مطلع القرن السابع عشر الميلادي([15]) كما شرع الأوربيون يتوافدون على طليطلة وبقة المدن الأسبانية من كافة أنحاء أوربا، من ايرلندا وانجلترا وفرنسا وبلجيكا وألمانيا والبلقان وايطاليا فهذا مثلا العالم الإيطالي (جيرارده الكريموني) الذي قدم من مدينة (كريمونه) بايطاليا يبحث عن كتاب المجسطي لبطليموس واما ترجم للعربية حيث قيل له انه يوجد في طليطلة فاقبل في منتصف القرن الثاني عشر وعثر على كتاب المجسطي كما ذهل لما عثر عليه من مخطوطات في بقية العلوم فدرس اللغة العربية أولا مستعينا بأحد المستعربين وعندما تمكن منها انصرف وحده إلى ترجمة الكتب العربية إلى اللاتينية وفي كافة فروع العلم والمعرفة فوصل عدد ما ترجمه لوحده من الكتب إلى ثمانين كتابا([16]).

ثم أخذت هذه الكتب المترجمة تنتشر في ربوع أوربا وعليها قامت الثقافة الغربية، كما أن اليهود الذين اضطروا لمغادرة أسبانيا نقلوا معهم مكتباتهم العربية ثم ترجموها للعبرية ومن هؤلاء (آل طبون) اليهود الغرناطيون الذين نزحوا لفرنسا، وهكذا نرى أن الغربيين قد بنوا حضارتهم على مخلفات العرب في الطب والصيدلة والفلسفة والكيمياء وغيرها من العلوم والفنون من خلال بلاد الأندلس التي تعد أهم معبر حضاري ظفرت أوربا عبره بالجانب الأكبر لنهضتها([17]).

([14]) الجميلي: مرجع سابق. ص432.

([15]) هامرتن: مصدر سابق. ص730.

([16]) الحايك، سيمون: تعربت.. وتغربت أو نقل الحضارة العربية إلى الغرب. بيروت، 1987، ص8.

([17]) هامرتن: مصدر سابق. ص729.

ب - طريق صقيلية:

تقع جزيرة صقيلية بين ساحل ايطاليا الجنوبي وبين الساحل الفرنسي وهي محاطة بثلاثة بحار وكان عدد سكانها فترة الحكم العربي ما يقارب مليونا وستمائة ألف نسمة بينهم ستمائة ألف من المسلمين([18])، وقد هاجمها المسلمون بسبب موقعها الاستراتيجي المهم ولخطورتها على البلاد العربية الإسلامية لكونها كانت منطقة انطلاق الروم على الأساطيل العربية لكن فتحها لم يتم بسهولة كما حدث للأندلس التي تم فتحها خلال ثلاث سنوات وإنما استغرق فتح صقيلية ما يقارب ثمانين عاما حيث تم السيطرة عليها نهائيا في عام (902م) بواسطة الاغالبة في تونس ثم وقعت تحت الحكم الفاطمي بعد أن قضى الفاطميون على الاغالبة و بعد أن انتهى الحكم العربي الإسلامي فيها تمت السيطرة للنورمان على الجزيرة إلا أن انتهاء الحكم العربي في صقيلية لم يعني أبدا انقطاع الحضارة العربية عنها إذ تمتعت جزيرة صقلية طيلة العهدين (الاغالبة والفاطميين) بحكم عربي إسلامي مزدهر نشر العرب المسلمون خلالها حضارتهم في مدن الجزيرة([19]) (بالرمو و مسينيا و سرقوسة) وغيرها كما انتشرت القصور والمساجد والأسواق وبنيت الأسوار والقلاع وانتشرت صناعة الورق والسفن والحرير والفسيفساء والكبريت واستخرج العرب الرصاص والنفط والحديد وعملوا على ازدهار التجارة ونشروا اللغة والعادات والتقاليد العربية وقد استمر الحكم العربي ما يقارب قرنين ونصف من الزمن.

ومن الأدلة على بقاء تأثير الحضارة العربية في الجزيرة حتى بعد زوال الحكم العربي هو أن النورمان الذين استعادوا مدينة (بالرمو) سكّوا نقودا كانت تحمل في احد وجهيها آية قرآنية كريمة هي (هو الذي أرسل رسوله بالهدى ودين الحق ليظهره على الدين كله ولو كره المشركون) ([20]) كما كان أمراؤهم يشبهون حياتهم الخاصة وملابسهم بأمراء العرب.

ومن الجدير بالذكر أن آثار الحضارة العربية لا زالت ماثلة لليوم في جزيرة صقيلية

([18]) حلاق: مرجع سابق. ص113.

([19]) نداء طه: فصول من تاريخ الحضارة الإسلامية. بيروت، 1974، ص197.

([20])) حلاق: مرجع سابق. ص197.

بسبب تواصلها بعد انقطاع الحكم العربي وعدم انقطاعها، فعندما تولى روجر الأول حكم صقلية (1092م-1101م) والمعروف بميله للعرب المسلمين فقد اعتمد على العرب في حكمه وادخل قسما كبيرا منهم في حكمه كما أخذ عنهم أساليبهم في إدارة البلاد كالدواوين والنظم المالية وقد تأثر روجر بالتنظيمات العسكرية العربية كما حرص على بناء القصور والحمامات على الطراز العربي والتي لا زالت باقية في صقلية اليوم وقد وصف المؤرخون صقلية في عهده بالمملكة نصف الإسلامية في دينها ونظامها الإداري والعسكري ولما تسلم الحكم بعده ابنه روجر الثاني (1101م-1154م) لم يختلف عنه بل كان أكثر حرصا في الاعتماد على العلماء والخبراء العرب لاعتقاده بأنهم على درجة عالية من التحضر والعلم تفوق ما كان عليه مواطنوه([21])، كما لقب نفسه بلقب إسلامي وهو (المعتز بالله) ([22]) ذكر لنا ذلك الإدريسي في كتابه (نزهة المشتاق في اختراق الآفاق).

وقد اهتم روجر الثاني بالآداب والعلوم والفنون العربية ولذلك ترى المستشرقة الألمانية (زنغريد هونكة) بأن للعرب الفضل في جعل روجر الثاني أغنى ملك في أوربا بعد أن كان اقلهم وذلك بسبب اهتماماته الاقتصادية والعمرانية وإتباعه للنظام المالي العربي الدقيق وكذلك دعوته للجغرافي الاندلسي الإدريسي أبو عبد الله محمد (1100م-1154م) للمجئ إلى بلاطه والإطلاع منه على جغرافية مملكته والجغرافية العامة وقد فعل ذلك الإدريسي عندما قدم له خريطة وكتابا تفوق خريطة بطليموس الشهيرة في دقتها.

لقد كان روجر الثاني بما لديه من إطلاع على حضارة العرب وبما يملك من روح التسامح والعدل عاملا مهما ساعد على نقل الحضارة العربية إلى أوربا عبر جزيرة صقلية حيث لعب دورا نشيطا حتى قيل عنه بأنه كان سلطانا عربيا بتاج إفرنجي إذ ارتدى الملابس العربية وكتب على حلة التتويج بالخط الكوفي وأرخ تتويجه بالتاريخ الهجري.

ومن الجدير بالذكر أن التأثر بالحضارة العربية ونقلها إلى أوربا لم تقتصر على عهدي روجر الأول والثاني وإنما تعداهم لما بعدهم من الملوك أمثال وليم الأول والثاني فقد كان الأخير متقنا للغة العربية وقد حمل لقب (المستنصر بالله) وكان شعاره (الحمد لله حق

([21]) زباديه: مرجع سابق. ص167.

([22]) حلاق: مرجع سابق. ص123.

حمده) واستمر ملوك الأسرة النورمانية في الأخذ بالحضارة العربية وكذلك الأسرة الألمانية التي أعقبتهم في حكم جزيرة صقيلية وبقي التأثر بالحضارة العربية ونقل آفاقها إلى أصقاع أوربا يتم عن طريق هذا المعبر الحضاري وخاصة (بالرمو) عاصمة صقلية التي لازالت إلى الآن تتميز بالروح العربية الإسلامية في كثير من مظاهرها العمرانية والاجتماعية والثقافية.

جـ-طريق بلاد الشام:

أما المعبر الحضاري الثالث الذي تم خلاله احتكاك الأوربيين بالحضارة العربية هو منطقة بلاد الشام وإن كان المعبران الآخران (الأندلس وصقلية) أكثر أهمية وعمقا في التأثير الحضاري والاحتكاك من بلاد الشام وذلك بسبب كونهما قد شهدا نشوء حواضر ومراكز علمية أكثر مما شهدته بلاد الشام كما أن مملكة القدس لم تكن مركزا علميا للمعارف والعلوم الإسلامية.

وعلى أية حال فان الاتصال بين العرب والأوربيين قد جرى في بلاد الشام من خلال الحروب الصليبية وأن العلاقات بين الجانبين لم تكن حربية مستمرة بل حدثت بينها فترات هدنة([23])، قامت خلالها علاقات وصداقة وتأثيرات متبادلة لان إقامة الصليبيين لمدة مائتي عام تقريبا (1098م-1291م) لابد وأن يحصل بينهما تمازج حضاري علمي فضلا عن كون المستعمرات الصليبية كانت قائمة وسط العالم العربي الإسلامي مثل حلب ودمشق وحماه وحمص، وبذلك فقد حدث خلال هذه الفترة أن اتصل الغرب بالشرق اتصاله ببشر يخالفه ويسمو عليه إذ حصل تمازج اجتماعي خلال العهد الصليبي الذي ضم الفرنسي-والإنجليزي والإيطالي والألماني إلى جانب العربي والتركي والكردي والارمني مع انتشار الأديان الثلاثة واللغات العديدة ورغم هذا التباين بدأت تظهر بوادر الانسجام والتأثر وبذلك حصلت أوربا عن هذا الطريق على أوجه الحضارة العربية من طب وعلوم وثقافة وفنون كما تعلم الكثير من الأوربيين اللغة العربية واستخدموها حتى يذكر أن أكثر من ألف كلمة عربية دخلت اللغات الأوربية عن هذا الطريق كما تأثرت المنشآت المعمارية الغربية بالطراز العربي من

([23]) حلاق: مرجع سابق. ص123.

خلال ما شاهده الأوربيين من الحصون والقلاع والحمامات والخانات في بلاد الشام وقد أشار الرحالة (ابن جبير) المعاصر للحروب الصليبية إلى المظاهر العمرانية العربية في بلاد الشام ومما ذكره مثلا عن حمص قوله: "و أسوار هذه المدينة في غاية العتاقة والوثاقة، مرصوص بناؤها بالحجارة الصحم السود، وأبوابها أبواب حديد سامية الأشراف هائلة المنظر رائعة الأطلال والأناقة تكتنفها الأبراج المشيدة الحصينة"([24])

وهكذا نجد أن الحروب الصليبية كانت إحدى الوسائل التي ساعدت على نقل الحضارة العربية إلى أوربا وإن أهداف الحروب لم تتحقق سواء النصر العسكري أو الاحتفاظ بالأراضي المستولى عليها أو السيطرة على بيت المقدس والذي تحقق فعلا هي النتائج الحضارية التي لم تكن في بال الصليبيين يوم قرروا شن هذه الحروب فقد رأوا حضارة لم تعرفها بلادهم وكان تأثيرها على الغرب فيما بعد كبيرا وفي مختلف المجالات وإن كان تأثير الحضارة العربية عليهم في مجال الفنون والآداب أعمق واشد([25]).

2) ميادين الاستفادة من الحضارة العربية الإسلامية.

لا نستطيع أن نحصر كافة الميادين الحضارية العربية والتي نهل منها الأوربيون، كما لا يمكننا من ذكر جميع العلماء العرب الذين أسهموا في تشييد الحضارة العربية، لذلك، سنقتصر على تناول بعض الميادين الحضارية مع ذكر عدد من علماء العرب الذين لعبوا دوراً رياديا في بناء الحضارة الإنسانية جمعاء.

و فيما يلي ابرز الميادين الحضارية التي استفادت منها الإنسانية:

1-ميدان الطب/

استفاد الأوربيون كثيرا من الطب العربي إذ كان الأطباء العرب في نهاية القرن العاشر يسخرون كل ساعة في الكفاح ضد الداء والموت بصورة عملية وكانت المستشفيات العربية قد بلغت شأواً عظيماً لا مثيل له في العالم قاطبة بينما كانت أوربا تعيش على كتب مبعثرة للإغريق هي البداية لهم وهي النهاية([26]).

([24]) ابن جبير: ص ص202-182.

([25]) ندا: مرجع سابق. ص ص192-188.

([26]) هونكه: مصدر سابق. ص ص284-283.

ومن بين الأطباء العرب البارزين يومذاك الزهراوي الذي وضع مطلع القرن الحادي عشر الميلادي عدة مؤلفات مثل كتاب (التصريف) الذي يمتاز بكثرة الرسوم التوضيحية للآلات الجراحية وقد تُرجم هذا الكتاب إلى اللاتينية عام 1497م.

ومن الجدير بالذكر أن عائلة (الزهراوي) قد أنجبت لوحدها الكثير من الأطباء المشهورين خلال ستة أجيال متعاقبة وكان ملوك أوربا يطلبون العلاج على أيديهم[27]. وكذلك من الأطباء المشهورين (ابن النفيس) الذي اكتشف مسيرة الـدورة الدمويـة في جسم الإنسان قبل أن يعرف تفاصيلها الفرنسي (ميشال سرفي) [28]. كما أن الرازي أول طبيب عـربي يعمـد إلى تـدوين مشـاهداته السريرية في كل حالة يعالجها وبهذا دخل الطب العربي مرحلة هامة نجد آثارها في الطب الحديث[29].

ومن الجدير بالذكر أن الطب العربي قد انتقل مبكرا إلى الغرب ويذهب بعض الباحثين إلى القول بـأن الطب كان مـادة عربية بالنسبة لأوربا في العصر الوسيط و حتى القرن السابع عشر الميلادي حيث ظل كتـاب (القـانون) لابـن سـينا بشكل خـاص يحظى بمركز الصدارة في الجامعات الأوربية[30].

/2-ميدان الزراعة/

استفاد الأوربيون من العلوم الزراعية العربية بعد أن ترجموها إلى لغاتهم إذ أن العرب قد طوروا أسـاليب الفلاحـة وشيدوا السدود والترع وحفروا الآبار ناصبين عليها النواعير والآلات الرافعة للمياه إلى البساتين فقد ادخل العرب في أسبانيا وصقلية نظاماً للري قائماً على أساس علمي إذ كانت المناطق الجنوبية في أسبانيا وشمالي فرنسا تعاني من ري المزروعات وقد تمكن العرب من حل هذه المشكلة بطريقة لم يكد يدخل عليها أي تحسين منذ ذلك الحين وإلى يومنا هذا[31].

([27]) حلاق: مرجع سابق. ص23.

([28]) زباديه: مرجع سابق. ص169.

([29]) هونكه: مصدر سابق. ص344.

([30]) صالح: مرجع سابق. ص73.

([31]) هامرتن: مصدر سابق. ص748.

الدور الريادي للحضارة العربية الاسلامية

كما أمد العرب الحدائق والبساتين بأنواع نباتاتهم المفيدة كالخيار والقرع والبطيخ الأصفر والسبانخ والليمون والرز والزعفران([32]) ، فضلا عن وضعهم الكتب التي تهم الشؤون الزراعية مثل كتاب (الفلاحة النبطية لابن وحشية) وكتاب (الفلاحة) لأبي زكريا يحيى بن محمد وكتاب (الحيوان) للجاحظ إضافة لديوان (المياه) الذي يفصل في النزاعات المتعلقة بالري.

3- ميدان الكيمياء و الصيدلة/

ابتكر الصيادلة العرب الكثير من العقاقير وعرفوا التخدير والانعاش والتعقيم والتطهير وحضّروا الاحماض فوضع (جابر بن حيان) مؤلفات عديدة في الكيمياء مثل كتاب (الخواص) الذي وصف فيه العديد من المركبات للكيمياء ومختلف العمليات من تبخر وترشيح وإذابة وتبلور وكذلك وضع كتاب (السبعين) و(السموم) ([33]). لقد اقتبس الأوربيون أسماء العديد من المواد الكيميائية من العرب، وبسبب الدراسات الصيدلية العربية تطور علم النبات عند العرب ومن أشهر علماء النبات (البيروني 973م-1048م) والذي كان موسوعة في مختلف العلوم وأولى اهتماماً لدراسة النباتات القديمة وترك كتاباً مهماً اسمه (الصيدلة) تضمن خصائص وفوائد ألف عقار مستخرج من الأعشاب والأشجار.

4-ميدان الرياضيات/

أخذ الأوربيون الكثير من علماء الرياضيات العرب الذين أعادوا اكتشاف العدد وفتحوا باستنباطهم لعلم الجبر آفاقاً مذهلة في وجه الرياضيات أمثال الخوارزمي الذي عاش في القرن العاشر الميلادي والذي تذكر عنه المستشرقة الألمانية (هونكة) بأنه أصل لكلمة لوغاريتم وقد أكد ذلك العالم الفرنسي (رينو) عام 1845م([34]).

ولقد كانت قرطبة عاصمة البحث العلمي من خلالها نقل العرب للأوربيين علومهم الكثيرة وكان (غربرت) الذي أصبح عام (999م) البابا (سلفستر الثاني) من أوائل الأوربيين

([32]) هونكه: مصدر سابق. ص52.

([33]) هونكه: مصدر سابق. ص350.

([34]) المصدر نفسه، ص77.

الذين أخذوا الأرقام العربية بعد أن أمضى ثلاثة أعوام (967م-970م) في الأندلس واحتك بالعلماء العرب وتعمق بعلومهم وخاصة الرياضيات ثم عاد إلى روما[35].

وتكمن أهمية الأرقام العربية التي أخذها الأوربيون واستخدموها في اكتشاف (الصفر) الذي لولاه لما تقدم علم الرياضيات[36].

5- ميدان الفلك/

كما امتاز العرب بمهارة فائقة في علم الفلك فقد لاحظ الفلكيون العرب التغيرات في الظواهر الطبيعية والتي قالت عنها التحقيقات القديمة بأنها ثابتة غير متغيرة فأتضح للعرب عكس ذلك، كما تميز العرب بمهارتهم في اختراع ساعات الشمس وأعطوها شكلا دائريا يتوسطه محور ظاهر وتمكنوا بواسطتها من تحديد موضع الشمس في كل حين ومن تحديد الوقت ثم صنعوا الساعات التي تسير على الماء والزئبق وما الساعة التي أهداها الرشيد إلى القيصر شارلمان عام 807م إلا واحدة من اختراعات العرب في هذا المجال، ولا يفوتنا أن نذكر في هذا المجال العالم العربي (الزرقالي) في طليطلة وأعماله الفلكية التي نقلها إلى أوربا (جيرارده الكريموني) وقد ذكره (كوبرينكوس) في كتابه عام 1538م كما انه هو الذي اخترع (الإسطرلاب) [37].

6- ميدان الفلسفة و الفنون/

كان للتفكير الفلسفي العربي اثر بليغ في تكوين المذاهب الفلسفية الأولى في أوربا فقد كان الأوربيون يجهلون الكثير عن الفلاسفة اليونان غير أن العرب بعدما درسوا الفلسفة الإغريقية أغنوها بمختلف الآراء ومن أشهر الفلاسفة العرب (الكندي) وكذلك الفيلسوف الاندلسي (ابن رشد) الذي ترجم الأوربيون كتابه (تهافت التهافت) إلى اللاتينية وكان لفلسفته التأثير العظيم على الكنيسة المسيحية[38].

([35]) حلاق: مرجع سابق. ص23.

([36]) زباديه: مرجع سابق. ص170.

([37]) هونكه: مصدر سابق. ص152.

([38]) صالح: مرجع سابق. ص73.

وقد انتشر مذهبه الفلسفي في العصور الوسطى وسمي بـ(مذهب الرشدية) نسبة لاسمه وقد تبنى الكثير من الأوربيين فلاسفة ولاهوتيين هذا المذهب وخاصة توماس الاكويني التي تعرضت كتبه للتحريم([39]). كما قام ابن رشد بتلخيص كتاب المجسطي لبطليموس([40]).

ومما تجدر الإشارة إليه أن مناهج البحث العلمي قد ظهرت على يد الفلاسفة العرب والتي هي تعتمد على التمحيص والاستقراء وطرح الفرضيات.

أما الفنون العربية فهي عديدة وكان من أبرزها الموسيقى وقد برز في هذا الميدان الفارابي الملقب بالمعلم الثاني بعد أرسطو فهو كان فيلسوفا فذاً ذائع الصيت إضافة لكونه موسيقيا بارعا اشتهر بمحاضراته عن الموسيقى واختراعه للآلة الموسيقية (القانون) ([41]).

كما أن مذهب (زرياب) في الغناء من أقوى ما بقي لنا من انطباعات عن فنون الموسيقى والغناء العربي([42]).

7- ميدان الفيزياء/

أخذ الأوربيون الكثير من علماء العرب في الفيزياء فقد توصل العرب إلى إثبات كروية الأرض والجاذبية والقوة الطاردة المركزية وعنهم استخدم (نيوتن) نظريته وأن اشهر ما كتب في القرون الوسطى هو (كتاب المناظر) لابن الهيثم الذي تناول فيه علم البصريات و تُرجم إلى اللاتينية ويكاد جميع الذين درسوا علم البصريات يبنون أبحاثهم على ما كتبه ابن الهيثم في القرون الوسطى([43]) وقد تجلى تأثيره الكبير في أعمال (روجر بيكون) الإنجليزي و(لينوردو دافنشي) الإيطالي و(جوهان كليبر) الألماني.

8- ميدان الأدب/

ومن المؤثرات العربية في التراث الأوربي هو الشعر العربي ويلاحظ ذلك في أشعار

([39]) الحايك: مرجع سابق. ص11.

([40]) ابن خلدون، عبدالرحمن: العبر وديوان المبتدأ والخبر في أيام العرب والعجم والبربر، المجلد الأول، ط3، بيروت، 1967، ص906.

([41]) هونكه: مصدر سابق. ص152.

([42]) هامرتن: مصدر سابق. ص758.

([43])) ابن خلدون: مصدر سابق. ص905.

دانتي وبترارك وميكافيلي وغيرهم الذين نظموا قصائدهم على أساس الأوزان الشعرية العربية كما تأثر الشعر الأوربي بالموشح والزجل العربيين وهذان النوعان اللذان ابتكراهما العرب في الأندلس وهما اللذان أثرا في نشأة الشعر الأوربي وأول من قال بهذه النظرية هو المستشرق الأسباني (ريبرا) RIBERA([44]).

لقد اطلع الأوربيون على جميع أنواع التعبير الأدبي العربي بل اولعوا به ولعا كبيرا وترجموا كل ما أمكنهم ترجمته مثل (كليلة ودمنة) و(قصص السندباد البحري) و(ألف ليلة وليلة) وكتاب (طوق الحمامة) لابن حزم وشعر ابن زيدون وغيرهم، كما أن تأثير اللغة العربية بمفرداتها الكثيرة كان كبيرا على اللغات الأوربية وفي هذا الصدد يذكر لنا الدكتور (كلاوس فون دونامي) رئيس مجلس مدينة هامبورغ تأثير اللغة العربية على اللغة الألمانية مثلا فيقول (حسبنا أن نراجع معجم المفردات الألمانية ذات الأصل العربي وسنرى ما سنكتشفه من مفاجآت) ([45]).

3) دور العرب والمسلمين في إيصال العلوم اليونانية والرومانية إلى العالم.

لا أحد ينكر الدور الذي قام به العرب والمسلمون في تعريف العالم بأسره بعلوم وفلسفة بلاد اليونان القديمة، خاصة وأنهم لم يقوموا بدور النقل أو التعريف فقط وإنما طوروا هذه العلوم من الناحية التجريبية واضعين بذلك الأسس الأولى للعلوم الحديثة، ففي مجال الرياضيات والطب والفلك على سبيل الذكر لا الحصر أمد العرب الحضارة الأوربية بأسباب الحياة.

فالعرب عندما تلقوا التراث اليوناني والروماني اعملوا فيه النظر كما قال (غارودي) واجتهدوا فيه واقروه بما أضفوا عليه من نظرة إسلامية إلى الكون وقد ركز العلماء العرب على الطريقة التجريبية بخلاف اليونانيين الذين اهتموا بالتأملات الإستنتاجية([46]).

([44]) حلاق: مرجع سابق. ص26.

([45]) وقائع ندوة همبورغ، ندوة الحوار العربي الأوربي عام 1983، نشرت في كتاب العلاقات بين الحضارتين العربية والأوربية، تونس، 1985، ص15.

([46]) الشاذلي القليبي: محاضرة ألقاها في ندوة الحوار العربي الأوربي عام 1983، تونس، 1985، ص35.

لقد تمكن الأوربيون عن طريق العرب الاتصال بالحضارة اليونانية والرومانية القديمة حيث هرع طلاب العلم من مختلف
أنحاء أوربا إلى أسبانيا يدرسون ويترجمون ويقتبسون من الحضارة العربية ومما ترجمه العرب من حضارة اليونان وكان من نتيجة
هذه الدراسات والترجمات ظهور حركة فكرية في أوربا إبان القرنين الثاني عشر والثالث عشر الميلاديين سميت بالحركة المدرسية
SCHOLASICISM متأثرة بالحضارة العربية الإسلامية(47).

ومن الجدير بالذكر أن العرب قد حرصوا على تعلم اللغة اللاتينية بإتقان بغية فهم ما احتوته كتب اليونانيين ومخطوطاتهم
ويذكر في هذا الصدد لسان الدين ابن الخطيب بان العالم محمد بن لب الكتاني المالقي كان يطوف البلاد الاسبانية ويناقش
قساوستها في أصول الديانتين الإسلامية والمسيحية كما كان العالم الغرناطي عبد الله بن سهل في القرن الثالث عشر الميلادي يتقن
اللاتينية وله شهرة واسعة في علوم الرياضيات لدرجة أن المسيحيين في نواحي أسبانيا يرحلون إلى داره لمجادلته والاستفادة من
علمه(48).

لقد تغير وجه الثقافة الأوربية تغيرا كاملا بعد ظهور الترجمات التي قام بها العلماء العرب سواء بترجمة علوم اليونان إلى
العربية أو بترجمة العلوم العربية إلى اللاتينية في القرن الثاني عشر ـ وإلى الأسبانية في القرن الثالث عشر ـ وقد طغت الحضارة
العربية اثني عشر قرنا على الأقطار الممتدة من شواطئ المحيط الأطلسي إلى المحيط الهندي وأن العرب كانوا أصحاب الفضل في
معرفة القرون الوسطى لعلوم الاقدمين وأن الجامعات الغربية لم تعرف لها مدة خمسة قرون موردا علميا سوى مؤلفاتهم وأنهم
هم الذين مدنوا أوربا مادة وعقلا وأخلاقا وأن التاريخ لم يعرف أمة أنتجت ما أنتجوه في فترة قصيرة(49). ويعترف (انست رينان)
في كتابه (ابن رشد والرشدية) بأثر الثقافة العربية على الحضارة الأوربية فيقول: (إن الثقافة الغربية قد تلقحت بعناصر جديدة
وحيوية عربية ويونانية لم تألفها من قبل الأمر الذي نتج عنه مخلوق حضاري جديد غريب عن الحضارة الأوربية) (50).

---

(47) صالح: مرجع سابق. ص73.

(48) حلاق: مرجع سابق. ص22.

(49) لوبون، غوستاف: حضارة العرب. نقله للعربية عادل زعيتر، حلب، 1969، ص ص27-26.

(50) الحايك: مرجع سابق. ص9.

لقد حصل ذلك بسبب انتشار الترجمات في أوروبا انتشارا واسعا حيث استعان كل واحد من علماء الغرب بما يخصه من العلم حتى وصل تأثير الترجمات إلى العالم البرتوس الكبير والى تلميذه توماس الاكوينى والى دانتى وبوكاشو والى ديكارت وبسكال وحتى المتصوفين أمثال القديس يوحناوالقديس تريزيا يسوع والى الفلاسفة والأطباء فى القرون الوسطى وعصر النهضة.

وهكذا وجدنا أوروبا تتقدم في شتى فروع المعرفة معتمدة على ما نهلته من الحضارة العربية بمختلف فروعها أواخر العصور الوسطى وعصر النهضة وحتى العصر الحديث لم ينج من اللمسات العربية العلمية فقد انتشرت الترجمات بعد ظهور الطباعة فاكثر الكتب العربية المنقولة إلى اللاتينية طبعت في القرنين الخامس عشر والسادس عشر الميلاديين وبين أيدينا منها الكثير.

ومما تجدر الإشارة إليه أن الكتب العربية على أنواعها المختصرة والموسوعية قد امتازت بشروحها وتنظيمها وتسلسل المعلومات فيها كما أنها اتسمت بالروح العلمية الأصيلة وعبرت عن منهجية نظامية وعبقرية خلاقة فهي كانت توضح ما استغلق وتفسر كل ما غمض بخلاف الكتب اليونانية التي قال عنها على بن العباس طبيب عضد الدولة "انني لم أجد بين مخطوطات قدامى الأطباء ومحدثيهم كتابا واحدا كاملا يحوى كل ما هو ضروري لتعلم فن الطب فابقراط يكتب باختصار واكثر تعابيره غامضة كما وضع جالينوس عدة كتب لا يحوى كلا منها إلا قسماً من فن الشفاء ولكن مؤلفاته طويلة النفس وكثيرة الترديد"([51]).

إن الجهود الكبيرة التي بذلها العرب المسلمون في ترجمة كتب الاقدمين أدت إلى المحافظة على الثقافة اليونانية من الضياع إذ لولاهم لما وصلت إلى أيدي الناس مؤلفات يونانية كثيرة مفقودة ومحفوظة بالعربية مثل (الاثار العلوية) لارسطو طاليس فالكتاب ضاع في أصله اليوناني وبقيت الترجمة العربية له فهذا هو فضل العرب على العالم علاوة إلى أن العرب المسلمين لم يكتفوا بالمحافظة على التراث اليوناني من الضياع فحسب بل شرحوه وأضافوا عليه فوصل للغرب لقمة سائغة يسهل هضمها([52]).

([51]) هونكه: مصدر سابق. ص ص286-284.

([52]) الحايك: مرجع سابق. ص15.

لكن الغريب في الأمر أن منبع هذه الترجمات قد أفرغت على الآخرين ولم يترك للعرب منها شيئاً فالشعوب الأوربية انتجعت من هذا المنبع لجامعاتها ومدارسها إذ أن الجامعات الفرنسية والايطالية والالمانية والبلجيكية استعانت بهذه المؤلفات العربية لبناء حضارة سميت فيما بعد بالحضارة الأوربية.

الاستنتاجات

من خلال ما تقدم نتوصل للحقائق التالية:

1) غذت الحضارة الإنسانية التي نعيش أبعادها اليوم عدة روافد إلا أن رافد الحضارة العربية الإسلامية كان اغزرها جميعا.

2) يأتي رافد الحضارة اليونانية والرومانية القديمة في الأهمية في تغذية الحضارة الانسانية بعد رافد الحضارة العربية الإسلامية مباشرة وإن هذا الرافد لم يكن موجوداً لولا الجهود العربية الإسلامية في بعثه وإحيائه ونفخ الروح فيه لتستلمه الإنسانية حاضرا متطورا.

3) لا يمكن للتعصب والانغلاق أن يحجب شمس الحضارة العربية الإسلامية التي سطعت على العالم ثمانية قرون لذلك لابد وللحقائق أن تأخذ يوما طريقها للنور.

الفصل الرابع

أثر حركة الترجمة في رفد الحضارة العربية الاسلامية

أثر حركة الترجمة في رفد الحضارة العربية الإسلامية (*)

لا نغالي إذا قلنا بأن النهضة الأوربية ما كان مقدراً لها بالظهور لولا حركة الترجمة التي قام بها العرب والمسلمون إبان القرنين التاسع والعاشر للميلاد، لا سيما وأن العرب والمسلمين لم يقتصروا على نقل تراث الأقدمين فحسب، بل اقدموا على تبويب هذا التراث وشرحه وأبدعوا في الإضافة والتحليل والاجتهاد فضلاً عن دورهم في تطوير العلوم المترجمة من الناحية التجريبية.

لقد جلب العرب والمسلمون المؤلفات المختلفة من كل مكان وترجموها إلى اللغة العربية ثم عكفوا يتفهموها ويهضموها فاخرجوا إنتاجاً عظيماً حتى في العلوم التي لم يكن لهم بها عهد([1]).

فإذا كان الإغريق مثلاً قد نظموا العلوم ووضعوا النظريات غير أن روح البحث وتراكم المعرفة وطرائق العلم الدقيقة والملاحظات الدائبة يعود الفضل فيها للعرب الذين عرّفوا أوربا بهذا كله فيما بعد، وفي هذا الصدد قال (بريفو) في كتابه (تكوين الإنسانية) بأن العلم الأوربي مدين بوجوده للعرب([2]).

سنتناول في هذا الفصل الدور الذي لعبته حركة الترجمة في رفد الحضارة العربية من خلال المحاور التالية:

1- المراحل التي مرت بها حركة الترجمة.

2- دوافع حركة الترجمة لدى العرب وأبرز مقوماتها.

3- انعكاس نتائج حركة الترجمة على الحضارة العربية الإسلامية.

---

*نُشر في مجلة تاريخ العرب والعالم التي تصدر في لبنان، في العدد (180) لسنة 1999..

([1]) أمين، أحمد: ظهر الإسلام. ج3، القاهرة، ط3، 1962، ص21.

([2]) لاندو، روم: الإسلام والعرب. نقله العربية منير البعلبكي، بيروت، دار العلم للملايين، ط2، 1977، ص245.

أولاً/ المراحل التي مرت بها حركة الترجمة:

مرت حركة الترجمة التي قام بها العرب خلال العصور الإسلامية بمراحل عدة كانت بداياتها في العصر الأموي إبان القرن السابع للميلاد والذي يعد بحق الحجر الأساس لحركة الترجمة في عموم البلاد العربية الإسلامية([3]) وقد تناولت الترجمة في هذه المرحلة جانبين:

أولهما: ترجمة العلوم الطبيعية كالطب والكيمياء دون أن تتجاوز إلى العلوم العقلية كالمنطق وعلم النفس وما وراء الطبيعة، ويبدو أن دافع الحاجة لهذه العلوم هو الذي تحكم باختيارها في هذه المرحلة دون غيرها.

ثانيهما: حركة التعريب للدواوين في الدولة العربية الإسلامية كافة والتي أقدم عليها الخليفة عبد الملك بن مروان([4]) والتي أدت إلى اتساع نطاق الاستخدام للغة العربية وسعة انتشارها.

وعلى الرغم من أن هذه المرحلة قد شهدت انطلاقة حركة الترجمة إلا أن ما أبدعه العرب من إضافة وتحليل للعلوم المترجمة في هذه المرحلة قد ترك أثره الكبير عندما تعاقبت الأيام وازدهرت حركة الترجمة فيما بعد، ويعد كل من عمر بن عبد العزيز وخالد بن يزيد من أبرز الخلفاء الأمويين الذين رعوا حركة الترجمة في هذه المرحلة ولهما يعود الفضل في ترجمة الكثير من العلوم اليونانية إلى اللغة العربية([5]).

أما المرحلة الثانية لحركة الترجمة فكانت عند مطلع العصر العباسي أي خلال القرن الثامن الميلادي والتي انتعشت فيها الترجمة أكثر من السابق بفضل الرعاية والاهتمام الزائدين اللذين أبداهما الخلفاء العباسيون ولا سيما المنصور والرشيد.

لقد شجع الخليفة أبو جعفر المنصور حركة الترجمة خلال عهده بمختلف الوسائل والسبل وعمل على تنظيمها فأنجب عصره ترجمة العديد من المؤلفات للأمم القديمة

([3]) الجميلي، رشيد حميد حسن: حركة الترجمة في المشرق الإسلامي في القرنين الثالث والرابع للهجرة. طرابلس، 1982، ص27.

([4]) حلاق، حسان: دراسات في تاريخ الحضارة الإسلامية. بيروت، 1989، ص50.

([5]) الجميلي: مصدر سابق، ص ص62- 64.

وبشكل خاص كتب اليونان([6])التي تناولت علم الفلك ودراسة علم النجوم حيث كان المنصور شخصاً ميالاً لمعرفة هذه العلوم وأسرارها الأمر الذي دفعه إلى تقريب الكثير من المنجمين حوله أمثال المنجم إبراهيم الغزازي والمنجم علي بن عيسى الأسطرلابي([7]).

كما ترجمت العديد من المؤلفات العلمية الأخرى والأدبية إلى اللغة العربية أيام الخليفة المنصور نذكر منها على سبيل المثال لا الحصر كتاب (كليلة ودمنة) وكتاب (المجسطي) لبطليموس وكتاب (الأصول) لأقليدس.

ومن الجدير بالذكر أن الخليفة المنصور لم يقتصر على ترجمة المؤلفات اليونانية فحسب بل شمل كذلك المؤلفات السريانية والفارسية وقد بلغت العلوم العربية في عصره غاية ازدهارها([8]).

أما المرحلة الثالثة التي مرت بها حركة الترجمة كانت أيام الخليفة العباسي هارون الرشيد حيث ركدت هذه الحركة بعد وفاة المنصور ولم تلق الاهتمام في عهد الذين أعقبوه وهما المهدي والهادي، ولكن ما إن حل عصر الرشيد حتى انتعشت حركة الترجمة ثانية من خلال ما قدمه الرشيد لها من عون ومساندة فضلاً عن الدعم المادي الأمر الذي أدى إلى بلوغ الترجمة مرحلة من التطور الكمي والنوعي لم تصل إليها سابقاً وخاصة وأن الخليفة هارون الرشيد كان معروفاً بشغفه للعلوم وولعه بالأدب والفنون وقد سُمي عصره بالعصر الذهبي بسبب ما وصل إليه من اهتمام فائق بالعلوم والمعارف والأدب وترجمة الكثير من تراث الأمم الأخرى ولا سيما المؤلفات العلمية اليونانية إلى اللغة العربية([9]).

ومن الجدير بالذكر أن عصر الرشيد لم يقتصر على ترجمة العلوم والآداب للأمم الأخرى إلى العربية بل شمل عهده كذلك ترجمة الفنون والآداب العربية إلى اللغات الأخرى مثل ترجمة كتاب (ألف ليلة وليلة) إلى اللغات الأوربية، ولقد سمى البعض عصره بعصر

([6]) بامات، حيدر: مجالي الإسلام. نقلها للعربية عادل زعيتر، القاهرة، 1956، ص120.

([7]) المسعودي، أبو الحسن علي بن الحسين: مروج الذهب ومعادن الجوهر. القاهرة، 1958، ج4، ص242.

([8]) أوليري، دي لاسي: علوم اليونان وسبل انتقالها إلى العرب، ترجمة د.وهيب كامل مراجعة زكي علي، القاهرة، 1962، ص6.

([9]) المصدر نفسه، ص212.

العلم العربي لكثرة ما ترجم في عهده من المصنفات الإغريقية والكشف عما تخبئه هـذه المصنفات مـن علـوم ومعـارف أعقبتها المرحلة التالية والتي جاءت بعد الترجمة للعربية مباشرة ألا وهي مرحلة الابداع العربي حيث الإضافة والابتكار والشـروح والتعليقات والتبويب الأمر الذي أسفر في النهاية عن التطور الباهر للحضارة العربية.

وفي القرن التاسع للميلاد دخلت حركة الترجمة مرحلة جديدة من مراحل تطورها ونموها فلم تشهد حركـة الترجمـة عصـراً من الرقي والنضج مثلما شهدته في هذه الفترة إذ شملت الترجمة كافة العلوم والمعارف كما انهمك المترجمـون بنقـل تـراث الأمـم الأخرى من أغريق وسريان وفرس وهنود إلى اللغة العربية بجد ونشاط كبيرين، كـل ذلـك حـدث مـرة واحـدة في زمـن الخليفـة العباسي المأمون الذي يعد بحق من أشهر الخلفاء العباسيين وأكثرهم اهتماماً لحركة الترجمـة، فقـد أسـس مركـزاً خاصاً لحركـة الترجمة في بغداد أسماه بـ (دار الحكمة) [10] من خلاله تم نقل تراث الأمم الأخرى إلى العربية حتى أصبحت بغداد مركز إشعاع للعلم والحضارة العربية أيام المأمون في حين أن أوروبا كانت تعيش في غياهب الجهل والظلام.

ومن المفيد أن نشير إلى ثلة من العلماء العرب الذين برزوا في هـذا العصرـ في ميدان الترجمـة ومنهم (حنين بـن إسـحاق العبادي) الذي عين مديراً لدار الحكمة والذي كان يتقن اللغات الأربعة وهي اليونانية والسريانية والفارسية والعربة وقـد عُـرف بأمانته العلمية الخالصة [11] وكذلك يعقوب بن إسحاق الكندي أول الفلاسفة العرب العظام والشهير بفيلسوف العرب [12].

وفي الواقع أن الترجمة منذ عهد المأمون قد سارت قدماً ولم يمض وقت طويل حتى وجد طلاب العلم العرب بأنه قد تيسرـ لهم الاطلاع في العربية على الشطر الأكبر مـن مؤلفـات جالينوس وأبقراط وبطليموس وأرسطو وغيرهم مـن فطاحـل المؤلفين اليونان [13] وذلك يعود لاهتمام المأمون الزائد بالعلماء وإكرامهم وبالعلوم التي برزوا فيها وخاصة علم

([10]) لاندو: مصدر سابق، ص213، كذلك أوليري، مصدر سابق، ص227.

([11]) الهاشمي، محمد يحيى: المثل الأعلى للحضارة العربية. بيروت، دار الكاتب العربي، بدون تاريخ. ص81.

([12]) لاندو: مصدر سابق، ص217.

([13]) أوليري: مصدر سابق، ص227.

الفلك الذي أولاه رعاية خاصة فأنشأ مرصداً فلكياً في دمشق نسب إليه إذ سمي بـ (المرصد المأموني) ([14]).

وكذلك الفلسفة حيث سنحت الظروف التي مر بها عصر المأمون إلى الاهتمام بها فانكب المترجمون العرب على المؤلفات الفلسفية اليونانية لترجمتها إلى العربية وكان المأمون يبعث برسله إلى كل بلد يتراءى له فيه مخطوطات يونانية وقد جند لذلك عدداً لا يحصى من المترجمين لنقل تراث اليونان إلى العربية بحيث أمسى دراسة التراث اليوناني هياماً عند العرب في عصره([15]).

وعلى ضوء ذلك، يمكننا القول بأن عهد الخليفة المأمون قد فاق العهود السالفة التي مرت بها حركة الترجمة من حيث الانتعاش والنشاط والإنتاج بحيث أضفى عهده تراكماً حضارياً للعرب حملوه إلى العالم ـ فيما بعد ـ سهل الفهم والاستيعاب، ثم دخلت حركة الترجمة بمرحلة السكون بعد عصر المأمون، فلم يحصل تطور على حركة الترجمة بذي شأن حتى مجيء عصر الخليفة العباسي (المتوكل) الذي أبدى اهتماماً ملحوظاً بها فبلغت الترجمة في عهده درجة من النشاط والانتعاش وذلك خلال القرن العاشر للميلاد وبالتحديد في النصف الأول منه، ويمكن أن نعد تلك المراحل السابقة قد أولت اهتمامها الأغلب لترجمة مؤلفات الأقدمين بينما ساد هذه المرحلة التدوين والتأليف وغزارة الإنتاج وقد أظهرت هذه المرحلة أجلّ أعمال دار الحكمة لأن التجارب السابقة قد أتت ثمارها في عهد المتوكل كما أحاط (حنين) مدير دار الحكمة للترجمة نفسه بتلاميذ متدربين جيداً ومن بينهم ابنه (إسحاق) وابن أخيه (حبيش بن الحسن) ([16]).

ويعتبر المؤرخون أن الترجمة خلال هذه المرحلة ـ القرن العاشر الميلادي ـ قد تحولت إلى حركة علمية ناجحة أثمرت مؤلفات جامعة فيها الاقتباس والاجتهاد والتحليل والنقد والتقييم والاستنباط والوضع([17])الأمر الذي أدى إلى بروز الكثير من العلماء العرب النوابغ

([14]) بروكلمان، كارل: تاريخ الشعوب الإسلامية. ترجمة نبيه أمين فارس، بيروت، 1954، ص99.

([15]) لاندو: مصدر سابق، ص213.

([16]) أوليري: مصدر سابق، ص ص231- 232.

([17])) أمين، أحمد: ظهر الإسلام، ج2، ص67.

أمثال الرازي والفارابي وابن سينا وقد شملت مؤلفاتهم جميع العلوم كالفلسفة والمنطق والكيمياء والرياضيات وعلم النفس والطبيعيات وغيرها.

وفي الأخير، لا بد من التنويه بأن مراحل حركة الترجمة التي تناولناها سلفاً كانت تجري في الشرق العربي ولا بد أن نشير بأن المغرب العربي كان هو الآخر مسرحاً لحركة الترجمة بنقل علوم وتراث الأقدمين وخاصة المؤلفات اليونانية والرومانية إلى اللغة العربية إذ شرع العرب في الأندلس بترجمة العديد من المؤلفات اليونانية والرومانية فضلاً عن انتقال ترجمات الشرق إليهم([18]) كما انتقل العديد من علماء العرب من الشرق نحو بلاد الأندلس لنشر ترجماتهم كما فعل ذلك (أبو علي القالي) و(صاعد الأندلسي) والأخير أصله من الشرق، وبذات الوقت جاء العديد من بلاد الأندلس نحو الشرق والعودة بها للأندلس أمثال (عيسى بن يحيى الليثي).

ويصور لنا (د. أحمد أمين) ذلك في كتابه (ظهر الإسلام) قائلاً: كان المغرب العربي كالمشرق العربي أشبه برقعة واحدة يسير فيها النمل ذهاباً وإياباً، علماء من الشرق صوب المغرب جراء الفاقة وعلماء من المغرب يعوزهم العلم فيرحلون للمشرق([19]).

وعلى ضوء ذلك نستطيع القول بأن حركة الترجمة قد تقدمت في كلا الشطرين (المشرق والمغرب) العربيين تقدماً موازياً تقريباً وقد أنتج الجانبان ترجمات عربية اتسمت بتسلسل المعلومات كما عبرت عن منهجية نظامية وعلمية خلاقة إذ كانت توضح ما استغلق وتفسر كل ما غمض.

ومن جانب آخر، فإن الجهود الجبارة التي بذلها العرب في ترجمة كتاب الأقدمين هي التي أدت إلى المحافظة على الثقافة اليونانية من الضياع وكتاب (الآثار العلوية) لأرسطوطاليس الذي ضاع في أصله اليوناني وبقيت الترجمة العربية له خير دليل على ذلك([20]).

([18]) أوليري: مصدر سابق، ص237.

([19]) أمين: ظهر الإسلام، مصدر سابق، ص ص22- 25.

([20]) الحسيني، فاضل محمد: الدور الريادي للأمة العربية في بناء الحضارة الإنسانية، مجلة شؤون عربية، العدد 87، 1996، ص30.

ثانياً/ دوافع حركة الترجمة لدى العرب وأبرز مقوماتها

هناك عدة دوافع جعلت العرب يقدمون على حركة الترجمة لتراث الأمم الأخرى منها شعورهم بالحاجة الماسة إلى معرفة علوم ومعارف الأقدمين الذي سبقوهم في ميدان الحضارة والتقدم المعرفي.

والواقع أنَّ هذا الدافع كان بداية الأمر قد خلقه الفضول وحب الاستطلاع ولكن الاتصال والاحتكاك بين العرب والأمم الأخرى بعد أن بزغت شمس الإسلام على شبه الجزيرة العربية فاندفع العرب يبشرون بدينهم الجديد من خلال حركات الفتح العربي الإسلامي مما أدى إلى تعميق الرغبة لدى العرب في التعلم والقدرة على الاستفادة من العناصر البناءة في الحضارات التي صادفوها، وبفضل هذه الاستعدادات والرغبة التي تولدت نتيجة الاتصال والاحتكاك بالأمم الأخرى استطاع العرب أن ينشروا بسرعة ما صادفوه من علوم وثقافات([21]) وقد تحكمت الحاجة في أولوية الاختيار للمعارف والعلوم التي أراد العرب ترجمتها للاطلاع والاستفادة منها إذ تقدمت العلوم الطبية أول الأمر على الفنون والآداب.

ومن بين الدوافع الأخرى التي دفعت العرب لحركة الترجمة هو إمكانية الرد على الحركات العنصرية حيث تعرض العرب إبان العصر العباسي إلى حملة شعواء قادها الشعوبيون ضد العرب ومكانتهم وتراثهم كانت تهدف الحملة إلى الحط من مكانة العرب والنيل من إمكانياتهم العلمية والحضارية وطمس دورهم الحضاري عبر التاريخ وقد حصل هذا بشكل خاص في أيام الخليفتين المنصور والرشيد حيث السيطرة في عهدهما على بعض مرافق الحكم قدت تمت للعناصر من غير العرب والحاقدة على الأمة العربية.([22])وقد اندفعت هذه العناصر لترجمة تراث الأمم التي تنتسب لها محاولة إضافة الكثير مما يرفع من تراثهم ومجد أمتهم وبذات الوقت كانت تهدف للتقليل من مكانة وتاريخ العرب بدوافع عنصرية غير سليمة، يومذاك، وبدوافع صيانة التراث العربي اندفع الغيارى من علماء العرب لترجمة كتب تلك الأمم التي انتسب إليها الشعوبيون في محاولة منهم للرد عليهم

([21]) عاشور، سعيد عبد الفتاح: أوروبا في العصور الوسطى، النظم والحضارة،ج2، القاهرة، 1991، ص422.

([22]) أوليري: مصدر سابق، ص212.

وفضح أباطيلهم والدفاع عن تراث العرب وحضارتهم وما قدموه للإنسانية من عطاء عبر التاريخ(23).

ومن الدوافع أيضاً لحركة الترجمة هو محاولة العرب نشر لغتهم العربية واستخدامها في مناطق شاسعة من العالم من خلال ما تم ترجمته إلى اللغة العربية فمؤلفات الإغريق والفرس والهنود قد ترجمت إلى العربية تلك اللغة التي أستوعبت مفردات جميع هذه العلوم بسهولة ويسر.

وسواء قام العرب بترجمة علوم ومعارف الأمم الأخرى إلى العربية أو قام الأوربيون ـ فيما بعد ـ بترجمة علوم الأقدمين (التي ترجمها العرب) من العربية إلى لغاتهم ففي كلتا الحالتين الأمر قد أدى إلى كثرة استخدام وانتشار اللغة العربية أكثر مما كانت عليه الحالة قبل حركة الترجمة.

ومن بين الدوافع لحركة الترجمة هو إغناء الفكر العربي الإسلامي بعلوم وأفكار الأمم الأخرى وخاصة ما يتعلق بالفلسفة اليونانية بعد أن برزت الفرق الإسلامية في الساحة العربية الأمر الذي أدى إلى حاجة كل فرقة ـ كي تدافع عن آرائها وأفكارها أو أن تردّ على خصومها وتدحض آرائهم ـ إلى ترجمة العلوم الفلسفية لدى اليونان ولا سيما وأن الاجتهادات الدينية قد بلغت ذروتها أواخر الدولة الأموية وإبان العصر العباسي إذ تجادل العرب المسلمون حول (القضاء والقدر) وعقائد (الجبر والاختيار) وغيرها(24).

هذا! من جانب ومن جانب آخر اضطر العرب المسلمون لمعرفة علوم اليونان في الفلسفة والمنطق بغية الدفاع عن الإسلام ضد خصومه من الذين تمسكوا بالمنطق اليوناني في الجدل.

ومن الجدير بالذكر أن للمعتزلة دوراً كبيراً في تشجيع حركة الترجمة بهدف الدفاع عن الإسلام ولا سيما أن الخليفة العباسي (المأمون) الذي عرف عصره بأزهى العصور اهتماماً بالترجمة كان من بين أنصارهم(25).

---

(23) قذورة، زاهية: بحوث عربية وإسلامية. بيروت، 1984، ص229.

(24) فخري، ماجد: الفلسفة والتاريخ. من كتاب عبقرية الحضارة العربية منبع النهضة الأوروبية، ترجمة عبدالكريم محفوظ، بنغازي، 1990، ص ص95- 98.

(25) الجميلي: مصدر سابق، ص ص56- 57.

لذلك، نستطيع القول بأن تصارع الفرق الإسلامية فيما بينها من جهة والصراع بين المسلمين وخصومهم من جهة أخرى قد أنعش حركة الترجمة كثيراً إبان القرنين التاسع والعاشر للميلاد كما كان ذلك من أبرز دوافع حركة الترجمة لـدى العـرب في العصـر العباسي.

ونحن نختتم الحديث عن الدوافع لحركة الترجمة لا بد من الإشارة إلى أن هنالك دوافعاً ثانوية أخرى كان لها الأثر في دفع حركة الترجمة إلى الأمام مثل الرغبة المجردة لـدى البعض في الاطلاع على علوم وتراث الأمم الأخرى ليس إلا، أوالـدوافع الشخصية البحتة لدى بعض الأفراد أو العائلات أو بعض الأطباء العرب أمثال ـ عائلة موسى بن شاكر والطبيب يوحنا بن ماسويه.

وعلى العموم فرغبة العرب المتقدة في اكتساب فهم أعمق للعلوم والفضول الذي تملك العرب والـذي كـان نهمـاً لا يعـرف الحدود كان من أهم الدوافع لحركة الترجمة(26).

أما أبرز مقومات حركة الترجمة عند العرب فكانت كما يلي:

1- رعاية القادة العرب المسلمين لحركة الترجمة

سبق وأن تطرقنا إلى رعاية الخلفاء العباسيين لحركة الترجمة في المحور الأول من هذه الدراسة عنـدما تحدثنا عـن المراحـل التي مرت بها الترجمة، لذا سيقتصر حديثنا في هذه الفقرة على الأعمال الأخرى التي قاموا بها دعماً لحركة الترجمة والتي لم تـذكر في المحور الأول.

كان القادة العرب أمثال المنصور والرشيد والمأمون والمتوكل يبدون اهتماماً شديداً برعاية الترجمة لمؤلفات الأمم الأخرى ولا سيما المؤلفات اليونانية وترجمتها إلى اللغة العربية كما يجزلون العطاء للمترجمين ولم يدخروا جهداً في سبيل تقدم حركة الترجمـة سواء عن طريق رعاية المترجمين أو فتح المراكز الخاصة بالترجمة أو عن طريق تشجيع العلم والعلماء في كل مكان(27).

---

(26) لاندو: مصدر سابق، ص246.

(27) أوليري: مصدر سابق، ص، ص212- 231.

ولعل المأمون كان من أبرز القادة العرب الذي رعوا حركة الترجمة وبذلوا الجهود الاستثنائية الكبيرة في سبيل انعاشها لما لهذا القائد من شغف بالعلوم وحب المعرفة([28]). فمن مآثر المأمون أنه كان يسعى بمختلف السبل لجلب العلماء البارزين في مختلف العلوم من خارج الدولة العربية كي يفيد رجاله من محبي العلم بخبرات وتجارب وعلوم هؤلاء المشاهير بشكل خاص المهتمين منهم بالحضارة اليونانية، وقصته مع العالم الرياضي ((ليون)) الذي راسله المأمون بغية جلبه إلى بغداد خير دليل على اهتمامه بجلب العلماء من كل مكان إلى حاضرة الدولة العربية والاستفادة من إسهاماتهم العلمية وترجمة مؤلفاتهم للعربية، وكذلك يذكر لنا الخوارزمي بأن المأمون وراء تشجيعه لتأليف كتابه الموسوم بـ (الجبر والمقابلة) ([29]).

ولم يقتصر رعاية الترجمة على القادة العرب المسلمين في المشرق بل تعداه إلى القادة العرب المسلمين في الأندلس كذلك، فقد اهتم الخلفاء هناك بالعلم والعلماء وحركة الترجمة أمثال الحكم الثاني المعروف بالمستنصر إذ أبدى عناية بالعلوم وترجمتها وقد جلب من بغداد ومصر عيون المصنفات العربية في العلوم القديمة والحديثة إلى بلاد الأندلس([30]).

ومن الجدير بالذكر، لم يكن القادة العرب وحدهم الذين رعوا حركة الترجمة بل إن هنالك الكثير من الشخصيات والعوائل العربية التي ساهمت بدفع حركة الترجمة نحو الأمام، إذ كانت منازلهم مراكزاً لترجمة علوم القدماء يعمل فيها العديد من المترجمين دون كلل أو ملل ومنهم عائلة موسى بن شاكر وقد تخرج من دارهم أبرز المترجمين أمثال (ثابت بن قرة) ([31]).

ومن الشخصيات التي رعت حركة الترجمة الطبيب (يوحنا بن ماسويه) الذي قام لوحده بترجمة الكثير من الكتب الطبية ومنها بشكل خاص المخطوطات اليونانية التي جلبت من القسطنطينية أيام المأمون، وكذلك من الأطباء المشهورين (جبرائيل بن بختشيوع) الذي ورد ذكره عند ابن أبي أصيبعة في مجال رعاة حركة الترجمة وقد شجع حركة الترجمة

([28]) بامات، مصدر سابق، ص97.

([29]) الجميلي: مصدر سابق، ص ص56- 57.

([30]) أمين: ظهر الإسلام، مصدر سابق، ج3، ص24.

([31]) عبقرية الحضارة العربية، ترجمة عبدالكريم محفوظ، بنغازي، 1990، ص ص239- 240.

كثيراً وقد انصب اهتمامه على ترجمة كتب الطب اليونانية للعربية مدفوعاً بذلك إلى زيادة خبرته الطبية كما لا ننسى في هذا الجانب (محمد بن عبد الملك الزيات) أحد الذين قدموا الدعم المادي والمعنوي لحركة الترجمة ولا سيما وهو كان يحتل منصباً حكومياً رفيعاً إذ تبوأ الوزارة ثلاث مرات في عهد كل من المعتصم والواثق والمتوكل([32]).

2- المترجمون

كان للمترجمين الذين انكبوا على نقل العلوم والمعارف للأقدمين إلى اللغة العربية أثر كبير في ازدهار وانتعاش حركة الترجمة التي أفضت إلى تطور وازدهار الحضارة العربية عموماً.

ويعد المترجمون ـ الذي يلقبون بالنقلة أحياناً ـ من أبرز مقومات حركة الترجمة لدى العرب ولا نبالغ إذا قلنا بأن ما وصل إليه العرب من تقدم وازدهار في شتى الميادين كان وراءه جهد هؤلاء المترجمين، لكونهم لم يقدموا على نقل تراث الأقدمين بشكل ميكانيكي بل إن أغلبهم قام بعمل الملخصات والشروح والتفاسير وعلى ضوء ذلك ألفوا كثيراً من الكتب في العلوم كافة ومن أشهر هؤلاء المترجمين هو (حنين بن إسحاق العبادي 809-873م) من أبناء الحيرة بالعراق والطبيب المثالي المعروف في أمانته العلمية الخالصة في الترجمة والذي عاصر الخليفة العباسي المتوكل كما يعد أول مترجم للمصنفات الطبية الإغريقية حيث وضع في الطب كتباً ذات أصالة([33])سنتطرق لها في المحور الثالث من هذه الدراسة عند الحديث عن ميدان الطب.

ومن المفيد أن نشير إلى أن ابنه (إسحاق) قد برز كذلك بعد أبيه إبان عهد المتوكل كمترجم متميز ساهم في نقل العديد من المؤلفات اليونانية إلى اللغة العربية.

ومن المترجمين العرب الآخرين هو (أبي يوسف يعقوب بن إسحاق الكندي) المتوفى عام 873م والمعروف باسم (فيلسوف العرب) والذي يعتبر واحداً من أقدم المفكرين العرب وقد قام بترجمة المؤلفات اليونانية العديدة بشكل مباشر إلى العربية وقد شملت ترجماته علوم الطب والتنجيم والفلسفة والرياضيات([34]).

([32]) حلاق: مصدر سابق، ص239.

([33]) الهاشمي: مصدر سابق، ص ص81- 85.

([34]) [illegible]: مصدر سابق، ص217.

ومن بين المترجمين أيضاً (ثابت بن قرة) المتوفى عام 901م والذي كان يتقن اللغات اليونانية والسريانية والعربية وقد تمكن من ترجمة مائة وخمسين كتاباً في المنطق والرياضيات والفلك والطب إلى اللغة العربية([35]).

ولم يكن ثابت مترجماً من الطراز الأول فحسب بل كان بارعاً في علوم الطب والرياضيات والفلك والفلسفة غير أنه قدم خدمة جليلة لحركة الترجمة من خلال تمكنه في عدة لغات.

ومن الجدير بالذكر أن ابنه (سنان) المتوفى عام 943م قد برع هو الآخر في ترجمة العلوم والمعارف للأمم الأخرى وقد قدم جهداً لا ينكر في هذا الميدان فضلاً عن جهده المتميز في الطب والتأليف لا سيما مجال التصنيف الذي أبدع فيه([36]).

ومن بين رواد الترجمة العرب الذين برزوا في القرن التاسع للميلاد (حبيش بن الحسن الأعسم) الذي تولى ترجمة المؤلفات اليونانية من السريانية إلى اللغة العربية وهو أحد تلامذة المترجم الأول (حنين العبادي) وقد اشتركا معاً في أعمال مترجمة كثيرة ومن أبرز ترجمات الأعسم للعربية كانت كتب أقليدس وأبقراط وأرخميدس وغيرهم من علماء اليونان كما نقل للعربية كتب النواميس والجمهورية لأفلاطون والأخلاق الكبيرة لأرسطو فضلاً عن ترجمته العربية للتوراة. لقد رفد (الأعسم) المكتبة العربية بمؤلفات قيمة أصبحت فيما بعد ثروة علمية أفادت الحضارة العربية كثيراً([37]).

ومن المفيد أن ننوّه بأن هنالك العديد من المترجمين الذين برعوا في نقل علوم وتراث الأمم الأخرى للغة العربية ولا تتسع هذه الدراسة للحديث عنهم، وهم لا يقلون مكانة أو جهداً من الذين ذكرناهم آنفاً ومنهم علي سبيل المثال لا الحصر عمر بن الفرخان الطبري وقسطاً بن لوقا البعلبكي ويحيى بن عَدِي ومتى بن يونس وغيرهم.

3- اللغة العربية

من المقومات الأخرى لحركة الترجمة هي اللغة العربية، تلك اللغة التي استوعبت كل

([35]) أولبري: مصدر سابق، ص237.

([36]) عبقرية الحضارة العربية، مصدر سابق، ص242.

([37]) الجميلي: مصدر سابق، ص ص283- 286.

هذه المعارف والعلوم بسهولة ويسر، الأمر الذي لا يمكننا أن ننكر ما للغة العربية مـن آثـار إيجابيـة عـلى حركـة الترجمـة بصورة خاصة والحركة العلمية بصورة عامة حيث كان لصفة المرونة التي تتمتع بها اللغة العربية وكثرة مترادفاتها وقـدرتها عـلى التعبير وإمكانيتها في وصف أدق الحالات الأثر البالغ في أن تصبح وسيلة ناجحة للنقل دون عناء.

لقد قدمت اللغة العربية مساعدة كبيرة للمترجمين خلال نقلهم لعلوم ومعارف الأمم الأخرى مـن شتى اللغـات إلى اللغـة العربية بسبب كونها لغة غنية ودقيقة ساعدت أروع ما تكون المساعدة على صحة المصطلح العلمي ودقته ولقى المترجمون فيها مسعفاً رائعاً لبلوغ أهدافهم في الترجمة بكل دقة ووضوح([38]).

4-الورق

لا يفوتنا في النهاية أن نشير إلى أهمية الورق في تطور وازدهار حركة الترجمة، فالمرء لا يستطيع أن يغفل أثر صناعة الـورق في حركة الترجمة حيث اعتبر ذلك من العوامل المهمة سواء في التأليف أو النسخ أو الكتابة للعلوم والمعارف المترجمة من مصادرها المختلفة إلى اللغة العربية الأمر الذي أدى إلى اتساع دائرة حركة الترجمة وزيـادة التـأليف بـالرغم مـن أن صناعة الـورق كانـت معروفة منذ القديم في الصين والشرق الأقصى إلا أن تعلم هذه الصناعة وظهورها في البلاد العربية فيما بعد أدى إلى سهولة تأليف الكتاب كما ساعد على ظهور طبقة الورّاقين الذين لعبوا دوراً كبيراً في تاريخ الحضارة العربية حيث كانوا أنفسهم الناشرين للكتب العلمية بعد أن يقوموا بنسخها وتجليدها ثم بيعها، وعليه فالورق قد ساهم بتيسير معظم أعمال الترجمـة وكـان أحـد مقومـات انتعاشها([39]).

ثالثاً/ انعكاس نتائج حركة الترجمة على الحضارة العربية الإسلامية

من الغريب أن يدّعي بعض الباحثين الغربيين بأن دور العرب في الترجمة كـان مقتصراً عـلى النقل فقـط لعلـوم ومعـارف الأقدمين؛ وكرد على هذا الادعاء نقول لو أن العرب بالفعل قد اكتفوا بمجرد النقل لعلوم ومعارف الأمم الأخرى، فإن هـذا وحـده يجعلهم في مصاف

([38]) لاندو: مصدر سابق، ص848.

([39]) الجميلي، مصدر سابق، ص ص53- 54.

أشهر بناة الحضارات قديماً وحديثاً لكونهم أنقذوا علوم القدماء وجعلوها تنتقل سالمة إلى الأجيال القادمة وأن هذا العمل لوحده يعد بمثابة خدمة كبيرة قدمها العرب إلى الإنسانية تفوق كل ثمن، ولكن الأمر لم يكن هكذا فالعرب ذو خيال خصيب وفضول ذهني حافز لا يروى له غليل لذلك لم يقتنعوا بدور النقل للعلوم اليونانية والرومانية فحسب([40]).

وفي هذا الصدد ترد الباحثة الألمانية (زنيغريد هونكه) على هذا الادعاء قائلة: (إن القول المردد دوماً بأن العرب نقلة للفكر اليوناني فحسب، إنما هو قول باطل ومتحامل ومتجني على شرف الحقيقة، إن العلماء العرب بعكس الآخرين في القرون الوسطى، قد لجأوا في أبحاثهم للعقل والملاحظة وإلى النظر المحقق) ([41]).

فالجهود التي بذلها العرب في ترجمة مؤلفات الأمم الأخرى إلى اللغة العربية زائدة الإضافات لها والشروح ثم وضع المؤلفات العديدة على ضوء ذلك في مختلف العلوم والمعارف، جميع هذه الفعاليات انعكست إيجابياً على الحضارة العربية فأدت إلى تقدمها وازدهارها ثم تلت كل ذلك صفحة أخرى ناصعة سجلت للعرب على مدى الأيام وهي انتقال الترجمات العربية مع شروحاتها من بغداد إلى صقلية وإسبانيا حيث عكف العلماء الغربيون على دراستها أمثال مايكل سكوت وروجر بيكون وجيرارد الكرموني دراسة منهجية لينقلوها من بعد إلى أوربا بعد أن تُرجمت في جميع لغاتهم وقد اعتبر الباحث (روم لاندو) ذلك فصلاً من أروع الفصول في سفر التقدم البشري من دنيا الجهل إلى دنيا المعرفة([42]).

أما أهم العلوم والمعارف التي استفادت من حركة الترجمة التي قام بها العرب فإننا لا نستطيع حصر جميع العلوم والمعارف التي تأثرت بحركة الترجمة في هذه الدراسة الوجيزة، لذلك سنقتصر على تناول أبرز هذه العلوم وهي:

1-الطب

عندما أقدم الأطباء العرب على ترجمة العلوم الطبية للأمم الأخرى وخاصة طب

([40]) بامات: مصدر سابق، ص121.

([41]) هونكه، زينغريد: شمس العرب تسطع على العرب أو أثر الحضارة العربية في أوروبا. نقله عن الألمانية فاروق بيضون وكمال دسوقي، بيروت، 1969، ص269.

([42]) لاندو: مصدر سابق، ص ص212- 214.

84 أثر حركة الترجمة في رفد الحضارة العربية الاسلامية

اليونان اهتموا بتدوين الملاحظات وأضافوا الشيء الكثير إلى ما تلقوه عن اليونان بحيث ظل الأطباء العرب قروناً عديدة أصحاب الصدارة في الطب([43]).

ومن المفيد الإشارة إلى أن الأطباء العرب لم يوسعوا آفاق الطب فحسب بل وسعوا المفاهيم الإنسانية لهذا العلم كذلك وقد سنحت الفرصة في الملاحظة السريرية لأمراض عديدة كالجدري والكوليرا والطاعون، كما كانوا السبّاقين إلى اكتشاف وجود العدوى وطبيعتها. ومن بين الأطباء العرب الذي برزوا في ميدان الترجمة للعلوم الطبية هو حنين بن إسحاق الذي لقب بـ (أبو الطب العربي) وقد ترجم إلى العربية كامل مصنفات جالينوس الطبية وبفضله تمتع جالينوس بتلك الشهرة الواسعة التي نالها عند العلماء خلال القرون الوسطى في الشرق والغرب معاً، كما ترجم (حنين) بالتعاون مع تلاميذه معظم مؤلفات الطبيب الإغريقي الشهير أبقراط كما يعود الفضل إليه في وضع الترجمة العربية لكتاب (الأقرباذين) Maleria Medica لديوسقوريدس، وهذه الترجمات لوحدها تدل على اهتمام العلماء العرب بالطب على نحو ناشط زاخر بالحيوية، لكن هذا الاهتمام لم ينحصر بالترجمة فحسب بل تعداه إلى التأليف فكانت من أشهر مؤلفات حنين في الطب كتابه (مسائل في الطب) وكتابه (رسالة في العين) الذي يعد أول كتاب في طب العيون([44]).

وعلى غرار حنين بن إسحاق كان معظم مترجمي المؤلفات الطبية للأمم الأخرى إذ كانوا في ذات الوقت أطباء ممارسين قدموا إلى علم الطب خدمات جليلة ومن أبرز هؤلاء الرازي (865-925م) الذي يعتبره المؤلفون في تاريخ الطب واحداً من أعظم الأطباء في جميع العصور وقد ترك لخلفائه تراثاً ضخماً بعضها مؤلف من عدة مجلدات مثل كتابه (الحاوي) الذي يضم (23) مجلداً وهو من غير ريب أضخم وأشمل كتاب طبي قدر لمؤلف فرد أن يخرجه للناس وقد مثل خلاصة كاملة لمجموع المعرفة الطبية الإغريقية والسريانية والفارسية والهندية والعربية أردفها بمكتشفاته الخاصة المبنية على خبرته السريرية، وقد أنجز ترجمته من اللغة العربية إلى اللاتينية عام 1279م أحد كبار المترجمين من اللغة العربية في القرون الوسطى (فرج بن سالم) وهو من أصل صقلي وبذلك أصبح مرجعاً في كافة كليات الطب بأوربا إبان العصر الوسيط([45])

([43]) أوليري: مصدر سابق، ص6.

([44]) لاندو: مصدر سابق، ص ص258- 261.

([45]) الطيبي، أمين توفيق: دراسات في تاريخ صقلية الإسلامية. بنغازي، 1990، ص132، 133.

وكذلك الطبيب ابن سينا (980-1037م) مؤلف كتاب (القانون في الطب) الذي هو عبارة عن موسوعة طبية كبرى([46])، كما أن هناك الطبيب العربي (ابن النفيس) المتوفى عام 1289م والذي سبق (وليم هارفي) في اكتشافه للدورة الدموية الصغرى.

وهكذا نلمس مدى تأثير حركة الترجمة على تطور الطب العربي وتقدمه من خلال المعلومات التي حصل عليها من الأمم الأخرى زائداً الحافز الذي خلفته الترجمة عند الأطباء العرب للإضافة والإبداع والابتكار في ميدان الطب.

2- الرياضيات

أدت الرياضيات دوراً حاسماً في العلم العربي لا سيما وأنها تعتبر أم العلوم التجريبية كلها، فمن خلال التجربة التي قام بها العلماء العرب لرياضيات الأمم الأخرى من إغريق وهنود وفرس بعد ترجمتها للعربية ـ تمكن العرب دون غيرهم من ذلك التحول الذي مكنهم آخر الأمر من أن تصبح الرياضيات التي وضعها العرب الأساس الذي قام عليه العلم الغربي الحديث فلولا الرياضيات كما طورها العرب كان خليقاً بمكتشفات كوبرنيكوس وكيلر وديكارت أن يتأخر ظهورها تأخراً كبيراً([47]).

ولم يقتصر دور الترجمة على تطور العلوم العربية أو رفد الحضارة الغربية فحسب بل على حفظ تراث الأقدمين والتعريف بالعلماء الغابرين ولا سيما علماء الإغريق أمثال أقليدس وأرخميدس كما لم يقتصر دور العرب على الترجمة أو التوسع فيما تلقوه من الأمم الأخرى وإنما حققوا في المعلومات وصححوا الحسابات القديمة كما أضافوا الكثير إلى علم الرياضيات فهم الذين أدخلوا نظرية الأعداد الوفاقية([48]). وهم الذين اخترعوا علم الجبر في مفهومه المعروف حديثاً ووضعوا أسس حساب المثلثات. لقد طور العرب علم الرياضيات ـ عبر الترجمة ـ من مرحلتها الإغريقية البدائية إلى مرحلتها العربية العلمية ومنهم أخذ الأوروبيون ما توصلوا إليه في الرياضيات فكان (غربرت) من أوائل الأوروبيين الذين نقلوا الأرقام العربية إلى أوروبا وتكمن أهمية هذه الأرقام في اكتشاف العرب (الصفر) الذي لولاه لما تقدم علم الرياضيات([49]).

([46]) ابن خلدون: العبر وديوان المبتدأ والخبر في أيام العرب والعجم والبربر. المجلد الأول. ط2. بيروت. 1961، ص918.

([47]) لاندو: مصدر سابق، ص ص246- 247.

([48]) أوليري: مصدر سابق، ص338.

([49]) الحسيني: مصدر سابق، ص16.

وفي حقل الهندسة، استوعبت الهندسة العربية محتويات ومناهج كتاب (العناصر) لأقليدس، كما عالج (أولاد موسى بن شاكر) الذين لعبوا دوراً متميزاً في دفع حركة الترجمة مسائل هندسية عديدة ومن أعمالهم المهمة في هذا الجانب (قياس الأشكال المستوية والأشكال الكروية) والذي قام بترجمته إلى اللاتينية العالم الإيطالي (جيرارد الكريموني) ضمن العديد من المؤلفات العربية خلال القرن الثاني عشر لتنقل بعد ذلك إلى عموم أوروبا([50]).

كما لا يفوتنا في الأخير أن نذكر ما كان للمترجم المعروف (ثابت بن قرة) من أثر في علم الرياضيات فهو الذي أدخل مفهوم الحركة في الهندسة مستغلاً فكرة الحركة استغلالاً أساسياً لكي يقدم بديلاً لفرضية المتوازيات لأقليدس الأمر الذي أدى إلى اكتشاف طرائق جديدة في هذا الجانب تختلف تماماً عن طرق أقليدس([51]).

3- الفلسفة:

الفلسفة من أكثر العلوم التي حظيت باهتمام المترجمين العرب ولا سيما خلال العصر العباسي وفي أيام الخليفة المأمون بصفة خاصة الذي أولى عناية واهتمام زائدين بالمؤلفات الفلسفية للأمم الأخرى وبخاصة الفلسفة اليونانية التي انتقلت إلى العالم الإسلامي على يد العلماء العرب.

لقد استطاع العرب أن يترجموا إلى لغتهم أهم ما في التراث اليوناني من مفاهيم فلسفية ولأشهر فلاسفة اليونان أمثال المعلم الأول أرسطو وأفلاطون وسقراط وللعرب فضل كبير في إذاعة شهرة هؤلاء الفلاسفة في العالم أجمع([52]) من خلال ما قام به العرب من جهود كبيرة في عملية الترجمة لأهم أعمالهم الفلسفية فهذا مثلاً (حنين بن إسحاق) قد نقل إلى العربية مقالات أرسطو الفلسفية مثل (المقولات) و(فن التأويل) و(الكون) وغيرها، فضلاً عن التعليق عليها والشروحات لها ومن أمثال (حنين) الكثير ممن تطرقنا لهم في دراستنا هذه والذين لم يكتفوا بالنقل والشروحات بل تعدوا ذلك إلى الارتقاء بالفلسفة

([50]) الحايك، سيمون: تعربت وتغربت، أو نقل الحضارة إلى الغرب، بيروت 1987، ص8.

([51]) صبرا، عبدالحميد: العلوم الدقيقة. من كتاب (عبقرية الحضارة العربية)، ص ص212- 214.

([52]) أوليري: مصدر سابق، ص241.

العربية فبرز على ضوء ذلك فلاسفة عرب كبار أمثال الكندي والفارابي وابن سينا في المشرق العربي وابن رشد وابن باجه في المغرب العربي.

لقد أدى هؤلاء الفلاسفة العرب أدواراً كبيرة في عالم الفكر والفلسفة، تميز كل واحد منهم بإضافته الفلسفية الخاصة وأفكاره الجديدة بحيث ذاعت شهرتهم في العالم كافة فالكندي مثلاً قد ذاع صيته كأول فيلسوف عربي أصيل ومتبحر كبير في الفلسفة اليونانية وتلميذ مجتهد لأفلاطون وأرسطو وقد تميز بمعالجته لانسجام الفلسفة مع الشريعة وكذلك الأمر مع الفارابي وابن سينا اللذين قاما بتطوير الفلسفة اليونانية المستمدة أساساً من أفلوطين وبروكلوس([53]).

زاد الاهتمام بالفلسفة في جميع أرجاء الدولة العربية الإسلامية إبان القرون الوسطى، وقد ترجمت مؤلفات الفلاسفة العرب إلى اللاتينية كي يطلع عليها الأوروبيون وكانت الأندلس وصقلية أهم معبرين انتقلت من خلالهما الفلسفة العربية وترجمات العرب وشروحاتهم لمؤلفات اليونان إلى أوروبا فالعالم.

ففي صقلية مثلاً وبالتحديد في بلاط فردريك الثاني قام (مايكل سكوت) بترجمة أجزاء من مؤلفات ابن سينا كما قام بترجمة العديد من شروح ابن رشد وتعليقاته على كتابات أرسطو وإلى هذا المترجم يعود الفضل في تعريف الغرب بمؤلفات ابن رشد، وحسبنا أن النص العربي لشرح ابن رشد لم يصلنا وإنما وصلتنا الترجمة اللاتينية التي قام بها مايكل سكوت من اللغة العربية.

ومن الجدير بالذكر أن الأوروبيين يعتبرون (سكوت) مسؤولاً إلى حد كبير عن أهم حدث في تاريخ الفكر في العصر الوسيط ألا وهو تعريفهم بأرسطو عن طريق العرب([54]).

لقد سادت الحضارة العربية الأقطار الممتدة من شواطئ المحيط الأطلسي إلى المحيط الهندي قرابة اثني عشر قرناً، وأن الجامعات الغربية لم تعرف لها مدة خمس قرون مورداً علمياً سوى المؤلفات العربية التي أنتجت بمدى قصير جداً، وقد أشار إلى ذلك (غوستاف

([53]) فخري: مصدر سابق، ص ص98- 102.

([54]) الطيبي: مصدر سابق، ص ص137- 138.

لوبون) في كتابه (حضارة العرب) قائلا: (إن التاريخ لم يعرف أمة أنتجت ما أنتجه العرب في وقت قصير) ([55]).

4- الفيزياء والكيمياء:

تمكن العرب بعد أن ترجموا المؤلفات اليونانية في حقل الفيزياء من دحض النظريات التي جاء بها علماء الفيزياء اليونان، فقد دحض عالم الفيزياء العربي الحسن بن الهيثم البصري من أبناء القرن العاشر الميلادي نظريات أقليدس وبطليموس البصرية والتي كانت تحظى يومذاك بقبول عام وتفيد تلك النظريات إلى أن العين تتلقى صور الأشياء المختلفة عن طريق إطلاقها أشعة بصرية إلى تلك الأشياء فقدم ابن الهيثم نظريته في كتابه الموسوم بـ (كتاب المناظر) ليعطي الدليل على أن العملية تجري على نحو معاكس تماماً وبذلك وضع الأسس لعلم البصريات الحديث، كما أضاف تطوراً علمياً للحضارة العربية أفرزته حركة الترجمة.

والواقع أن لابن الهيثم العديد من النظريات في هذا الحقل تكاد تمثل ثورة في علم الفيزياء مثل هالة القمر والقوس قزح والكسوف والخسوف والمرايا والعدسات المكبرة وقد انتقلت هذه النظريات إلى إوروبا فاعتبرها العلماء الأوروبيون ومنهم (روجر بيكون) أساساً ونقطة الانطلاق لهم في علم البصريات([56]).

أما في علم الكيمياء فقد عنى العرب عناية كبيرة بعلم (الأقرباذين) أو فن تركيب الأدوية ومن أشهر علماء الكيمياء العرب (جابر بن حيان) وهو من أبناء الكوفة في العراق وقد اطلع على مؤلفاته الأوروبيون في القرون الوسطى والعلم مدين له بالكثير من التحضيرات الكيميائية التي قام بها لأول مرة مثل أول تحضير له معروف للزرنيخ أو الفولاذ وفي استخدامه لثاني أكسيد المنغنيز في صنع الزجاج، ومن أبرز مؤلفات جابر بن حيان هما (صناعة الكيمياء) و(كتاب السبعين) اللذان لفتا أنظار الغرب وقد تم ترجمتهما إلى اللاتينية خلال القرن الثاني عشر من قبل أشهر مترجمي أوروبا (جيرارد الكريموني).

([55]) لوبون، غوستاف: حضارة العرب. نقله للعربية عادل زعيتر، حلب، 1969، ص ص26- 27.

([56]) لاندو: مصدر سابق، ص275.

كما لا يفوتنا أن نذكر مؤلفات الرازي في الكيمياء والتي أرست الأساس للكيمياء التجريبية العربية ومن أبرزها (كتاب الصناعة) الذي قدم فيه وصفاً دقيقاً للمواد والعمليات الكيميائية([57]).

ومن الجدير بالذكر أن هذه المؤلفات وغيرها قد انتقلت إلى أوروبا عن طريق أسبانيا وصقلية وبلاد الشام بعد أن تم ترجمتها إلى اللاتينية وقد أنعشت روح المعرفة في أوروبا الغربية خلال العصور الوسطى، كما أصبح علماؤنا العرب مشهورين على نطاق واسع بعد أن ترجمت أعمالهم إلى اللاتينية فاللغات الأوروبية ولو أن أسماءهم قد حورت بعض الشيء في اللغة اللاتينية وأصبحوا معروفين بهذه الأسماء المحورة في عموم أوروبا، فقد أطلقوا على الرازي اسم (Rhazes) وابن سينا (Avicenna) وابن رشد (Averroes) وهكذا البقية([58]).

5-الجغرافيا:

بعد أن اطلع العرب على تراث الأمم الأخرى من خلال حركة الترجمة، تمكنوا من التقدم في علم الجغرافيا حيث كان التراث اليوناني المصدر الرئيسي لإلهام العرب وتقدمهم في البحوث والكشوف والخرائط الجغرافية، ولعل مصنفات بطليموس الجغرافية مثل كتابي (الجغرافيا) و(المجسطي) هما أهم ما استند عليه العرب في بدء نهضتهم الجغرافية ثم استطاعوا بفضل جهودهم وتجاربهم الذاتية القائمة على الأسفار والترحال من أن يبدؤوا نتاجاً عربياً محضاً في عالم الجغرافيا لا أثر لليونان أو غيرهم فيه([59]).

فكان من أبرز المبدعين العرب في ميدان الجغرافيا وعلم الخرائط هو (أبو عبد الله محمد الأدريسي) المعروف بالشريف الأدريسي وهو من أبناء مدينة سبته بالمغرب الأقصى (1100-1166م) فقد استقر زمناً طويلاً في بلاط الملك النورمندي (روجر الثاني) في بالرمو عاصمة صقلية، ومن أبرز أعماله كتابه الموسوم بـ (نزهة المشتاق في اختراق الآفاق) والذي يعرف اليوم باسم (كتاب رجار) ([60]) الذي تضمن مادة جغرافية فيها قدراً كبيراً من

([57]) من كتاب (عبقرية الحضارة العربية)، مصدر سابق، ص272. كذلك لاندو، مصدر سابق، ص270.

([58]) حمارنه، سامي: علوم الحياة. بنغازي، 1990، ص276.

([59]) الجمبلي: مصدر سابق، ص ص421- 422.

([60]) الدوري، تقي الدين عارف: دراسات في تاريخ العرب وحضارتهم في صقلية. ليبيا-الخمس، 1997، ص213.

المعرفة الجديدة كل الجدة وأن القيمة الرئيسية للكتاب تكمن في الخرائط السبعين التي رسمها الأدريسي- والتي أعطت صورة دقيقة للعالم ومن بين بصماتها الرائعة قبول مؤلفها بكروية الأرض في عصر ساد خلاله الاعتقاد بأنها مسطحة.

وهناك الكثير من العلماء العرب الذين برعوا في حقول الجغرافيا ووضعوا المؤلفات العديدة في هذا الميدان أمثال (الحسن بن أحمد الهمداني) نسبة إلى قبيلة همدان اليمنية وهو مؤلف كتاب (صفة جزيرة العرب) الذي يعد من أفضل المصنفات الجغرافية الإقليمية إبان القرنين التاسع والعاشر للميلاد وكذلك (المسعودي) من العراق من أبناء القرن العاشر للميلاد مؤلف كتاب (التنبيه والإشراف) وهو أحد أبرز الكتب الجغرافية العربية ملحق به فهرست بأسماء الأماكن والأمم فضلاً عن كتابه في التاريخ المعروف بـ (مروج الذهب ومعادن الجواهر) وهناك أيضاً (المقدسي) صاحب كتاب (أحسن التقاسيم في معرفة الأقاليم).

وكذلك (اليعقوبي) وهو جغرافي من بغداد طاف العديد من بلدان العالم وله كتابان أحدهما (تاريخ اليعقوبي) والآخر كتاب (البلدان) ألفه في نهاية القرن التاسع للميلاد([61]).

ولا يفوتنا ونحن نتحدث عن الجغرافيا أن نشير إلى أشهر الرحالة وهو (محمد بن عبد الله الطنجي) المعروف بابن بطوطة من أبناء مدينة طنجة بالمغرب ومؤلفه الموسوم بـ (تحفة النظار في غرائب الأبصار وعجائب الأسفار) والشهير برحلة ابن بطوطة وقد اشتمل على وصف لرحلاته في بلدان عدة مع وصف لأجزاء غير معروفة من الأرض.

ويعتبر كتاب ابن بطوطة من أهم كتب الرحلات في العصور الوسطى نظراً لاتساع ميدانها حيث قطع ابن بطوطة في أسفاره ما يربو على (120) ألف كيلومتر في فترة زمنية بلغت ثمانية وعشرين عاماً، وقد ترجمت رحلته إلى أغلب اللغات الأوروبية([62]).

ومن الجدير بالذكر أن معرفة الأوروبيين بمختلف أجزاء الكرة الأرضية ظلت قروناً متعددة مبنية على كشوفات العلماء العرب وخير مثال على ذلك هو مرجع الأوروبيين الثقة في شؤون أفريقيا وهو الرحالة المراكشي (الحسن الوزاني) المعروف بـ (الأسد الأفريقي)

([61]) حلاق: مصدر سابق، ص ص208- 230.

([62])) المصدر نفسه، ص212.

حيث بقيت كتبه عن رحلاته في أفريقيا تنشر ويعاد نشرها على نحو دوري في لغات أوروبية مختلفة لفترة طويلة([63]).

الاستنتاجات

من خلال ما تقدم توصلنا لاستنتاجات التالية:

1- كانت حركة الترجمة التي قام بها العرب المسلمون لعلوم ومعارف الأقدمين، إحدى الروافد المهمة التي غذت الحضارة العربية الإسلامية.

2- حفظ العرب تراث الأمم الأخرى من الضياع من خلال حركة الترجمة التي قاموا بها، ولو اقتصر دورهـم عـلى الترجمـة فقط لكانت خدمتهم للإنسانية تفوق كل ثمن، إذ بدأ الأوروبيـون منـذ القـرن الثـاني عشر ـ للميلاد بترجمـة المؤلفـات العربية العلمية إلى لغاتهم الأوروبية المختلفة، الأمر الذي يسّر لهم الاطلاع عـلى تـراث الأمـم الأخـرى ولا سيما تـراث اليونان والرومان.

وبذلك قدم العرب المسلمون خدمة جليلة للحضارة الأوروبية بصفة خاصة وللحضارة الإنسانية بصفة عامة.

([63]) لاندو: مصدر سابق، ص ص257- 258.

الفصل الخامس

مسلمون مبدعون عبر العصور

مسلمون مبدعون عبــر العصــور

(1) ابن خلدون.. فيلسوف التاريخ.. ورائد علم الاجتماع

لا مندوحة أن الحضارة العربية الإسلامية كانت من أرقى الحضارات إبان القرون الوسطى، وأن البيئة التي نمت فيها هذه الحضارة واستوت على عودها كانت موطناً لكثير من الحضارات القديمة المزدهرة، فلا مناص والحالة هذه من حدوث التجاوب بين القديم والحديث، فقد أخذ المسلمون واقتبسوا من الحضارات التي سبقتهم وتأثروا بها ثم تناولوا القديم بالشرح والتصحيح والحذف والإضافة الأمر الذي نجم عنه حضارة جديدة لها طابعها المميز ونكهتها الخاصة ألا وهي تلكم الحضارة العربية الإسلامية.

كما برز لنا عبر العصور التاريخية مسلمون مبدعون تركوا بصماتهم الواضحة على جدران الزمن وقدموا خدماتهم الجليلة لجميع الأمم في الأرض وفي شتى الجوانب والمناحي وقد اعترف العالم أجمع بدورهم الريادي في بناء الحضارة الإنسانية التي نعيش آفاقها ونقتطف ثمارها اليوم ومنهم:

عبدالرحمن بن محمد الملقب بابن خلدون الذي ولد في تونس عام 1332، لقد برع ابن خلدون في عدة اتجاهات علمية لعل أهمها نظريته الاجتماعية في تعاقب الأدوار، وتأسيسه المدخل الفلسفي للتاريخ فضلاً عن براعته في علمي الاقتصاد والسياسة، وأن أول من التفت إلى علمه الواسع وإبداعه الكبير هم الأوروبيون الذين كان لهم قصب السبق في ترجمة أعماله وقد قال عنه (ارنولد توينبي): (إن ابن خلدون نسيج وحده في تاريخ الفكر لم يدانه مفكر كان من قبله أو جاء من بعده في جميع العصور).

لقد أدهش ابن خلدون العالم بما ورد في كتابه المعروف بـ (كتاب العبر، وديوان المبتدأ والخبر، في أيام العرب والعجم والبربر، ومن عاصرهم من ذوي السلطان الأكبر) وكذلك مقدمته الشهيرة التي تقع في جزء كامل والتي كانت صورة حية للحياة الاجتماعية في مختلف البيئات التي انتقل إليها ابن خلدون وهي محاولة للنقد التاريخي مع تعليل وتفهم وتفسير وتوصل إلى الخطأ أو الصواب ومعرفة الحوادث بدقة وضبط، لا سرد للوقائع والأسماء فحسب.

95

كان ابن خلدون أول من وضع اللبنات الأولى في صرح علم الاجتماع والفلسفة التي أدخلها على التاريخ مفسراً حوادثه معللاً مسبباته مما استحق بجدارة لقب ((فيلسوف التاريخ)) الذي نعته به العديد من أكابر المؤرخين والفلاسفة، وقد أبرز ابن خلدون هذا الأمر في مقدمته التي تضمنت ستة فصول هي:

1- في العمران البشري على الجملة.

2- في العمران البدوي.

3- في الدول والخلافة والملك، وذكر المراتب السلطانية.

4- في العمران الحضري والبلدان والأمصار.

5- في الصنائع والمعاش والكسب ووجوهه.

6- في العلوم واكتسابها وتعلمها.

لقد ترجمت مقدمته إلى معظم لغات العالم وقد تمحورت هذه المقدمة في حقلين أساسيين هما فلسفة التاريخ وفلسفة الاجتماع فهو بحق يعد علماً من أعلام الاجتماع في العالم حيث تركز بحثه في علم الاجتماع العام والاقتصادي والاجتماع السياسي ونظرية الدولة[1].

أما فلسفة التاريخ فقد أراد ابن خلدون الكشف عن العوامل التي تقف وراء الوقائع التاريخية والقوانين العامة التي تتمشى عليها الدول والشعوب في تطورها مع خلق معيار سليم يتحرى به المؤرخون طريق الخطأ من الصواب فيما ينقلونه من أخبار وحوادث تاريخية لقد سبق ابن خلدون بفكره الثاقب وإبداعه المتميز في فلسفة التاريخ وعلم الاجتماع الكثير من المفكرين الغربيين سواء الذين برزوا في فلسفة التاريخ أمثال ميكافيلي الإيطالي أو جون لوك الإنكليزي أو فولتير الفرنسي وغيرهم، أو في حقل علم الاجتماع أمثال فيكو أوجان جاك روسو أو نيتشه وحتى ماركس.

ومن الجدير بالذكر أن ابن خلدون قد سلك نفس النهج الذي اتبعه المؤرخ المسعودي في القرن العاشر ميلادي دون أن يعلم بذلك.

([1]) ابن خلدون، عبدالرحمن بن محمد: المقدمة، 1992، ط11، بيروت، ص172.

حري بنا ونحن بصدد الحديث عن ابن خلدون وانجازاته الإبداعية أن نتطرق ولو بشكل موجز إلى بعض الجوانب التي تتصل بحياته الخاصة لقد وصف البعض ابن خلدون بأنه كان رجلاً انتهازياً وذلك لطموحه الزائد وتطلعه للشهرة والثروة كما استهوته السياسة في مطلع شبابه فتعامل معها بموهبة فذة فكان ينتقل من بلاط إلى بلاط مورطاً نفسه بالعديد من الدسائس وغالباً ما يجد نفسه في مكامن الخطر وفي خذلان سياسي ولكنه في النهاية ينجو وقد أفاده هذا الأمر من حيث لا يدري إذ هيأ له فرصة الإطلاع على كتب شمال أفريقيا ومصر وأسبانيا فدرس الأفراد كلاً في موقعه سواء في السلطة أو السجون وحلل الآلية الاجتماعية والسياسية للمدن والقرى وقد أجبره خصومه على الخروج من حلبة السياسة وهو في الخامسة والأربعين من عمره.

وبذلك قدم الخصوم له وللأجيال من بعده خدمة كبرى لا تثمن حيث استغل ابن خلدون ذلك بالانصراف إلى كتابه الرائع المعروف بـ (العبر) ومقدمته الشهيرة.

إن الأفكار والنظريات التي طرحها ابن خلدون في علم الاجتماع وفلسفة التاريخ مازالت تحظى بالعناية والدراسة في أغلب جامعات العالم ولكون مقالنا هذا لا يتسع لطرح جميع آرائه وأفكاره لذا سنقتصر في التطرق إلى بعض منها.

ـ لاحظ ابن خلدون بأن المجتمع يزدهر لفترة ثم يأخذ بالانهيار نتيجة العجز والغرور والرفاه والفساد ليقوم نظام جديد بدله، وقد نوه بأسباب انهيار المجتمعات وبأن الحياة الحضرية تفسير ما يمكن في الطبيعة البشرية من خير وهو يميل بذلك إلى طبيعة أهل الصحراء حيث القيم العليا لديهم.

- كما استنتج ابن خلدون بأن الطريق لتفاعل والتحام أبناء الشعب يعتمد على المناخ والموقع الجغرافي والاقتصادي والدين فضلاً عن مشيئة اللـه سبحانه وتعالى الأمر الذي قاده إلى موقف صلب إزاء تخطيط المدينة.

- كما قسم ابن خلدون العرب قبل الإسلام إلى ثلاث طبقات هي:

أ- العرب العاربة أو العمالقة من عاد وثمود وطسم وجديس وايم وعبيل وجرهم وحضر موت.

ب- العرب المستعربة وهم اليمنيون أو السبئية وحمير.

ج- العرب التابعة للعرب وهم العدنانية والمعدية ويدخل معهم قريش حتى يصل لظهور الإسلام.

وابن خلدون إذ يسجل الطبقات الثلاث للعرب يسجل معهم تواريخ دول الفرس المعاصرة واليونان والروم وعلاقاتهم بالعرب.

- كما وضع ابن خلدون قواعد النقد التاريخي وقد شكك بصحة الأنساب التي كثيراً ما ترفع إلى إسماعيل وإبراهيم ونوح بل إلى آدم أبي الإنسانية جمعاء ويذكر لنا بأن هذا الأمر مكروه عند جلة علماء السلف، فقد أنكر الإمام مالك ذلك أن ترفع أنساب الأنبياء مثلاً فيقال بأن إبراهيم بن فلان بن فلان، كما توجه بالنقد لغالبية المؤرخين القدامى أمثال الطبري والكسائي واتهم منهجهم بأسلوب القصاص ولم يلتزموا فيها الصحة ولا ضمنوا لها الوثوق بها لذلك ينصح بعدم التعويل عليها وتركها وشأنها.

كما اعتبر ابن خلدون التاريخ فلسفة بحالة تحقق والفلسفة تاريخ بحالة تعقل(2)، وفي الختام لابد من التطرق إلى محاولة بعض الكُتّاب الأوروبيين من تشويه النسب لابن خلدون فيذكرونه بأنه أسباني الأصل وذو أصول أوروبية مستكثرين بذلك أن تحسب مثل هذه العبقرية الفذة للعروبة والإسلام، وللآسف فهناك بعض الباحثين العرب من الذين انساقوا وراء هذه الأكذوبة بقصد أو بغير قصد بيد أن الحقيقة التاريخية واضحة لا لبس فيها ولا غموض. فابن خلدون حضرمي الأصل، تونسي المولد، عاش وترعرع أغلب فترات حياته في كنف الأرض العربية فضلاً عن ثقافته المستمدة من ينابيع الحضارة العربية الإسلامية.

توفي ابن خلدون في عام 1406ف وهو ابن الرابعة والستين من عمره.

(2) الكِنْدِيّ.. فيلسوف العرب

ولد أبو يوسف يعقوب بن اسحقاق الكندي في مدينة الكوفة بالعراق عام 801م من أسرة عربية يتصل نسبها بملوك العرب الأقدمين من قبيلة كندة. وقد درس ببغداد والبصرة وقد أبدع في مختلف فنون المعرفة إذ كتب في الفلسفة والرياضيات والفلك والطب والموسيقى والعلوم الطبيعية حيث بلغت مؤلفاته أكثر من ثلثمائة وخمسين كتاباً ورسالة إلا

([2]) الكروي، إبراهيم سلمان وآخرون: المرجع في الحضارة العربية الإسلامية، الكويت، 1984، ص273.

أنه قد اشتهر بمعرفته الدقيقة وإلمامه الكبير في حقل الفلسفة، ولكونه انحدر من أصول عربية محضة فقد لقب "بفيلسوف العرب" واعتبر المؤسس الحقيقي للفلسفة العربية الإسلامية، فقد طبع له العديد من الرسائل الفلسفية منها ما هو تحت عنوان: "رسائل الكندي الفلسفية".

كان إبداع الكندي الكبير في ميدان الفلسفة يعود لقدرته الفائقة في تحويل النظريات الفلسفية اليونانية وتقريبها للعقائد الإسلامية، حيث أثبت الكندي في فلسفته وأقرّ بخلق العالم من العدم وبعث الأجساد يوم القيامة، وأن الـلـه ـ سبحانه وتعالى ـ قادر على خلق كل شيء وقد خلقت إرادته الفلك الأعلى من العدم في لحظة واحدة من الزمن، فالخلق يعتمد على فعل من أفعال الـلـه ـ عز وجل ـ الذي هو فوق قوانين الطبيعة.

إن الفيلسوف العربي المسلم الكندي كان يرى بأن النبوة أرفع كمال يصله البشر وأن النبي له معرفة إلهية تصله عن طريق الوحي والإلهام وهي أرفع درجات المعرفة البشرية، وبناء على ذلك فإن القرآن الكريم يمد البشر بحقائق الفلسفة(3).

ومن المعلوم، أن الكندي قد عاصر ثلة من الخلفاء العباسيين لكن الخليفة المأمون كان من أبرزهم في احتضان الكندي ورعايته كما أن تألق الكندي وإبداعاته الفلسفية قد ظهرت بوادرها في عهد المأمون بالخصوص، فبغداد إبان حكم الخليفة العباسي المأمون قد تألقت علمياً وكانت المركز الثقافي الوحيد في العالم يومذاك، وكان المأمون يعقد أسبوعياً في بلاطه حلقات بحث للمفكرين المسلمين إذ كانوا يتحلقون حول طاولة يصغون لوجهات النظر من بعضهم البعض ويبحثون في مشكلات العصر، وفي إحدى الأمسيات دخل الفيلسوف الشاب ـ الكندي ـ لأول مرة مجلس الباحثين وقد أخذت خطواته الواثقة نحو موضع قريب من الخليفة المأمون نفسه حتى أمتعض أحد الحضور الذي اعتبر ذلك انتهاكاً لمكانته العلمية لدى الخليفة فقال للكندي: "كيف تتجرأ على الجلوس في موضع يعلو على موضعي فأجابه الكندي بثقة: "إني أعرف ما تعرف ولا تعرف أنت ما أعرف"

هذه الرواية التاريخية البسيطة تعطينا صورة عن ثقة الكندي بقدراته الإبداعية وهو

---

(3) الكروي: مرجع سابق، ص283.

ما زال يافعاً وقد أخذ طريقه نحو مجلس الباحثين لدى الخليفة، وقد أثبتت الأيام بعد ذلك بأن تصرف الكندي هذا لم يكن اعتباطاً أو ناجماً عن غرور وإنما كان صادراً عن تمكن ومعرفة دقيقة لإمكانياته العلمية على الرغم من أن هذا التصرف الواثق جلب له المتاعب من الحساد والحاقدين كما سنرى...

كان الكندي أول فيلسوف منهجي مسلم مخلص شعر بمهمته في الحياة إنها تكمن في محاولة فض المنازعات الحادة التي كانت تنشب بين الفقهاء والفلاسفة والتي كانت تسمم العالم العربي الإسلامي بين حين وآخر لذلك، كرس حياته لهذه المسألة الحيوية والهامة كدور الحكم والوسيط.

بدأ الكندي أولاً بتعريف الفلسفة حيث أكد بأنها كلمة عربية منحوتة من الكلمة اليونانية وتصحيف للكلمة اليونانية "Philosophy" وأنها تعني معرفة الأشياء على حقيقتها طبقاً لمؤهلات الفرد العقلية، كما جاهر الكندي بأن الحقيقة واحدة سامية وأن الشريعة على وفاق مع حقيقة الفلسفة بينما كان بعض الفقهاء ينظرون للفلسفة على أنها متعارضة وتعاليم الشريعة الإسلامية، كما دعا الكندي إلى النظر إلى الكتاب المقدس على أنه رموز لتوجيه أفكار الحكماء، وحاول أن يؤكد بأن الوحي مطروح لكل البشر وهو يوفر الحقيقة الواسعة لكل منهم طبقاً لمؤهلاته وإدراكه وفهمه، كما أصر الفيلسوف الكندي على أن عامة الناس قد منحت موهبة الاعتقاد، أما النخبة وهم الراسخون في العلم فقد منحوا الفكر لكي يوسعوا في كلمات الوحي من خلال تطبيق العقل والمنطق.

كان الكندي متشدداً مع طلابه إذ اشترط فيمن يلج عالم الفلسفة أن يتحلى بستة شروط أساسية وهي:-

عقل نبيه وعاطفة جياشة وصبر كريم وقلب نقي وأدب جم وأخيراً الوقت الطويل جداً لديه، وقد أكد الكندي أنه في حالة عدم توفر أي من هذه الصفات الست فإن فشل الطالب في الفلسفة أمر مفروغ منه(**4**).

([4]) عبقرية الحضارة العربية، منبع النهضة الأوروبية، ترجمة عبدالكريم محفوظ، الدار الجماهيرية للنشر والتوزيع والإعلان بنغازي، 1990، ص117.

ومن الجدير بالذكر أن الكندي قد تأثر كثيراً بالفلسفة اليونانية وبالتحديد فلسفة افلاطون لكنه لم يعتمدها كثيراً في فلسفته أي لم يأخذ بمذهب افلاطون الحديث جملة بل غير منه إذ حرص كثيراً أن يستقل بفلسفته التي تركز كما اسلفنا على التوفيق بين الدين والفلسفة دونما الانتصار لاحدهما على الآخر، لذلك عد الكندي من أشهر فلاسفة الإسلام في الشرق إبان القرن الثالث للهجرة.

ومن أهم مؤلفات الكندي الفلسفية كتابه المعروف: بـ "الفلسفة الأولى فيما دون الطبيعيات والتوحيد" وخمس رسائل أولاها في ماهية العقل(5).

ومن المفيد الإشارة بأن الكندي لم تنحصر إبداعاته بالفلسفة فحسب، بل ابدع في مجالات المعرفة الأخرى مثل الرياضيات إذا اعتبر الرياضيات الفيثاغورثية هي أساس العلم كله، كما أهتم بعلم الصيدلة فقد ألف في هذا الميدان عدة كتب منها كتاب (جوامع الأدوية المفردة لجالينوس) وكتاب (الأدوية الممتحنة) وكتاب (الاقرباذين) ـ كما لمع الكندي في الطب أيضاً وقد عرف عنه في الطب أنه كان أكثر تعقلاً مما كان عليه في الفلسفة إذ نصح الأطباء بعدم المجازفة وأنه لا عوض عن الصحة، كما برع الكندي في الأدب كذلك حيث امتلك لغة متينة وأسلوباً رائعاً، ولا ننسى في الأخير براعة الكندي في حقل الترجمة حيث لعب دوراً كبيراً في ترجمة العديد من المؤلفات اليونانية بشكل مباشر إلى اللغة العربية إذ شملت ترجماته علوم الطب والفلسفة والرياضيات والفلك ومن المؤسف، أن يتعرض الفيلسوف الكندي أواخر أيامه إلى مكائد الحساد والحاقدين عليه وقد تمكنت إحدى هذه المكائد من أن تنطلي على الخليفة العباسي يومذاك فتثير غضبه على الكندي فيأمر بمصادرة مكتبته الخاصة، الانكى من ذلك والأدهى أن يأمر بجلده على مرأى من الناس، وقد تركت هذه الحادثة أثرها السيئ في نفسية الكندي فانعزل في بيته حزيناً كئيباً حتى وفاته في عام 873 (6).

(3) ابن سينا... الشيخ الرئيس

تمتع ابن سينا بحظ وافر من الذكاء والعبقرية، الأمر الذي جعله أن يصبح عملاقاً من

---

(5) شوقي، أبوخليل: الحضارة العربية الإسلامية. منشورات كلية الدعوة الإسلامية، 1987، طرابلس، ص287.

(6) أوليري، دي لاسي: علوم اليونان وسبل انتقالها إلى العرب. ترجمة د.وهيب كامل ومراجعة زكي علي، القاهرة، 1962، ص282.

عمالقة عصره والعصور التي أعقبته، وقد دفعته معرفته الدقيقة لقدرات شخصيته العالية إلى إظهار ذلك في سيرته الذاتية إذ ذكر بأن "الناس يذهلون من تحصيلي" فهو كان بحق فيلسوفاً وعالماً رياضياً وطبيباً ألمعياً طيلة القرنين العاشر والحادي عشر للميلاد، وقد عبرت قدراته الذاتية عن نفسها بوقت مبكر حيث حفظ القرآن الكريم عن ظهر قلب وهو ابن العاشرة، واتقن علوم العرب وأصبح طبيباً متمرساً وهو سن السابعة عشرة من عمره، وقد تعمق ابن سينا بعد ذلك في المعرفة فدرس الفلسفة اليونانية مبتكراً لنفسه طريقة خاصة بالتبحر والبحث والنقد وقد طبق هذه المنهجية على سيرته الطبية فيما بعد، كما تركت هذه الطريقة بصماتها الواضحة في كتاباته ومؤلفاته الشهيرة(7).

برز ابن سينا في حقلين مهمين من حقول الحضارة العربية الإسلامية وهما الطب والفلسفة إذ اشتغل بالعلم الطبيعي ودرس علم الطب واستوعب الكتب المصنفة حتى أصبح المرجع في الطب والفلسفة وقد ظلت علومه ومؤلفاته في هذين الميدانين موضع اهتمام واعتماد الأطباء والفلاسفة لسبعة قرون تالية، ومن أهم كتبه في ميدان الطب هو كتابه الموسوم بـ (القانون) والذي كان يدرس في الجامعات الأوروبية لغاية منتصف القرن السابع عشر للميلاد، وكتاب القانون عبارة عن مخطوط ضخم أوجز فيه ابن سينا تعاليم أبقراط وجالينوس متطرقاً فيه للممارسات الطبية العربية والسريانية والهندية والفارسية، كما اشتمل أيضاً على ملاحظات ابن سينا نفسه الذي كان تواقاً لمعرفة أبعاد المرض الذي يدرسه معرفة دقيقة، كما كان ابن سينا يقيم العيادات أينما حلّ كي تتاح له الفرصة في اختبار معرفته عن كثب أمام المعطيات المباشرة للمرض الأمر الذي يساعده في أن يشاهد حالات ما كانت تتيسر له لولا هذه الطريقة، لذلك كان يدون ملاحظاته بدقة ثم يتقدم بفحص منهجي لمعرفة الأسباب والمعالجات وقد أدرج ابن سينا في الجزء الثاني من كتابه (القانون) أكثر من سبعمائة نوع من العقاقير التي تعالج الأمراض والتي كانت تباع في أيامه.

ومن الجدير بالذكر أن كتاب (القانون) في الطب لابن سينا ظل المرجع الطبي الوحيد للأطباء المسلمين حتى مطلع القرن التاسع عشر، كما اعتمده الغربيون مدة تزيد على الخمسة قرون لكونه الكتاب الطبي المرجعي يومذاك والذي وجد فيه أطباء الغرب والشرق

([7]) عبقرية الحضارة العربية، ترجمة عبدالكريم محفوظ، بنغازي، 1990، ص289.

معاً ضالتهم في مختلف الجوانب الطبية، أمثال (الحمية) حيث تفضل طريقة تنظيم الغذاء كعلاج طبيعي بدل الاعتماد على العقاقير إضافة لتأثير المناخ على الصحة واستخدام المخدر عن طريق الفم للأعمال الجراحية وكذلك الطبيعة المعدية لبعض الأمراض ومخاطر انتشار المرض عن طريق الماء والتراب، كما تضمن كتاب القانون النصائح والإرشادات لمعالجة مرض السرطان في البداية والتأكد من استئصال جميع الأنسجة المريضة أولا، كما أشار ابن سينا إلى مسألة ارتباط العواطف النفسية بالحالات الجسدية ولكونه كان مهتماً بالموسيقى فقد أكد على أهمية وتأثير الموسيقى على النفس والجسد، كما يعد ابن سينا أول طبيب وصف التهاب السحايا وأسباب اليرقان وتطرّق لأعراض حصى المثانة(8). ولم يقتصر اهتمام وإبداع ابن سينا على حقل الطب فحسب بل اهتم كذلك بعلم الفلسفة وأبدع فيه، ومن المعروف في كل العصور أن الإنسان المبدع الناجح يلتف حوله الحساد والحاقدون فيتقولون عنه وينسجون حوله من البدع والافتراءات التي ما أنزل الـلـه بها من سلطان وقد حدث هذا الأمر مع الفيلسوف ابن سينا إذ انتشرت حوله إشاعات الحسد والبغض حتى صدق بذلك بعض الناس فأخذوا يعاملونه معاملة المشعوذ ومحضِّر الأرواح الشريرة، وقد ساهم في خلق هذه الأجواء ضده أسلوبه العنيف الحاسم للقضايا الفلسفية وازدراؤه للمواقف الوسطية حتى اتهمه البعض بالانحراف عن الشريعة الإسلامية بيد أنه كان مسلماً ورعاً ملتزماً.

أما أبرز إنجازات ابن سينا الفلسفية هي ابتكاره لنظرية الاشراق التي تصور الروح كشعاع من الضياء المقدس المجوز في الجسم ولكنها تنشد الخلاص كي تعود إلى مصدرها، كما أكد ابن سينا على أن القرآن الكريم على الرغم من أن لغته مفهومة لكل البشر غير أن كلماته المقدسة ليست بالضرورة أن تفهم بقيمها الظاهرة وأن أهل التفكير الرفيع قادرون على استخلاص العبر الرمزية من تلك القصص البسيطة.

لقد استقبلت الأجيال اللاحقة لعصر ابن سينا فلسفته بارتياح واحترام كبيرين، كما ألهمت كتابته الفلسفية الفقهاء والفلاسفة قروناً عديدة بعد وفاته وقد عرفه الغرب تحت اسم (Avicanna) واعتبروه قد ساهم بجدارة في النهضة الأوروبية(9).

([8]) أبوخليل، شوقي: الحضارة العربية الإسلامية، 1987، طرابلس، ص ص298-297.

([9]) الحسيني، فاضل محمد: الدور الريادي للأمة العربية في بناء الحضارة الإنسانية. مجلة شؤون عربية، تصدرها جامعة الدول العربية، القاهرة، العدد (87) لسنة 1996، ص15.

كما لقبه العرب المسلمون بـ (الشيخ الرئيس) لكونه قد وصل القمة في الطب والفلسفة ولم ينافسه أحد في هذين المجالين سواء في عهد أو لسبعة قرون متوالية من بعده.

وافته المنية عام 1037ف على إثر مغص حاد ألم به ولم يستطع معالجته، فمات عن عمر بلغ السابعة والستين عاماً.

(4) الرَّازِيّ... الحكيم.. "جالينوس العرب"

أطلق المسلمون عبر العصور على الطبيب اسم ((الحكيم)) ولا يزال هذا الاسم متداولاً بين المسلمين إلى يومنا هذا.. وقد أشاد القرآن الكريم بالحكمة وجعلها أعظم الخير والبركة على الإنسان. ففي سورة البقرة قال اللـه تعالى:{ومن يُؤتِ الحكمة فقد أوت خيرا كثيرا}.

وقال عزّ وجل في سورة لقمان {ولقد ءاتينا لقمان الحكمة أن اشكر لله ومن يشكر فإنما يشكر لنفسه}.

والطب يعد أول ضرب من ضروب الحكمة وقد اعتبر الإسلام هذه المهنة نعمة يشكرها من اسبغها اللـه عليه، لذلك نجد الكثير من المسلمين من امتهن الطب إبان العصور الإسلامية المختلفة في الوقت الذي كانت فيه الكنيسة الغربية تحرم مزاولة الطب لأن المرض في اعتقادها عقاب من عند اللـه لا ينبغي على الإنسان أن يصرفه عمن استحقه، وقد بقى هذا الأمر عقبة في طريق صناعة الطب حتى مطلع القرن الثاني عشر إفرنجي بينما كان الأطباء في العالم الإسلامي تزداد أعدادهم بشكل ملفت للنظر، فمثلاً من دعي للامتحان في بغداد أيام المقتدر بالله العباس (295-320هـ) نحو تسعمائة طبيب فضلاً عنَ أساتذة الطب المقتدرين الذين تجاوزوا مرحلة الامتحان.

هذه صورة بسيطة وواضحة تعكس لنا مدى الاهتمام والعناية بالطب وصحة الإنسان في ظل الإسلام والتي لم تشهدها حواضر التاريخ القديم(**10**).

ومن بين العدد الهائل للأطباء المسلمين هناك أطباء متميزون ذاعت شهرتهم في العالم واستفادت الإنسانية من خبراتهم الطبية القيمة ولعل أحد أبرز هؤلاء هو الطبيب (الرازي)

([10]) الكروي، إبراهيم وآخرون: المرجع في الحضارة العربية الإسلامية، الكويت، 1984، ص294-293.

الذي حظي بعدة ألقاب علمية قلما أن حظي بها طبيب آخر، فقد أبدى الأطباء في شرق العالم وغربه منذ أكثر من عشرة قرون

وإلى اليوم إعجابهم الكبير بالطبيب الرازي حتى قالوا عنه بأنه ((أعظم طبيب بين المسلمين بلا منازع)) كما نعته البعض بأنه

((جالينوس العرب)) ووصفه آخرون بأنه ((ألمع عبقري في العصور الوسطى)) كما لقبوه بـ ((عظيم الأطباء العرب)) وغير ذلك.

ولد أبوبكر محمد بن زكريا الرازي عام 865 في منطقة ((الري)) القريبة من مدينة طهران الحالية، وقد تعلم بها أول الأمر

ثم انتقل إلى بغداد وهو في سن الثلاثين فتولى فيها رئاسة أطباء مستشفى المقتدري ببغداد، ويعد الطبيب الرازي أول طبيب دوّن

ملاحظاته على مرضاه ذاكراً تطور مراحل المرض وأثر العلاج فيه كما يعتبر أول من وصف مرض الجدري والحصبة وقال بالعدوى

الوراثية واستخدم الحيوانات في تجاربه للأدوية.

ومن مؤلفاته الشهيرة في الطب والتي تربو على مائتي مؤلف هي:

كتاب ((الحاوي في الطب)) الذي يعد موسوعة طبية مهمة قضى في جمع المعلومات والتحضير لها سنوات طوالا لكن المنية

عاجلته قبل أن يتمكن من وضع النصوص فيه بشكلها النهائي، إذ جمعه طلابه من بعد وفاته بشيء من العجلة مما جعل مواد

الكتاب تبدو غير مرتبة بعض الشيء أو غير منسجمة مع بعضها إلا أنه بالرغم من ذلك فقد اعتمده الأطباء في العالم لأنه قد

استشهد فيه لأطباء يونانيين وعرب وقارن بين معالجاته ومعالجاتهم للأمراض المختلفة، وقد ترجم هذا السفر الطبي الكبير للرازي

إلى اللاتينية تحت عنوان ((Continensa)) فكان مفاجأة طبية علمية للغرب لا نظير لها إذ اعتبر أول كتاب طب من نوعه يظهر

في الغرب بهذا الحجم لغاية عام 1486ف، كما أن للرازي مؤلفات أخرى تأتي بالدرجة الثانية بعد موسوعة ((الحاوي في الطب))

منها رسالة الجدري والحصبة وكتاب الأسرار والكتاب الجامع، كما له مؤلف باسم ((المجريات)) ذكر فيه خلاصة تجاربه في

المستشفيات ببغداد والري، وله أيضاً كتاب ((الطب المنصوري)) الذي اشتمل على الجوانب الأساسية لفن الشفاء بما فيها التشريح

البشري والحمية والحفاظ على صحة الجسم وعلم السموم والحميات التي كانت تعتبر دراسة منفصلة يومذاك وقد لاقى هذا

الكتاب استقبالاً جيدا وترجم إلى اللاتينية باسم ((Al-Medicinalis Man Sorisa)) فكان ذا أثر واسع في الغرب خلال العصور

الوسطى.

وللرازي مؤلف آخر في الطب اختص بسبل معالجة الأمراض الأخلاقية والسيكولوجية لدى النفس البشرية وهو ما أطلق عليه اسم ((كتاب الطب الروحاني))، ومن الجدير بالذكر أن الطبيب الرازي كان يؤمن إيماناً راسخاً بالطب التجريبي والإفادة من الإعشاب والنباتات في العقاقير، فله المؤلفات العديدة التي تتصل بالنبات مثل (كتاب الأدوية الموجودة بكل مكان) و(كتاب في قوى الأغذية والأدوية) و(كتاب الأقرباذين)، 11.

ومن المفيد الإشارة بأن مؤلفات الرازي الطبية كانت هي المعول عليها في كليات الطب بأوروبا حتى نهاية القرن السابع عشر إفرنجي.

ولكون الرازي كثير الإطلاع دائم البحث عن المعلومة الجديدة في حقل الطب نراه يعكس ذلك في توصياته لتلاميذه حيث يحثهم على ضرورة الاستمرار في تثقيف أنفسهم طبياً من خلال الإطلاع الدائم ودراسة البحوث الطبية وحضور المحاضرات وممارسة التدريس في المستشفيات.

كما كان يقود الصراع ضد الدجالين والمشعوذين وكان يحبذ طبيب العائلة ويحذر من الانتقال من طبيب لآخر، كما ركز الحكيم الرازي على أهمية التغذية لصحة الإنسان ونصح الأطباء بالسماح لمرضاهم بتناول الأطعمة التي يرغبون فيها مع تجنب الإفراط في الأكل.

ومن المعلوم أن الرازي قد ولع بالموسيقى مطلع حياته وكان يتقن العزف على العود وقبل أن يتحول إلى مهنة الطب كان قد درس الفلسفة تحت إشراف الفيلسوف الفارسي ((أبي زيد البلخي))، 12.

وعندما نتطرق إلى سلوكه الشخصي وأخلاقه نجد الكثير من أثنوا على أخلاقه الإسلامية العالية حيث كرمه ولطفه ومراعاته كطبيب لمشاعر الآخرين إذ كان يلقى الجميع من مرضاه سواء الفقراء منهم أو الأغنياء كل الاهتمام والعناية، وتفيد لنا المصادر التاريخية بأن الرازي قد عمل في خدمة الحكام الفرس طبيب مستشار ضمن إطار المهنة وليس ابتغاء مكسب سياسي أو مادي وقد أهدى لحاكم منطقة الري يومذاك ((المنصور بن إسحاق بن أحمد 902-908ف)) كتابين هما ((الطب المنصوري)) الذي ربما سمي على اسم الحاكم المنصور والآخر هو ((كتاب الطب الروحاني)) الذي أسلفنا التطرق إليه.

---

(11) جحا، فريد: تراث العرب القديم في ميدان علم النبات. تونس، 1989، ص4.

(12) عبقرية الحضارة العربية، ترجمة عبدالكريم محفوظ، بنغازي، 1990، ص28.

ولا بد في نهاية المقالة عن الطبيب المسلم الرازي، أن نذكر بأن الرازي كان طبيباً ومفكراً حراً مستقلاً، فعلى الرغم من إعجابه الشديد بأساتذة الطب اليونانيين فهو لم يتورع من توجيه النقد لهم في مؤلفاته حيث هاجم كتاب (الحكم) لأبقراط وألف على غراره ((المرشد)) الذي تلافى فيه العيوب التي وقع فيها أبقراط، كما وجه النقد لكتاب جالينوس في كتاب أصدره بعنوان ((شكوك حول جالينوس)) محاولاً فيه تصحيح محتوياته، ولعل أهم ما قدمه الرازي للإسلام والمسلمين فضلاً عن مؤلفاته في الطب هو اخضاعه الفلسفة الوضعية إلى الشريعة السماوية من خلال الحكمة والتجربة لخدمة القرآن الكريم فنأى بالفلسفة عن الكفر والالحاد بل على العكس وظّفها لخدمة الدين الإسلامي الحنيف وما جاء به من قيم البعث والتوحيد(**13**).

ومن المؤسف أن الحكيم الرازي قد فقد بصره أواخر أيامه وعندما اقترح عليه أحد الأطباء بأن يجري جراحة لعينيه قال له الرازي: ((لقد رأيت ما يكفي من هذا العالم ولا أحبذ فكرة معاناة عملية جراحية بأمل رؤية أكثر مما رأيت فيه)).

وقد توفي بعد ذلك بوقت قصير وبالتحديد في عام 925ف.

(5) المَلاَّحُ الْعَرَبِيُّ الْمُسْلِمُ: ابنُ مَاجد (أَسَدُ الْبِحَار)

((ظلمه المؤرخون وأنصفه الجغرافيون))

أشتهر العمانيون ببراعتهم كملاحين منذ بداية تاريخهم المدوّن، وقد ساعد موقع عمان الجغرافي على أن يكون لها دور مهم في الملاحة والتجارة عبر العصور التاريخية، ووصفها المؤرخون القدامى بأنها بلاد الملاحة والشراع لأن أهلها أول من رفع شراعاً في البحار واقتحم الأخطار فمارسوا الملاحة وكانوا الصلة بين الشرق والغرب(**14**).

وهناك أمثلة كثيرة على ذلك منها رحلة أبوعبيدة عبد اللـه ابن القاسم في منتصف القرن الثامن إلى كانتون حيث اكدت المصادر الصينية كذلك على وصوله إلى هناك، وذكرت بأن في فترة وجوده كانت هناك جالية كبيرة من العرب المسلمين في الصين وأن مسجد

([13]) المجدوب، عبدالعزي: الرازي من خلال تفسيره. تونس، 1981، ص288.

([14]) الحسيني، فاضل محمد: عمان في عهد الإمام أحمد بن سعيد. ط2، 1994، عمان، ص113.

كانتون الذي لا يزال قائماً إلى اليوم يعد أقدم مسجد في الصين، ومن النقاط المضيئة في تاريخ البحرية العمانية انتصارهم عام 850 على الحبشة وطردهم من جزيرة (سوقطرة) التي سيطر عليها العمانيون ردحاً طويلاً من الزمن والتي هي الآن تابعة لليمن(15).

لقد ظل العمانيون يتمتعون بمركز محترم في الملاحة حتى غزو البرتغالين منطقة الخليج العربي فقد بدأ البرتغاليون بالاتجاه صوب الشرق عند ما أصبحت مهمة البحث عن طريق جديد للملاحة والتجارة مهمة ملحة لدى الأقطار الأوروبية مدفوعة لذلك بعوامل اقتصادية ودينية إذ كان العرب المسلمون يسيطرون على أهم طريقين تجاريين عالميين وهما طريق البحر الأحمر ومصر وطريق الخليج العربي والعراق والشام وكانت المشاكل والخلافات السياسية تؤدي إلى غلق أحدهما أو كليهما فتتوقف نفائس الشرق من التدفق إلى أوروبا، ولذلك، ولكل هذه الأسباب عزمت أوروبا على دخول عالم الاستكشافات الجغرافية بغية التعرف على طرق جديدة تربط الشرق بالغرب وتقضي على الطرق الواقعة تحت سيادة العرب والمسلمين يتقدم كل الأسباب والدوافع لذلك العامل الديني.

إن أول من تصدى للقيام بهذه المهمة هم البرتغاليون بسبب استقرار أحوالهم السياسية وقد قال (هنري الملاح) صراحة بأن هدفه من الاستكشافات الجغرافية هو أن يهزم الإسلام تماماً ونهائياً.

وبالفعل، بدأ البرتغاليون بالاتجاه نحو السواحل الشمالية والشمالية الشرقية للقارة الأفريقية، فوصل هنري الملاح إلى ((سبتة)) في المغرب الأقصى عام 1415 بينما قام (بارتلمودياز) برحلته عام 1487 حول سواحل أفريقيا الغربية بهدف الوصول إلى الهند.

أما (فاسكودي جاما) فإن لرحلته أهمية استثنائية لأنه أول من وصل إلى الشرق حيث سار بحملته بمحاذاة السواحل الغربية لقارة أفريقيا فوصل إلى النهاية الجنوبية للقارة وهي منطقة (رأس الزوابع) التي سمّاها فيما بعد برأس الرجاء الصالح، ثم استدار شمالاً نحو السواحل الشرقية فوصل موزنبيق ومالندي عام 1498 وقد شاهد البرتغاليون هناك سفناً عربية أدهشتهم صناعتها فألواحها غير مسمرة بمسامير وملاحوها يحملون معهم البوصلة البحرية والمزاول والخرائط الجغرافية فرغب فاسكودي جاما من الاستفادة من الخبرة

---

(15) بن حبيب، مال الله بن علي: ملامح من تاريخ عمان. ترجمة محمد محمد كامل، عمان، بدون تاريخ، ص16.

العربية للوصول إلى الهند فكان ذلك اللقاء التاريخي العلمي مع الملاح العربي (أحمد بن ماجد).

استفاد (دي جاما) كثيراً من الخبرات العلمية العربية التي يمتلكها ابن ماجد في عالم الملاحة والبحار وقد أكدت ذلك غالبية المصادر التاريخية بما فيها المصادر البرتغالية إذ ذكر لنا المؤرخ البرتغالي ((بروش)) في كتابه (آسيا البرتغالية) أن دي جاما التقى في منطقة مالندي بملاح مسلم وهو لديه عدد كبير من الخرائط والآلات، ولم يكن هذا الملاح المسلم سوى أحمد بن ماجد الذي يعد من أكبر وأهم ملاحي العرب المسلمين في كل العصور وله العديد من المصنفات المهمة في الجغرافيا الملاحية إلا أن واحداً فقط من مصنفاته الكبرى قد تم نشره وهو ((كتاب الفوائد في أصول علم البحر والقواعد)) تحدث فيه ابن ماجد عن الملاحة بجانبيها النظري والعلمي كما تحدث عن البحر الأحمر والخليج العربي والمحيط الهندي وقد وصف هذا الكتاب بأنه ذروة التأليف الفلكي لملاحي عصره حيث يعد مرجعاً من المراجع البحرية النادرة وغاية ما وصلت إليه الكتابة العربية عن الملاحة، ظل الملاحون في المحيط الهندي يعتمدون عليه في رحلاتهم حتى نهاية القرن الثامن عشر الميلاد(16).

ومن الجدير بالذكر أن الاسم الكامل لابن ماجد هو: شهاب الدين أحمد بن ماجد السعدي النجدي وهو من مواليد منطقة (جلفار) والتي تسمى حالياً برأس الخيمة وهي تقع ضمن دولة الإمارات العربية المتحدة.

في الواقع، إن فائدة دي جاما من الملاح بن ماجد كانت كبيرة لدرجة أن أقتنع بعدها بتغيير مسار السفن البرتغالية عبر المحيط إلى الهند حيث وصلها دي جاما فعلاً في الثالث والعشرين من شهر ((مايو)) عام 1498، وقد عصف هذا الحدث بالتجارة العربية الإسلامية كما أدى ذلك إلى احتلال البرتغاليين لعموم منطقة الخليج العربي والقضاء على سيادة العرب المسلمين على الطريق المهم الذي يربط الشرق بالغرب.

ومهما يكن من أمر، فقد تحامل المؤرخون كثيراً على الملاح ابن ماجد واعتبروه السبب في نجاح البرتغاليين والقضاء على التجارة العربية الإسلامية وتمكينهم من احتلال

---

(16) حوراني، جورج فضلو: العرب والملاحة في المحيط الهندي. ترجمة يعقوب بكر، مراجعة يحيى الخشاب، القاهرة، 1958، ص237.

واستعمار عموم المنطقة العربية الإسلامية الممتد من المغرب الأقصى وحتى الهند، ولكن هذا التحامل ليس هناك ما يبرره فقد اندفع ابن ماجد في إعطاء المعلومات بصفته عالماً ملماً بعلوم بالبحار، التقى شخصاً مهتماً بذات العلوم ولم يتعرف على نواياه الاستعمارية العدوانية الحقيقية وخلال تبادل المعلومات والنقاش العلمي في مسائل تخص الملاحة والبحار توصل دي جاما إلى الطريق الصحيح للوصول إلى الهند ولم يكن في نية ابن ماجد البتة أنه قد سهل أمراً في غاية الخطورة على التجارة والسيادة العربية الإسلامية وإنما كان منطلقاً في ذلك بدوافع التقاليد العربية والمبادئ الإسلامية كإنسان عربي مسلم يجب عليه إرشاد التائه للطريق السليم كما أنه تصرف بدافع الإنسان العالم المتبحر في علوم البحار فتبادل المعلومات العلمية مع إنسان آخر يفقه العلوم ولديه الفضول العلمي في معرفة المزيد من المعلومات فحقاً قد ظلم المؤرخون ابن ماجد عندما قالوا بأنه وراء وصول البرتغاليين إلى غاياتهم في القضاء على التجارة والسيادة العربية بقصد بينما أنصفه الجغرافيون الذي حفظوا له دوره الكبير في الملاحة وعلم البحار فاستفادوا من مؤلفاته وخرائطه في تطوير وازدهار علم الملاحة والبحار.

الفصل السادس

مدن إسلامية عريقة

(1) البصرة ((أول مدينة إسلامية خارج الجزيرة العربية))

البصرة مدينة إسلامية متميزة.. أسسها العرب المسلمون إبان حروب تحرير العراق من السيطرة الفارسية، وهي أول مدينة أقامها المسلمون خارج الجزيرة العربية لتسهم بشكل فعال في دخول بلاد فارس الدين الجديد، كما لعبت البصرة دوراً كبيراً وفاعلاً خلال حقب التاريخ الإسلامي وعلى شتى الصُّعُد السياسية والاقتصادية والاجتماعية والفكرية منذ السنوات الأولى لتأسيسها.. فقد عاشت المحن الإسلامية مثل حركة الزنج والقرامطة كما تألقت في عالم الفكر والإبداع حيث أنجبت العلماء والفقهاء والشعراء أمثال أبي الأسود الدؤلي والحسن البصري والخليل بن أحمد والأصمعي وسيبويه والشاعرين المشهورين الفرزدق وبشار بن برد.

سُميت بالبصرة نسبة للطبيعة الجغرافية لتربة المدينة إذ تشكلت أرضها من الحجر الأبيض الرخو، وإن كلمة البصرة وفق المعاجم اللغوية كلمة عربية خالصة([1]).

لقد اختار العرب المسلمون الذين قدموا لمقاتلة الفرس الساسانيين من أجل نشر الإسلام في تلك البقاع اختاروا موضع البصرة فهم أول من نزلها وبنى المساكن فيها وكانوا بداية الأمر يتشكلون من قبائل عربية قليلة العدد تحت قيادة عتبة ابن غزوان. الذي يعتبر المؤسس الحقيقي لهذه المدينة إذ اتخذ منها أول الأمر موضعاً يفي بغرض المخيم العسكري للمجاهدين المسلمين حيث تنطلق منه حملاتهم ضد الفرس.

ثم تطور أمر هذا الموضع حتى أصبح مدينة، وذلك بعد أن كتب القائد عتبة بن غزوان إلى الخليفة عمر بن الخطاب يستأذنه في تحويل المخيم العسكري إلى مدينة دائمة وفاعلة يسكنها المسلمون، كما يمكث فيها المقاتلون عندما يطول تواجدهم فيمر عليهم فصل الشتاء، وقد أردف عتبة مع الطلب وصفاً دقيقاً لموضع المدينة حيث ذكر له بأنها تمتاز بكونها قريبة من المياه وتقع على طرف البر ويكثر فيها القصب والقضة، فجاء رد الخليفة عمر بالإيجاب وقد عقَب بالعبارات التالية: إنها أرض نضرة قريبة من المشارب والمراعي والمحتطب([2]).

([1]) ناجي، عبدالجبار: دراسات في تاريخ المدن العربية الإسلامية. 1986، البصرة، ص129.

([2]) البلاذري: فتوح البلدان، ص346.

عندما حصل عتبة بن غزوان على موافقة الخليفة عمر، بني المسلمون أول الأمر مسجداً كبيراً سمي بالمسجد الجامع وهو أول وحدة عمرانية تأسست في البصرة عام (14) للهجرة، ومن المفيد الإشارة إلى أن هذا المسجد قد تعرض لمحاولات التخريب مرات عدة أيام الفوضى التي اجتاحت المدينة خلال هجمات القرامطة والزنج كما تعرض للحرق إلا أن محاولات أخرى قد جرت لإعادة بنائه، وقد ذكر لنا الرحالة ابن بطوطة خلال زيارته للمدينة أنه قد رأى هذا المسجد الجامع وقد اشتمل على سبع صوامع، وأضاف بأنه كان من أحسن المساجد حيث صحنه الواسع والمفروش بالحصى الأحمر، كما كان للمسجد ثمانية عشر باباً، وتعد منارته أول منارة في الإسلام إذ بُنيت عام (45) للهجرة([3])

كما تم بناء دار الإمارة في المدينة الجديدة وقد اشتملت على الديوان ومرافق أخرى كالسجن وحمام الأمراء، وعندما توفى عتبة بن غزوان خلفه في المسؤولية عن إمارة البصرة أبو موسى الأشعري، وقد أجرى الأخير تطويراً ملحوظاً في المدينة من حيث الطريقة في بناء البيوت إذ شب حريق في المدينة أيام الأشعري فخافه السكان واستأذنوه في بناء بيوتهم بواسطة "اللِبن" فوافقهم على ذلك بعد أن حصل على موافقة الخليفة([4]).

وقد شرع أبناء البصرة في بناء منازلهم كما شرع الأشعري في بناء المسجد ودار الإمارة من اللبن والطين، وبذلك فقد تحول موضع البصرة من معسكر صحراوي للجيش الإسلامي إلى مرفأ تقصده السفن التجارية القادمة من الهند والصين، كما أصبحت المدينة كبيرة ذات أسواق واسعة وبيوتات فخمة.

لقد كانت البصرة عربية الاسم والمنشأ، إسلامية الدين والأخلاق. ومازال هذا الطابع العربي الإسلامي للمدينة إلى يومنا هذا.

ومن المفيد الإشارة إلى أن الأمويين قد اتخذوا من البصرة مقراً لإمارة العراق بسبب سعة تجارتها وامتداد عمرانها، أما في عصر العباسيين فقد بلغت المدينة شأواً كبيراً من التقدم والعمران، وفي ذلك وصفها لنا (ابن حوقل) قائلاً: "وصفت بالمجالس الحسنة والمناظر الأنيقة والأبنية الفاخرة والعروش العجيبة والأشجار المثمرة والفواكه اللذيذة

([3]) ابن بطوطة: تحفة النظار في غرائب الامصار. وعجائب الأسفار. 1926، ص ص187-186.

([4]) الحسني، عبدالرزاق: العراق قديماً وحديثاً. 1956، ط2، صيدا، ص174.

والرياحين الغضة والبرك الفسيحة المرصوفة ولا تخلو من المتنزهين بغرائب الملاذ وتحف المتطرفين"([5])

لقد شهدت مدينة البصرة تحولات وتطورات اجتماعية واقتصادية وفكرية كبيرة عبر قرون متعددة على الرغم من الظروف الصعبة التي مرت بها، إذ كانت مركزاً إدارياً استراتيجياً للفتوحات الإسلامية في بلاد فارس ـ كما أسلفنا ـ كما أصبحت المنطقة المحيطة بها منطقة زراعية كبيرة فضلاً عن كونها ميناء مهماً ومرفأً تجارياً ضخماً الأمر الذي جعل التجار يترددون عليها مما نجم عنه أن تصبح مركزاً رئيسياً لشبكة تجارية واسعة تمتد إلى الهند والصين وأفريقيا ويحظى أبناؤها بسمعة في التجارة لدى أصقاع العالم قاطبة الأمر الذي جعل (الهمداني) يقول: أينما ذهب المرء في العالم فإنه لابد وأن يقابل تاجراً بصرياً([6]).

أما أهمية مدينة البصرة إبان التاريخ الحديث فقد حظيت باهتمام الدول الكبرى أمثال بريطانيا وفرنسا فضلاً عن الدولة العثمانية، إذ نقلت بريطانيا إليها وكالة الشركة الإنجليزية عام 1762 وأخذت تبعث البضائع الإنجليزية إلى البصرة ولم تكن البصرة بالنسبة لها مهمة من الناحية التجارية فحسب بل كانت تعدها بمثابة النهاية للخط السريع لأوروبا.

كما تمثلت أهمية البصرة في كونها وقعت على طريق بغداد حيث مركز الانطلاق إلى أوروبا وبالعكس، وهذا الأمر قد حظي باهتمام الأوروبيين خلال القرنين الثامن عشر والتاسع عشر للميلاد، كما أدركت فرنسا أهمية مدينة البصرة فأقدمت على فتح قنصلية فيها عام 1765، أما الدولة العثمانية فمنحتها الأهمية من خلال عدم تبعيتها لولاية بغداد وجعلتها ولاية قائمة بذاتها لموقعها الهام الاستراتيجي في المنطقة.

ومن الجدير بالذكر، أن البصرة قد لعبت دوراً رائداً في السياسات العالمية خلال التاريخ الحديث وبالتحديد في النصف الثاني من القرن التاسع عشر حيث شكلت خلال هذه الفترة نقطة للاتصال السريع بين رئاسة الشركة الإنجليزية في لندن وفروعها في المنطقة فضلاً عن كونها قد مثلت حجر الزاوية لمواجهة أثار الحروب الأوروبية في منطقة شبه

([5]) المصدر نفسه، ص176.

([6]) ناجي: مرجع سابق، ص144.

القارة الهندية ([7]).

أما البصرة اليوم فهي تلكم المدينة الكبيرة ذات الشوارع الفسيحة، ويتوزع فيها البناء الشرقي القديم والعمارات الغربية الحديثة، فهي تعد مدينة برية وبحرية كما عبر عنها المؤرخ العراقي عبدالرزاق الحسني في كتابه "العراق قديماً وحديثاً" فذكر: يلتقي في مدينة البصرة اليوم الحادي والنوتي، وتسمع فيها رغاء الإبل والبوارك وزعيق البواخر الماخرة.. تناغيها البلابل وتجري فيها الأنهار فلا يستطيع الشاعر أن يصفها، ولا يمكن للفنان أن يخط صورة لها، تمتد قصورها شمالاً وتنتهي جنوباً من جهتها النهرية، أما جهتها البرية تمتد من ساحل (شط العرب) الأيمن شرقاً إلى (باب الزبير) غرباً.. ثم يواصل المؤرخ الحسني وصف المدينة بقوله: تشتهر البصرة بكثرة اسماكها الطرية وتعدد أنواعها البحرية والنهرية، أما تمرها فيعد من أهم حاصلات العراق الجنوبية، وتلتف غاباتها الكثيف حول شط العرب في مساحة كبيرة وتصدر مصانع تحضير التمر كميات كبيرة منه إلى مختلف أنحاء العالم، ويبلغ عدد النخل في البصرة أحد عشر مليون نخلة([8]).

الواقع، إن لمدينة البصرة اليوم قرى ونواحي كثيرة تتبعها إدارياً مثل قرية (الزبير) التي تبعد عن البصرة بحوالي (21كم) وفيها توجد قبور الكثير من الصحابة والقادة المشهورين أمثال عتبة بن غزوان مؤسس المدينة وطلحة والحسن البصري، وكذلك تتبع البصرة قرية (القرنة) وهي ملتقى النهرين الكبيرين دجلة والفرات وقد ذكرها المؤرخون وعلماء الآثار والرحالة في كتبهم، ومن بينهم الرحالة الفرنسي ذائع الصيت (تافرينيه) Taverier الذي سماها بالقرنة مما يدل على أن تسمية المدينة ليست بالتسمية الحديثة، ومن الطريف في هذه القرية أنها تحمل آثاراً لشجرة قديمة ومشهورة وتدعى باسم (البرهام) يدعى البعض أنها منذ زمن سيدنا آدم ـ عليه السلام ـ

(2) الكوفة ((أول عاصمة للدولة الإسلامية خارج الجزيرة العربية))

تعد مدينة الكوفة من المدن الإسلامية العريقة والتي تأسست في أوائل عهد الإسلام

([7]) مهنا وآخرون: الخليج العربي، دراسة في تاريخ العلاقات الدولية والإقليمية. الإسكندرية، 1988، ص ص169-186.

([8]) الحسني: مصدر سابق، ص ص182-172.

عقب الفتوحات الأولى التي جرت في القرن الأول للهجرة، اتخذها الإمام علي بن أبي طالب الخليفة الراشدي الرابع مركزاً لخلافته لتصبح أول عاصمة لدولة الإسلام خارج الجزيرة العربية، كما اتخذتها الدولة العباسة بداية عهدها عاصمة لها بعد أن بويع الخليفة العباسي الأول ((أبو العباس)) فيها بالخلافة عام 132 للهجرة.

عرفت الكوفة بدورها المتميز في ميادين العلم والمعرفة واللغة والأدب فإليها ينسب الخط الكوفي وتسّمت باسمها إحدى أهم المدارس النحوية العربية، كما أنجبت العديد من العلماء والفقهاء ورجالات الحرب.

لقد لعبت الكوفة وشقيقتها البصرة أدواراً إسلامية كبيرة في الميادين السياسية والعسكرية والإدارية الأمر الذي جعل بعض المؤرخين يطلقون على التاريخ العربي الإسلامي إبان القرن الأول للهجرة بتاريخ الكوفة والبصرة، حيث اقتسمتا الحركة الفكرية العربية الإسلامية خلال ذلك القرن، الأمر الذي نجم عنه ولادة العديد من أمهات الكتب والمؤلفات في مجالات الأدب والفقه والسياسية والإدارة([9]).

سُميت المدينة بالكوفة لاستدارتها وهي تعني الرملة المستديرة لأن كلمة (الكوفة) باللغة العربية تعني تجمع بعضه فوق بعض ولم تنحصر التفسيرات لمعنى اسم المدينة بهذا الأمر فقط ولو أنه الأعم الأغلب، إلا أن هناك من اعتبر تسمية الكوفة جاءت نسبة إلى اجتماع الناس بها ومنهم من عزى ذلك إلى كونها كانت رملة حمراء ولاختلاط ترابها بالحصى([10]).

أما الأسباب التي وقفت وراء نشأة المدينة وميلادها، فإن العوامل العسكرية تقف في مقدمتها، إذ يعتبر القائد سعد بن أبي وقاص المؤسس الأول لمدينة الكوفة اختارها بعد الانتصارات التي حققها العرب المسلمون ضد الفرس في جبهة المدائن فأراد القائد سعد موضعاً للمقاتلين المسلمين كمخيم لراحتهم وراحة عوائلهم المرافقين لهم شريطة أن تتوفر في هذا الموضع كافة المستلزمات الضرورية لاستمرار الجهاد لنشر الإسلام والمحافظة على الانتصارات التي أحرزها المسلمون في جبهات القتال ومن هذه المستلزمات الهامة للموضع المختار هي أن يكون على اتصال سهل ووثيق مع مركز الخلافة للدولة الإسلامية، حيث يسرة

([9]) ناجي: مرجع سابق، ص155.

([10]) الحسني: مرجع سابق، ص137.

وصول الإمدادات والاتصالات كما يتطابق الموضع مع المواصفات الاستراتيجية العسكرية كالانسحاب مثلاً.

لقد كان الخليفة عمر بن الخطاب يومذاك يشدد على الجانب الاستراتيجي العسكري في اختيار المدن وقد وردت منه العديد من الرسائل إلى القادة الميدانيين، يؤكد فيها على ضرورة اختيار أماكن المدن من المناطق التي لا تفصلها عن مركز الخلافة أية حاجز كالبحر أو الصحراء مثلاً، وكان يوصي دائما باختيار مناطق الريف وكانت موافقة الخليفة عمر على اختيار سعد لمنطقة الكوفة تدخل ضمن هذا الإطار وقد ذكر لنا الطبري بأن الخليفة عمر قد كتب إلى سعد بن أبي وقاص بشأن اختيار موضع الكوفة، حيث وجهه بوجوب أن يكون المكان (برياً ليس بيني وبينكم بحراً أو جسراً) ([11]).

ومن المفيد الإشارة إلى أن الأسباب العسكرية ليست وحدها كانت وراء اختيار الكوفة على الرغم من كونها كانت في المقدمة إلا أن هناك أسباباً أخرى مثل المواصفات الصحية والمناخية التي تحلت بها الكوفة بخلاف منطقتي المدائن والأنبار اللتين تم اختيارهما أولاً قبل اختيار مدينة الكوفة إلا أن رداءة المناخ في المدائن وكثرة الذباب في منطقة الأنبار جعل المسلمين يعزفون عنهما ويؤيدون اختيار الكوفة بدلاً منهما، ويفيد البلاذري بأن سعداً وجماعته من المقاتلين المسلمين كانوا يفتشون أول الأمر عن مكان للمقاتلين وعوائلهم فأخذوا يتجولون حتى بلغوا منطقة الكوفة وكانت تسمى سابقاً بـ ((خد العذراء))، حيث ينبت فيها الاقحوان والشقائق فحظى هذا المكان بإعجاب القائد سعد وجماعته المقاتلين فاختاروه ليصبح مدينة الكوفة([12]).

ما أن استقر رأي المسلمين على اتخاذ الكوفة مدينة لهم حتى باشروا في البناء وكان بناؤهم أول الأمر على شكل خيام وبالقصب، كما فعلوا ذلك مع البصرة ولكنهم خافوا الحريق الذي حدث لمدينة البصرة فاستأذنوا الخليفة عمر باستخدام اللبن والطين فأذن لهم بذلك وكان ذلك عام (17) للهجرة الموافق لعام 638 للميلاد([13])، ثم شرع القائد سعد

([11]) الطبري: تاريخ الرسل والملوك. ج4، ص42.

([12]) البلاذري: فتوح البلدان. ص274.

([13]) الحسني: المصدر السابق، ص137.

بتخطيط مسجد المدينة بنفسه في ذات العام وهو لا يزال قائماً في الكوفة ليومنا هذا، وهو عبارة عن مبنى كبير يقع على مساحة مربعة الشكل تقريباً له سور مرتفع تسنده أبراج مستديرة يبلغ ارتفاعها ((20)) متراً ويلقب بالمسجد الجامع، تفيد بعض المصادر التاريخية بأن المسجد قد بني بحجارة قصور المناذرة في منطقة الحيرة التي لا تبعد كثيراً عن مدينة الكوفة، وقد حدثت تطورات وإضافات للمسجد أيام ولاية زيادة بن أبيه مثل بناء الأبواب واكساء أرض المسجد بالحصى بعد أن كان بالتراب فقط كما تم بناء مقصورة.

وقد أشاد الجغرافيون والرحالة عبر العصور الإسلامية بمسجد الكوفة من حيث السعة والبناء وإقامة الصلاة فيه ومنهم الرحالة ابن جبير الذي ذكر لنا محراب الإمام علي كما وصف لنا المسجد، كذلك الرحالة المغربي ابن بطوطة.

ومن المباني الرئيسية الأخرى لمدينة الكوفة دار الإمارة أي مقر والي المسلمين في الكوفة والتي عرفت فيما بعد بقصر الكوفة، ودار الإمارة هذه تحتوي على العديد من الأبنية ذات المهام الإدارية والمالية مثل بيت المال.

ومن الجدير بالذكر أن مدينة الكوفة قد خططت فيها منازل لسكن عوائل المقاتلين بعد أن تم بناء المسجد ودار الإمارة وكان توزيع المنازل بداية الأمر حسب القبائل العربية ولكن عندما توالت الانتصارات الإسلامية توسعت الفتوحات الأمر الذي أدى إلى وصول الأعداد الغفيرة من المقاتلين المسلمين من أرض الجزيرة العربية ترافقهم عوائلهم بحيث أدى ذلك إلى تزاحم السكن في المدينة مما نجم عنه التوسع لمساحة المدينة الأمر الذي جعلهم ينصهرون جميعاً في بوتقة الإسلام رائدهم في ذلك نشر الدين الجديد في بقاع شتى من العالم كي يفوزوا بوسام الجهاد في سبيل اللـه ابتغاء مرضاته، وبذلك انتفى توزيع المساكن في الكوفة حسب القبائل مثلما كان معمولاً به في السنوات الأولى لتأسيس المدينة.

لقد بلغت الكوفة شأناً كبيراً في التنظيم والعمران أيام خلافة الإمام علي بن أبي طالب، كما ازدهرت الأسواق فيها وقد استمر هذا الأمر لغاية الزيارة التي قام بها الرحالة بن بطوطة للمدينة في الربع الأول من القرن الثامن للهجرة، حيث ذكر بأن للكوفة أسواق حسان وأن أكثر ما يباع فيها التمور والأسماك([14]).

([14]) ابن بطوطة: تحفة النظار في غرائب الأمصار وعجائب الأسفار. باريس، 1926، ص10.

أما المدينة اليوم، فالكوفة لا زالت تعد من المدن الجميلة تزدان بالأسواق الكبيرة والمباني الأنيقة والحدائق الكبيرة، وقد ربطت بمدينة النجف الأشرف القريبة منها سكة حديد بلغ طولها ((9600)) متراً أنشأتها شركة أهلية عام 1325 للهجرة، وإن الكوفة كانت مركزاً لتجارة منطقة الفرات الأوسط لغاية ثورة العشرين ضد المستعمرين البريطانيين بعدها قضى الإنجليز على مركزها التجاري لأنها كانت تمثل بؤرة العداء للإنجليز في العراق، ومع ذلك ظلت مدينة الكوفة محتفظة بفتنتها وجمالها فضلاً عن أثارها الإسلامية العريقة.

(3) بغداد

تعد بغداد من المدن الإسلامية العريقة التي لعبت دوراً ريادياً إبان العصور الإسلامية وتحديداً في العصر العباسي منذ أن أختارها الخليفة أبو جعفر المنصور عاصمة لخلافته عام (145) للهجرة ثم غدت المركز الوحيد للعالم الإسلامي أيام خلافة هارون الرشيد عام (170) للهجرة بل عاصمة لأعظم ممالك المعمورة مساحة وعمراناً إذ مثلت القلب لتلك الإمبراطورية الإسلامية العظمى يومذاك، ثم أخذ وزنها العلمي بالازدياد وثقلها الحضاري بالتصاعد حتى بلغت ذروة مجدها الإسلامي فكراً وعقيدة زمن المأمون عام (204) للهجرة فوفد إليها المسلمون من شتى الطبقات ومن مختلف الأمصار وفضلوها على مدنهم وبلدانهم كما ذكر ذلك اليعقوبي في كتابه (البلدان) ([15]).

وعلى ضوء ذلك أصبحت بغداد من أبرز حواضر العالم يومئذ، تشع بالعلم والمعرفة والثقافة لأغلب أرجاء البسيطة حيث المؤسسات العلمية والفكرية الراقية مثل (دار الحكمة) و(المدرسة النظامية) و(المدرسة المستنصرية) اللواتي لعبّن أدواراً مشهودة في إثراء العلم والمعرفة والفلسفة الإسلامية، وكان لعلمائها الاجلاء الدور الكبير في إرساء حضارة عربية إسلامية حفظت لنا تراثنا الأصيل بلغة القرآن الكريم.

وعلى الرغم من تعرض بغداد لهجمة وحشية على يد التتار خلال التاريخ الوسيط وهجمة أكثر وحشية وضراوة على يد الغرب إبان التاريخ المعاصر لكنها بقيت متألقة محتفظة بهويتها العربية والإسلامية ومتمسكة بتاريخها الأصيل.

([15]) اليعقوبي: البلدان. ص234.

ومن أجل معرفة الأسباب التي حدت بالخليفة المنصور إلى تأسيس مدينة بغداد واتخاذها عاصمة للدولة العباسية سنجدها عديدة إلا أن أبرزها كانت الأسباب السياسية التي جاءت في مقدمة العوامل والدوافع لاختيار بغداد عاصمة ومقراً للخليفة العباسي أبي جعفر المنصور، وقد اختلفت أسباب تأسيس بغداد كثيراً عن الأسباب التي دفعت المسلمين إلى بناء وتأسيس المدن الإسلامية الأخرى والتي كانت قد بنيت بناء على دوافع عسكرية بالدرجة الأولى فضلاً عن أن بغداد قد تم تأسيسها في وقت متقدم على الفتوحات الإسلامية فجاءت الدوافع السياسية على رأس الأسباب لنشوء مدينة بغداد إذ كان العباسيون قد أعلنوا دولتهم أول الأمر في الكوفة مع العلويين حلفائهم ضد الأمويين ثم اختاروا مدينة (الهاشمية) قرب الكوفة عاصمة لهم تعبيراً عن تحالف الهاشميين من عباسيين وعلويين لكن سرعان ما دب الخلاف بين الطرفين، وتمكن العباسيون من الانفراد بالسلطة ومطاردة العلويين وقد بلغ هذا الصراع ذروته عند مجئ أبي جعفر المنصور للحكم، وقد اتسم مطلع عهد بالاضطرابات فآثر الابتعاد عن مواطن الفوضى والاضطراب وما تشكله من فرص الانقضاض على حكمه ففكر باختيار مكان آمن جديد يكون مركزاً لخلافته فوقع اختياره على بغداد لتكون عاصمة الدولة العباسية في أيام خلافته ولتستمر متبوئة هذا الموقع حتى انهيار الدولة العباسية عام (656) للهجرة.

تقع مدينة بغداد وسط العراق، وقد كانت في السابق عبارة عن قرية صغيرة يعقد فيها سوق تجارية منذ الفترة الساسانية، ويذكر أن هذه السوق كانت مشهورة لدرجة أن تجار الصين اعتادوا قصدها حاملين معهم البضائع الصينية ليجنوا من بيعها ربحاً كبيراً..

أما التفسيرات لأصل كلمة (بغداد) فقد اختلف في ذلك المؤرخون، فأورد الدكتور مصطفى جواد في كتابه (دليل خارطة بغداد) بأن اصل التسمية للمدينة ربما يعود إلى اللغة البابلية وهي (بعل جاد) بمعنى معسكر الآلهة (بعل) بينما يرى البعض الآخر بأن الكلمة بغداد يرجع أصلها إلى اللغة الكلدانية وهي مأخوذة من كلمة (بلداد) وهو اسم آلهة كلدانية، ومنهم من زعم أن أصل الكلمة فارسي يقصد بها (بغ داد) أي بستان الرجل([16]).

ومن المفيد الإشارة إلى أن الخليفة المنصور مؤسس المدينة بغداد كان لا يحبذ إطلاق

([16]) ناجي: المرجع السابق، ص272.

اسم بغداد على المدينة بسبب تفسيرات البعض لها على أنها مدينة الصنم أو عطية الشيطان، لذلك أطلق عليها مدينة السلام لأن السلام هو الـلـه فتكون بذلك مدينة الـلـه وقد وجدت تسميته أي مدينة السلام على العملة العباسية.

وتفيد المراجع التاريخية أن الخليفة المنصور عندما وقع اختياره على بغداد ليتخذ منها عاصمة لحكمه قد استدعى من الأقطار الأخرى أعداداً من المهندسين والصناع من ذوي الأمانة والمعرفة بالفنون الإسلامية أمثال الحجاج بن أرطاة وأبي حنيفة ليستعين بهم في بناء المدينة وقد أمر أولاً بتخطيطها وحفر الأساس لها ثم ابتدأ بخطها بالرماد فقط حيث دخلها من أبوابها ورحابها، بعد ذلك أمر بأن يوضع على الرماد حبّ القطن ويشعل النار فيه فاقتنع بها وأمر البدء في بنائه([17]).

لقد استخدم في بناء بغداد مائة ألف عامل جلبوا من الشام والموصل وبابل وفارس وقد وضع المنصور اللبنة الأولى قائلاً: باسم الـلـه والحمد لله والأرض لله يورثها من يشاء من عباده والعاقبة للمتقين، ثم قال لهم ابنو على بركة الـلـه([18]).

جعل المنصور بغداد دائرية الشكل، ولا نعتقد أن هناك مدينة في العالم مدورة الشكل، والسبب في ذلك أن المنصور أرداها أن تكون دائرية لكي يكون الناس جميعهم قريبين من مركزها والذي هو مركز الحكم للخليفة المنصور ولئلا يكون بعضهم أقرب إليه من البعض الآخر، كما عمل المنصور لبغداد سورين وأربعة أبواب أطلق على كل باب اسم خاص به، وهي باب خراسان وباب الشام وباب البصرة وباب الكوفة، ثم بنى المسجد الجامعة وسط المدينة وإلى جانبه قصره، كما أنشأ الشوارع المنتظمة والأبنية العالية وأمر بإيصال الماء لها من نهر دجلة، كما أسس الأسواق العديدة في بغداد والتي كانت تلعب دوراً كبيراً في ازدهار المدينة، وكانت هذه الأسواق متخصصة فهناك أسواق البزازين وأسواق الصابون وأسواق الدواب..الخ

ثم أقدم المنصور على توزيع الأحياء السكنية على القادة والمسؤولين والعاملين البارزين في الدولة العباسية وهذه الأحياء كانت تسمى سكك المدينة.

([17]) ابن الأثير: الكامل في التاريخ. ج5، ص207.

([18]) الطبري: مصدر سابق. ج9، ص239.

فقد ذكر لنا المؤرخون بأن أسماء أطلقت على هذه السكك نسبة لساكنيها من قواد وأعوان الخليفة المنصور، فمثلاً هناك سكة ابن عميرة (وهو أحد قادة المنصور) وسكة خازن بن خزيمة (قائده أيضاً) وسكة الابرد (نسبة لقائد المنصور الابرد بن عبد الله) وهكذا([19]).

بقى أن نشير إلى أن المنصور أمر ببناء مسجد آخر فضلاً عن المسجد الجامع وذلك من أجل أداء صلاة الجمعة فيه وكان السبب الذي دفعه إلى ذلك هو أن يمنع الازدحام الذي يحصل للمسلمين يوم الجمعة في المسجد الجامعة والذي يقع بجوار قصره.

تألقت بغداد ردحاً من الزمن أيام العباسيين كحاضرة للعالم الإسلامي وملتقى المسلمين قاطبة، وقد بلغت المدينة من الرقي والحضارة والعمران ما لم تبلغه أية مدينة في ذلك العصر حيث ازدهرت حقول العلم والمعرفة ورياض الأدب والشعر وقصدها طلاب العلم والمعرفة للارتشاف من ينابيعها المترعة والاقتطاف من ثمارها الأدبية والعلمية في الوقت الذي كانت فيه كثير من الأمم وبخاصة أوروبا تتسكع في الضلالة وتتخبط في دياجير الجهل والتخلف.

كانت بغداد ـ بالفعل ـ خلال العصر العباسي تزدحم بالفلاسفة والعلماء والفقهاء والأطباء والشعراء كما كانت تزدان بالمكتبات الكبرى التي ضمت رفوفها عشرات الألوف من الكتب والمخطوطات تلك المؤلفات التي أنجبت عصر النهضة في بغداد يومذاك، ولم تكن الناحية العمرانية ببغداد أقل شأناً إذ استمر البناء والعمران في مختلف العصور العباسية سواء في الأسواق والقصور والمتنزهات أو في المساجد والجوامع حيث قدر عدد المساجد والجوامع في بغداد نقلاً عن (ابن رسته) بخمسة وأربعين ألفاً توزع منها (ثلاثون ألفاً) في جانب الكرخ وخمسة عشر ألفاً في الرصافة، بينما يزداد هذا العدد كثيراً عند (الخطيب البغدادي) في كتابه (تاريخ بغداد) عندما يذكر لنا أعداد الحمامات فيقول (كان عدد الحمامات ببغداد ستين ألف حمام، وبازاء كل حمام خمسة مساجد وبذلك يبلغ عدد المساجد في المدينة ببغداد ثلاثمائة ألف مسجد([20]).

([19]) ناجي: مرجع سابق. ص283.

([20]) الحسني: سرجع سابق. ص104.

وبالرغم من أن هذا الرقم مبالغ فيه كثيراً إلا أنه يعكس لنا مدى اهتمام الدولة العباسية ببناء المساجد والجوامع في المدينة

بغداد خلال عصورها.

(4) القاهرة

من المدن الإسلامية العريقة "القاهرة" التي أسسها المعز لدين الله الفاطمي بعد أن أمتدّ نفوذ الدولة الفاطمية في شمال أفريقيا

حتى بلغ مصر ولذلك كانت تسمى أحياناً بـ ((المعزية)) نسبة له، بيد أن الذي قام ببنائها قائده "جوهر الصقلي" عام 358 للهجرة، وقد

اكتمل بناء القاهرة عام 362 للهجرة، عندئذ انتقلت الخلافة الفاطمية من المهدية في تونس إلى مصر لتتخذ من القاهرة عاصمة لها، وقد قال

عنها ((ياقوت الحموي)) "إنها أطيب وأجمل مدينة رأيتها لاجتماع أسباب الخيرات والفضائل بها"(21).

عرفت القاهرة بالجامع الأزهر أبرز معالمها الإسلامية والذي لا يزال منبراً من منابر الدعوة الإسلامية إلى يومنا هذا، وقد

أختص منذ نشأته الأولى بالعلوم الدينية والطبيعية، وبرز فيه الكثير من العلماء والاجلاء في الفقه والشريعة والأدب أمثال جلال

الدين السيوطي، وابن حجر العسقلاني.

استمرت القاهرة بالتألق والعطاء الإسلامي بعد انحسار الدولة الفاطمية حيث واصل المسلمون فيها عبر العصور المتعاقبة

التمسك باهداب الدين الحنيف، وبذل الجهود في سبيل نشر مبادئه السامية والوقوف بحزم وصلابة ضد محاولات التشويه

للإسلام وقيمه.

أما الأسباب التي دعت المسلمين لتأسيس القاهرة فهي عديدة، ولعل من أبرزها كانت الأسباب الجغرافية المتمثلة بقرب

الموقع من المدينة "الفسطاط" التي أسسها عمرو بن العاص إبان فتحه لمصر وقد أتخذها موضعاً للمقاتلين المسلمين وراحة

لجنوده وذويهم، وقد أصبحت الفسطاط بعد ذلك مدينة رئيسية آهلة بالسكان مزدهرة الاقتصاد فرغب الفاطميون أن تكون

المدينة الجديدة "القاهرة" ذات صلة وثيقة بالمدينة القديمة "الفسطاط" أو بعبارة أخرى أرادوا من الفسطاط أن تمدّ المدينة

الجديدة بأسباب الديمومة والازدهار حيث السكان والنشاط الاقتصادي لتزدهر القاهرة على حساب المدينة التاريخية الفسطاط

وهذا ما حصل بالفعل، إذ اضمحلّ دور الفسطاط وتضاءل لتتألق بدلاً منها القاهرة.

---

(21) الحموي، ياقوت: معجم البلدان. ج4، ص31.

مـــدن إسلامية عـــريقة

ومن الدوافع الأخرى لتأسيس القاهرة موقعها الاستراتيجي الهام حيث القوافل التجارية القادمة من الشام تلتقي بالقاهرة كموقع أول لها فضلاً عن قرب القاهرة من نهر النيل.

قسّم الفاطميون المدينة القاهرة إلى حارات عدة بعد أن أحاطوها بسور كبيرة وقد وزعت هذه الحارات على القبائل العربية الإسلامية القادمة من الجزيرة العربية، إضافة لأبناء المغرب الذين دخلوا الإسلام وانخرطوا في صفوف الجيش الفاطمي وقد لقبت الحارات بأسماء الساكنين، فهناك مثلاً حارة زويلة وهم من المغاربة، وهناك حارة الجودرية نسبة إلى جودر العامل لدى عبيد الله الفاطمي، وحارة الحسينية نسبة إلى سكنتها من الأشراف الحسينيين القادمين من الحجاز وغيرها من الحارات.

جعل الفاطميون للقاهرة أربعة أبواب، يقع اثنان منها في الجهة القبلية قيل لهما ((بابا زويلة))، واثنان في الجهة البحرية هما ((باب النصر وباب الفتوح))، وفي مركز المدينة بنى الفاطميون قصرين أحدهما القصر الكبير الشرقي والذي هو عبارة عن منزل لسكن الخليفة ومكان جلوسه مع قادة الجيش وكبار موظفي الدولة، وفيه أيضاً مكان الدواوين وبيت المال وخزائن السلاح.

أما القصر الثاني فهو القصر الغربي وهو الذي ينتقل إليه الخليفة للنزهة والاستجمام وكانت هذه القصور تكنى بالقصور الزاهرة.

كما بنى الفاطميون إلى جانب القصور المسجد الجامع عام 361هـ والذي لقب بالجامع الأزهر، وقد شهد هذا الجامع عملية تجديد له أيام الخليفة العزيز بن المعز، وقد بقى الجامع الأزهر المسجد الوحيد في القاهرة لغاية عهد الحاكم بأمر الله الفاطمي الذي قام ببناء جامع آخر غير أن الجامع الأزهر ظلت شهرته تتزايد وصيته ذائعاً حتى غدا من أرفع الجوامع قدراً وسمعة، إذ اختص ـ كما أسلفنا ـ بالعلوم الدينية من فقه وشريعة، إضافة إلى العلوم الطبيعية زيادة على الاهتمام بالأدب والشعر، وقد برز في الجامعة الأزهر أكابر علماء الفقه والحديث وأساطين الأدب والشعراء ومنهم جلال الدين السيوطي الذي ترك لنا ستمائة مصنف منها الكتاب الكبير والرسالة الصغيرة، ومن بين كتبه "الاتقان في علوم القرآن" ، "الاكليل في استنباط التنزيل"، ولعل أهم ما ترك لنا هو تفسيره للقرآن الكريم المسمى بـ ((تفسير الجلالين)) وكذلك ((تنوير الحوالك في شرح موطأ الإمام مالك)).

ومن الذين برزوا في الجامع الأزهر كذلك ((ابن حجر العسقلاني)) الذي كان مولعاً بالأدب والشعر كما أهتم بالحديث، ومن مؤلفاته ((الدُرر الكامنة في أعيان المئة الثامنة))، و((لسان الميزان))، ((الأحكام))، و((الإصابة في تمييز أسماء الصحابة))، وغيرها([22]).

ذكر الجغرافيون والمؤرخون والرحالة الكثير عن مدينة القاهرة ومزاياها فقد وصفها لنا ((ابن حوقل)) بـ ((أنها مدينة واسعة ضمت المحلات والأسواق والحمامات والفنادق والقصور الفخمة))، كما وصفها لنا ((المقدسي)) أثناء زيارته لها قائلا: بأنها مدينة كبيرة حسنة يحيطها السور ولها أبواب وقد أخذت القاهرة تنمو نمواً سريعاً.

كما وصفها أيضاً الرحالة ((ناصري خسرو)) الفارسي الأصل خلال زيارته لها عام ((441 هـ)) فقال: إنه قد وجد في القاهرة حوالي عشرين ألف دكان يؤجر العديد منها إيجاراً شهرياً بعشرة دنانير مغربية، وفيها عدد لا يحصى من الحمامات والأبنية وكان سور المدينة يشتمل على خمسة أبواب، ثم أردف قائلاً في وصف دور المدينة فذكر بأنها تتألف من خمس إلى ست طبقات، وفيها بساتين، وكان ماؤها يُجلب من نهر النيل، ينقله السقاؤون على الجمال كما أن فيها آباراً عذبة.

كما زار القاهرة الرحالة المعروف ((ابن جبير)) خلال القرن السادس الهجري، فوصف لنا مشاهدها وقلعتها ومستشفاها، وذكر بأن مستشفى القاهرة كأنه قصر من القصور الواسعة الجميلة فيه خزائن العقاقير والأدوية ومقاصر لأسرة المرضى، وهناك موضع مخصص للنساء ولهن من يقوم بما يحتجن إليه، وفي المستشفى موضع عليه شبابيك حديدية خصص للمجانين([23]).

لقد ارتبط تأسيس وتألق وازدهار القاهرة بالدولة الفاطمية التي كانت معروفة بغناها بسبب سيطرتها على جميع طرق التجارة والذهب بين أفريقيا الغربية وأوروبا، هذا النشاط البحري والتجاري جعلها تمتلك حضارة باذخة وتشيد قصوراً رائعة انعكس ذلك على مدينة القاهرة التي اتخذتها عاصمة لخلافتها، ومن الأدلة على غنى الدولة الفاطمية وثرائها أن

([22]) أبوالخليل، شوقي: الحضارة العربية الإسلامية. ص ص269-268.

([23]) ناجي: مرجع سابق. ص209.

الخليفة المعز لدين الله الفاطمي عندما أراد الانتقال من المهدية في تونس إلى القاهرة في مصر مرَّ في طريقه بطرابلس فأهدى أهالها ناقة محملة بالذهب بنوا به جامع الناقة، كما بنى العديد من القصور على الطريق ومن بينها قصر اجدابيا الذي ما زالت إطلالة باقية إلى اليوم([24]).

ومن المفيد الإشارة إلى أن القاهرة أيام صلاح الدين الأيوبي قد أضاف لها معلماً مهما له سمته العسكرية بسبب الظروف التي عاشها العهد الأيوبي، وهذا المعلم هو القلعة التي اختطها صلاح الدين بعد قدومه إلى القاهرة عقب انحسار الدولة الفاطمية، وقد سميت القلعة باسمه، كما اهتم صلاح الدين بتوسيع القاهرة فضلاً عن إنشائه العديد من المدارس التي ساهمت في رقي المدينة وتقدمها، وإيغالاً في زيادة تحصين المدينة وتقوية دفاعاتها أقدم صلاح الدين الأيوبي على إقامة سور آخر للقاهرة مما جعلها تمتلك ثلاثة أسوار، كما أقام صلاح الدين لنهر النيل سداً على ضفته الغربية أصبح يُعدّ واحداً من الإنشاءات الدفاعية الكبرى للمدينة خلال العهد الأيوبي من أجل حماية القاهرة من هجمات الأعداء.

(5) قرطبة

قرطبة مدينة قديمة دخلت الإسلام عام 92 للهجرة على يد قائد الخليفة الأموي الوليد ابن عبدالملك، وبالرغم من أن المسلمين قد وجدوها مدينة متكاملة ومحاطة بسور مخندق إلا أنهم قد أضافوا إليها الكثير من ملامح العمران ومظاهر التمدن ذات السمات العربية الإسلامية، حيث أصبحت فيما بعد من كبرى المدن الإسلامية عراقة وازدهاراً وتألقاً بسبب العناية الفائقة التي حظيت بها من قبل القادة المسلمين إذ اتخذوا منها دارا لإماراتهم منذ عام 97 للهجرة، كما حظيت برعاية واهتمام الخلفاء الأمويين في بلاد الشام فضلاً عن الخلفاء في الأندلس أمثال الخليفة عبد الرحمن الداخل الذي غدت قرطبة أيامه مركزاً من مراكز الإشعاع الحضاري في أوروبا.

ترجع كلمة قرطبة في معناها إلى مصدرين أولهما روماني والثاني عربي والمعنى العربي للكلمة يقصد به ((العدو الشديد)) وهناك معنى عربي آخر لكلمة قرطبة قد أورده ياقوت الحموي وهو يعني "السيف"([25]).

([24]) مسيرة الحضارة، المجلد الأول، ص347.

([25]) الحموي: مصدر سابق. ج4، ص324.

ومن المعروف أن مدينة قرطبة موغلة في القدم إذ ذكرتها كتب التاريخ في العصور التاريخية القديمة، وقد ورد ذكرها أثناء الصراع بين اليونان وقرطاجنة، كما اشترك ابناؤها في حملة هانيبال على روما، وأنها قد أصبحت تابعة للإمبراطورية الرومانية عام 206 قبل الميلاد، وقد شهدت المدينة انتعاشاً أيام الرومان في كافة الجوانب، فأخذت تجذب إليها العوائل الرومانية لما تتوفر عليه من حصانة ومناعة وقوة بناء وجمال طبيعي فضلاً عن الموقع الاستراتيجي المهم، ولكن تعرض المدينة قرطبة إلى الهجمات التخريبية من قبل القوط الغربيين أدى إلى إضعاف أهميتها لتحل المدينة طليطلة محلها في الأهمية والانتعاش، وهذا لا يعني أن قرطبة قد أُهملت وتم تخريبها تماماً بل حافظت على بعض وجوه العمران فيها، لذلك عندما فتحها العرب المسلمون شاهدوا بعض مظاهر العمران فيها مثل السور المتين والشوارع والأرباض والضواحي التي كانت تحمل الأسماء الأسبانية فضلاً عن وجود القنطرة والأسواق.

إن العرب المسلمين قد اتخذوا من قرطبة أول الأمر مركزاً لجيوشهم القادمة لفتح أسبانيا، وقد دفعهم لذلك جملة عوامل منها حداثة عهدهم بالأندلس وخشيتهم من هجمات مضادة من قبل العدو إبان المرحلة المبكرة للفتح وعدم التورط في تأسيس مدن جديدة تشغلهم عن مهمتهم الأساسية في متابعة الفتح ونشر الإسلام في المدن الأخرى من أسبانيا.

أما اتخاذ العرب المسلمين لمدينة قرطبة كعاصمة بعد ذلك بدلاً من مدينة اشبيلية التي ظلت عاصمة المسلمين لفترة أربع سنوات، فهناك جملة من الأسباب التي دعت المسلمين لاتخاذ مثل هذا القرار، منها مقتل الوالي السابق في اشبيلية وهو عبد العزيز بن موسى بن نصير، وكذلك موقع قرطبة الاستراتيجي الهام حيث تتوسط البلاد وتتميز بالحصانة والمنعة فضلاً عن توفر الشروط الاقتصادية فيها والمتصلة بتوفير مياه الشرب.

لقد أصبحت مدينة قرطبة عاصمة بلاد الأندلس عام 99 للهجرة، وقد انتقل إليها الوالي أيوب بن حبيب اللخمي قادماً من العاصمة القديمة اشبيلية لتكون قرطبة مقر الحكم الإسلامي والإدارة للبلاد كافة، وقد أخذت قرطبة الصفة الرسمية كعاصمة عندما تولى الحكم في الأندلس الحر بن عبدالرحمن الثقفي بعد أن تم إقرار ذلك من قبل عامل أفريقيا يومذاك محمد بن يزيد([26]).

([26]) ناجي: مرجع سابق. ص ص367-366.

لقد بذل المسلمون جهودهم الكبيرة في إعمار حاضرة الخلافة الإسلامية في الأندلس، وعملوا على تنظيمها وازدهارها، وقد وصفها لنا أحمد الرازي الكاتب قائلا: قرطبة قاعدة الأندلس وأم المدن، وقرار الخلافة ودار الملك، تجبي إليها ثمرات كل جهة وخيرات كل ناحية، واسطة من الكور وموفية على شاطئ النهر مشرقة رائعة، نهرها ساكن في جريه، ليّن في انصبابه، تصلها بطاح سهلة ويحوطها الجبل المنيف المسمى بالعروس، المغروس بالكروم والزيتون وسائر الأشجار وأنواع الأزهار.

كما قال فيها ابن نظام ((مما يدل على عظم قرطبة، كان يدخلها على سائر طرقها أيام اكتمالها من جلائب الغنم في كل يوم ما بين سبعين ألف رأس إلى مائة ألف رأس، وكان يباع فيها من أنواع السمك في كل يوم بعشرين ألف دينار)) ([27]).

أضاف المسلمون لقرطبة الكثير من الإبداع والفنون، الأمر الذي أدى إلى تغير حال المدينة تماماً عما كانت عليه في العصور السالفة، فقد وسع المسلمون المدينة إذ خلقوا أرباضا وضواحي جديدة لكون المدينة في الأصل كانت ضيقة صغيرة حتى قدر بعض المؤرخين مساحتها بأربعة كيلومترات مربعة فقط، كما وصف مساحتها لنا ((ابن حوقل)) بأنها بقدر ضاحية من ضواحي بغداد لهذا كله اضطر المسلمون أن يزيدوا من عدد الضواحي في المدينة فضلاً عن بنائهم للمسجد الجامع الذي يعتبر لوحة فنية معمارية غايةً في الروعة والجمال، وقد اتخذ هذا المسجد موضعاً تجتمع حوله المنشآت الإدارية كما اتخذ منه دار للعلم والدرس، وقد وفد إليه الطلبة من المغرب العربي وأوربا.

لقد أصبحت قرطبة في الفترة الواقعة بين عام 300 -350 للهجرة أكبر وأجمل عواصم العالم بعد أن أصبحت بلاد الأندلس ذاتها إبان عهد الخليفة الأموي عبدالرحمن الناصر من أغنى دول العصور الوسطى على الإطلاق، وبغية دعم الحقائق التاريخية بالأرقام عن العاصمة قرطبة نذكر منها: كان عدد المساجد فيها قد بلغ ما يقارب ((491)) مسجداً تقام فيها الصلاوات وحلقات العلم والمعرفة، وكان عدد الدور في قرطبة بلغت ما يقارب ((100.000)) مائة ألف دار تنتشر في الأحياء الجديدة للمدينة والتي كانت تضاء بواسطة المصابيح فضلاً عن الأعداد الهائلة من الحمامات والتي قدرت بحوالي ثلثمائة حمام([28]).

([27]) عباس، رضا هادي: الأندلس، محاضرات في التاريخ والحضارة. مالطا، ص ص144-143.

([28]) عباس: المرجع السابق. ص293.

لابد ونحن نتحدث عن المدينة الإسلامية قرطبة أن نتناول بالحديث أيضاً كلاً من الزهراء والزاهرة.

فالزهراء التي بناها الخليفة عبدالرحمن الناصر قرب العاصمة قرطبة قد دفعته لذلك عدة عوامل لبنائها من أهمها: ازدهار الأندلس خلال عهده وشغفه بالعمران، وقد أنفق على تشييدها الأموال الطائلة واستخدم في البناء عدداً هائلاً من العمال والمهندسين.

إن الانتصارات التي أحرزها عبدالرحمن الناصر جعلته يزامن ذلك بانتصارات أخرى على صعيد الإنجازات العمرانية والمدنية الرائعة، وكان من البديهي وهو الخليفة الجديد أن يفكر بالانتقال إلى مدينة حديثة زاهية وبنفس الوقت لا تبتعد عن المدينة الأم قرطبة كثيراً، لذلك فكر الناصر في بناء مدينة الزهراء، ثم انتقل إليها وفي هذا الصدد يشير الحموي: بأن الخليفة الناصر قد ابتنى الزهراء وعملها متنزهاً له، حيث أكثر فيها البساتين الواسعة الجميلة التي احتوت على البرك والبحيرات للأسماك والسباحة.

أما المدينة الثانية ((الزاهرة)) التي بناها الحاجب المنصور أيام خلافة الحكم الثاني المستنصر والتي لا تبعد كثيراً عن العاصمة قرطبة أيضاً، فهي عبارة عن مدينة قصر للحاجب المنصور الذي قد توسعت صلاحياته بحيث طغت على صلاحيات الخليفة الحاكم ذاته.

لقد أراد المنصور للزاهرة أن تنافس الزهراء في العظمة والأهمية وقد مكنته الظروف السياسية للدولة من تحقيق ذلك: منها الانتصارات المتتالية التي حققها في الغزوات التي قادها.

لقد أهتم المنصور كثيراً بعمران المدينة وازدهارها قال عنها ((ابن عذارى)) بأنها كانت نهاية الجمال نقاوة وسعة فناء، واعتدال هواء، ونضرة بستان وبهجة للنفوس فيها افتنان(29).

حلت المدينة الزاهرة بالفعل محل الزهراء سواء في الإدارة للحكم أو التنزه والترويح عن النفس ولكن لابد لنا من القول: إن كلاً من الزهراء والزاهرة تعتبران نموذجين من نماذج

---

(29) ابن عذارى: البيان المغرب في أخبار الأندلس والمغرب. ج2، بيروت، ص ص275-277.

مــدن إسلامية عـــريقة

مدن القصور أو المدن المؤقتة التابعة للمدينة الأم قرطبة لأن الأخيرة قد ظلت هي المدينة الأهم والدائمة بعد انحلال هاتين المدينتين، وقد تكرر هذا الأمر في العالم الإسلامي مثل انبثاق مدينة سامراء للعاصمة بغداد ومدن المعسكر والقطائع للمدينة الفسطاط وانبثاق صبرة ورقادة للمدينة القيروان([30]).

ونخلص القول بأن قرطبة علاوة على ما حظيت به من شهرة عظيمة خلال العصور القديمة فقد ازدادت شهرة وتألقاً عندما دخلت الإسلام وغدت من حواضره الكبرى، حيث لم تزدهر بالعمران فحسب بل كانت منارة للعلم والفكر الإسلامي أيضا، أسهم علماؤها المسلمون في العديد من المجالات الأمر الذي أدى إلى إثراء الفكر في أوروبا، إذ لعبت قرطبة دوراً كبيراً في رفد حركة التطور العلمي في أوروبا والتي ساهمت بشكل أساسي في نهضتها، ولم يتوقف دور قرطبة الحضاري للعالم طيلة وجود المسلمين فيها.

(6) القيروان

القيروان مدينة إسلامية عريقة أسسها العرب المسلمون الفاتحون في شمال أفريقيا بعد أن فرضت الفتوحات الإسلامية حاجتها الماسة إلى مستقر تتوفر فيه المواصفات والشروط العسكرية والمدنية معاً نظراً لحاجة المقاتلين المسلمين إلى معسكر تخيم فيه قواتهم وبذات الوقت حاجتهم لمدينة تستقر فيها عوائلهم التي صحبتهم إلى مناطق الفتح الإسلامي في شمال أفريقيا، وعلى ضوء ذلك، ولدت مدينة القيروان الإسلامية عام 50 للهجرة على يد القائد المسلم عقبة بن نافع الفهري الذي قام بتخطيطها وتوزيع المساكن على المسلمين فيها وبناء مسجدها([31]) وقد أصبحت القيروان فيما بعد عاصمة من عواصم الحضارة العربية الإسلامية في شمال أفريقيا.

والواقع، أن العرب المسلمين قد أسسوا "المدن المعسكرات" ـ أن صح التعبير ـ في شمال القارة الأفريقية مثلما فعلوا ذلك في المشرق العربي عندما أسسوا البصرة والكوفة لتكون هذه المدن مواقع متقدمة للفتح الإسلامي ونشر مبادئ الدين الجديد.

([30]) ناجي: مرجع سابق. ص ص376-396.

([31]) الطبري: المصدر السابق. ج5، ص240.

أما أصل التسمية لمدينة القيروان، فقد اختلف اللغويون في ذلك فمنهم من رأى أن كلمة القيروان تعني جمعاً من الخيل إلا أن بعضهم يرى المقصود بكلمة القيروان هو معظم الكتيبة أو الجيش أو القافلة ويستندون في ذلك إلى قول الشاعر امرؤ القيس إذ وردت الكلمة في قوله:

وغـــــــارة ذات قيـــــــــــــــــروان

كـأن أســـرابـــــها الرعـــــــــــــال

وهناك من يرى أنها تعني القافلة والبعض الآخر من نعت الكلمة بالأعجمية المعربة فذكروا بأنها كلمة فارسية تعني القافلة أيضاً على الرغم من وضوح أصلها العربي وخاصة بعد أن استخدمها الشاعر العربي المعروف امرؤ القيس([32]).

ومن المفيد الإشارة بأن مدينة القيروان قد أطلق عليها بعض المؤرخين والرحالة اسم أفريقيا وأحياناً أسموها بتونس وقد ورد هذا الأمر كثيراً في كتب الجغرافيين كذلك حيث أطلقوا اسم تونس حيناً وكلمة أفريقيا أحياناً أخرى وهم يقصدون مدينة القيروان بالتحديد.

ولمعرفة الأسباب والعوامل التي دعت المسلمين إلى تأسيس مدينة القيروان في شمال أفريقيا نجدها عديدة على أن أهمها يكمن في الأسباب والعوامل العسكرية حيث شعر القائد عقبة بن نافع بعد إحرازه الانتصارات العسكرية الساحقة أن جيشه في حاجة ماسة إلى موضع يخيم فيه من أجل الاعتصام أو الاحتماء خوفاً من أي هجوم من قبل الروم، وقد استشار القائد عقبة أصحابه المسلمين في اختيار المكان فطرحوا عليه جملة مواقع من بينها مدينة قرطاجنة الشهيّرة ذات الموقع الاستراتيجي لكن بعض المسلمين لم يحببها له متذرعين بكونهم أصحاب أبل ولا حاجة لهم بمجاورة البحر، وقد اقتنع عقبة بهذا الرأي مضيفاً الخشية من سفن الروم عبر البحر، وعلى ضوء ذلك تمت موافقة عقبة بن نافع على اختيار القيروان كمعسكر ومدينة بذات الوقت لتجمعات المسلمين.

لقد أثبتت الحقائق التاريخية والأحداث بعد ذلك على صواب هذا الرأي حيث نأت

([32]) ناجي: مرجع سابق. ص213.

القيروان بالمسلمين عن هجمات الروم وأعداء الإسلام في المنطقة، كما مكنتهم من إحراز انتصارات باهرة لصالح الإسلام ومبادئه السامية، بيد أن هناك دوافع أخرى لاختيار القيروان فضلاً عما تقدم لعل من أبرزها سهولة اتصال المدينة بمركز القيادة العسكرية بالفسطاط يومذاك حيث لا يفصلها عن هذا المركز بحر أو نهر فضلا عن موافقة موقع القيروان والطبيعة العربية الإسلامية ومتطلباتها، إذ كانت أكثر دواب العرب المسلمين من الإبل، والقيروان والحالة هذه قريبة من مناطق الكلا والمراعي والمحتطب، فالمدينة حسب ما ذكر لنا الجغرافيون أنها كانت في بقعة زراعية غنية بالعديد من المحاصيل التي كفلت للمسلمين مورداً غذائياً هاماً.

إن غالبية المدن الإسلامية ومنها القيروان تنشأ أولاً كمدينة عسكرية تستعد للتقدم بالفتوحات أو صد الهجمات من قبل أعداء الإسلام وما أن ينتفي العامل العسكري وتستقر الأوضاع بالمدينة حتى تتحول إلى مرحلة البناء والعمران فيغلب على المدينة الطابع المدني حيث الدور والقصور والحدائق والشوارع والأسواق ثم تسري في شرايين المدينة روح الحركة الفكرية والعلمية لتصبح منارة للفكر والعلم تصل إشعاعاتها الفكرية إلى أصقاع شتى من المعمورة وبذلك تشكل مركزاً من مراكز الحضارة العربية الإسلامية فالعشرات من المدن الإسلامية على امتداد العالم الإسلامي قد مرت بهذه المراحل منذ التأسيس حتى بلغت أوج الحضارة والتقدم وهذا الأمر لم يشمل المدن التي تأسست في ظل الإسلام فحسب بل شمل كذلك المدن القديمة التي فتحها المسلمون فازدانت بالإسلام وازدهرت بحضارته أمثال مدن الاسكندرية والموصل ودمشق وحلب وانطاكية والقدس ونيسابور وبخاري وسمرقند وقرطبة واشبيلية وغرناطة حيث غذت هذه المدن بعد دخول الإسلام إليها مدناً مزدهرة أكثر بكثير مما كانت عليه سابقاً.

لقد شهدت مدينة القيروان تطورات هامة على مختلف الصُعد إبان الفتح الإسلامي لها خاصة وأن هذه الجبهة قد اتسع نطاقها عسكرياً فأقدم المسلمون على التوافد عليها الأمر الذي أدى إلى الزيادة الهائلة في عدد السكان، وقد استغرق بناء المدينة أكثر من خمس سنوات وقد ازدادت أهميتها بعد أن صارت عاصمة أفريقيا الإسلامية ومقر الوالي، وإليها

كانت تجئ أموال المغرب، كما تطورت عمرانياً بعد بناء المسجد الجامع من قبل القائد عقبة بن نافع عام (703) ([33])، وقد وصف المؤرخون هذا الجامع فذكروا لنا كبر مساحته وعظمة البناء حيث احتوى على أعمدة رخامية بيضاء كما كان موقعه بين الأسواق فسميت أبوابه نسبة لأسماء الأسواق وهو يعد الوحدة المركزية للمدينة حيث تتوزع أسواقها ومحلاتها.

كما اختط عقبة بن نافع لنفسه دار للإمارة بالقرب من المسجد الجامع وقد ظلت هذه الدار مقراً للولاة والعمال المسلمين من بعده لغاية عام (800)، إذ تحولت بعد ذلك دار الإمارة إلى المدن القريبة من القيروان أمثال رقادة وصبرة والمهدية وغيرها.

كما أنشأ عقبة أسواقاً عدة للمدينة عكست وضع القيروان الاقتصادي وحركتها التجارية يومذاك وقد ذكر لنا المقدسي هذه الأسواق قائلاً: ((إن في أسواق القيروان الكثير من الفواكه وكانت أسعار البضائع فيها رخيصة حيث اللحم خمسة أمناء بدرهم والتين عشرة أمناء بدرهم ثم عقب بقوله: ولا تسأل عن الزبيب والتمر والأعناب والزيت)) ([34]).

وفي الأخير، لابد لنا من ذكر المدن التوابع أو الملاحق ـ إن صح التعبير ـ لمدينة القيروان وهي مدن إسلامية مهمة ولها صداها في التاريخ العربي الإسلامي إلا أنها قد تأسست ونشأت بعد القيروان ومتفرعة منها وفي المنطقة ذاتها لذلك أطلق البعض عليها بالمراكز أو المدن التوابع للقيروان.. ومنها العباسية تلك المدينة التي بناها إبراهيم ابن الأغلب أمير الأغالبة عام (800)، على بعد ثلاثة أميال من القيروان وقد انتقل بإدارة حكمه من القيروان إلى العباسية المدينة الجديدة وقد أسماها بالعباسية نسبة إلى بني العباس.

والمدينة الثانية هي رقادة التي تبعد عن القيروان مسافة أربعة أميال قد أتخذها أحد الأمراء الأغالبة للراحة لكونها تقع وسط البساتين ومناخها يتميز بالهواء العليل وقد أصبحت أيام إبراهيم الثاني مقراً للحكم والإدارة أيضاً.

والمدينة الثالثة المنبثقة من المدينة الأم ـ القيروان ـ هي مدينة "صبرة" وقد سميت كذلك بالمنصورية نسبة للمنصور بن يوسف الصنهاجي أمير الصناهجة (996-984)، واستمرت

([33]) مسيرة الحضارة، المجلد الأول، المجموعة الثانية، موسوعة علمية مصورة، ص327.

([34]) المقدسي: أحسن التقاسيم. ص217.

هذه المدينة تقوم بمهام العاصمة بدلاً من القيروان فترة من الزمن كما تعد مدينة "المهدية" من مدن التوابع للقيروان وقد أنشئت أيام الفاطميين أسسها أبوعبيد الـلـه المهدي وإليه نسبت، وكان المهدي مستقراً في القيروان أول الأمر ثم انتقل إلى المهدية التي تقع في شمالها خشية من المعارضة داخل القيروان، أبدى العديد من المؤرخين إعجابهم بالمهدية لكثرة منازلها وقصورها وحماماتها إضافة إلى ازدهار التجارة فيها، كما وصفها الجغرافيون بقولهم: ((خزانة القيروان ومطرح صقلية ومصر، وهي عامة آهلة بالسكان))، وأضافوا قائلين..((إن المهدية كانت مقصد السفن الواردة من المشرق والمغرب والأندلس وبلاد الروم وتجلب إليها البضائع التجارية الكثيرة([35]).

(7) حلب

تعد مدينة "حلب" من المدن الإسلامية ذات الأصول التمدنية القديمة التي لم يؤسسها المسلمون خلال فتوحاتهم الإسلامية كمدينتي (البصرة والكوفة) وإنما أضافوا إليها وحدات عمرانية جديدة لم تغير هذه الاضافات من طبيعة المدينة وعراقتها، لكن الذي تغيّر فعلاً هو إيمان أهلها بالإسلام وتمسكهم بمبادئه السامية، الأمر الذي أضفى عليها حلّة جديدة من العادات والتقاليد لدى أبنائها فضلاً عن تزيين رحابها بالمساجد والجوامع واعتلاء فضائها المآذن فاختلفت حلب تماماً في روحها عما كانت عليه قبل بزوغ شمس الإسلام على ربوعها.

ألف المستشرق الفرنسي (سوفاجية) كتاباً عن المدينة "حلب" باللغة الفرنسية سماه "حلب" ذكر فيها: ((أن حلب من أقدم المدن التي لا تضاهيها مدينة أو موضع في العالم آخر، في تاريخها القديم وفي ديمومتها وبقائها حتى الوقت الحاضر كمدينة مزدهرة ومأهولة)) ([36]).

تألقت المدينة "حلب" إبان عصور الإسلام حيث فتحت المدينة أيام خلافة عمر بن الخطاب عام 15 للهجرة على يد القائد خالد بن الوليد وكان فتحها صلحاً([37])، وقد بلغت

([35]) ناجي: مرجع سابق. ص241.

([36]) المرجع نفسه، ص307.

([37]) الحلبي، كامل البالي: نهر الذهب في تاريخ حلب. ج3، 1993، حلب، ص13.

المدينة شأواً كبيراً أيام الدولة الحمدانية حيث اتخذها سيف الدولة الحمداني عاصمة له، وعلى الرغم من قصر المدة التي ظلت فيها المدينة عاصمة للدولة الحمدانية إلا أنها كانت فترة زاخرة بالنشاط الحضاري العربي الإسلامي إذ اجتذبت المدينة خلال العهد الحمداني أساطين الأدب والشعر والفلسفة أمثال الشاعر الكبير أبي الطيب المتنبي والمؤرخ المعروف أبي الفرج الأصفهاني مؤلف كتاب "الأغاني" الشهير فضلاً عن الفيلسوف القدير "الفارابي".

أما أصل التسمية لمدينة "حلب" فقد أختلف المؤرخون والباحثون في تفسير أصل الكلمة، غير أن مؤلفي المعاجم اللغوية العربية ارتبطت الكلمة لديهم بتعبير (حلبت أحلب حلباً) والحلب يقصد به الطيب أي اللبن إلا أن ياقوت الحوي عزا التسمية إلى اسم شخص اسمه (حلب بن المهر) الذي قام ببناء المدينة، وهناك من الروايات التي تذكر بأن سيدنا إبراهيم ـ عليه السلام ـ كان له موضع في هذه المدينة حيث كان يحلب فيها غنمه وبالتحديد في موقع التل الذي صار فيما بعد قلعة حلب، وانطلاقاً من هذه الروايات حملت المدينة "حلب" بين طياتها قدسية تاريخية حيث يوجد فيها مشهد يقصده الناس يذكر أن إبراهيم الخليل عليه السلام ـ كان يتعبد فيه، ويفيد المؤرخ الحلبي "ابن العديم" أن (بيت لاها) هو ذلك الموضع الذي كان يمثل محل إقامة إبراهيم الخليل وأن هذا الموضع عينه كان فيه بيت لصنم يتعبده الكنعانيون ولما صار إبراهيم في الموضع أخرج الصنم منه وقد كان الموضع في وسط قرية صغيرة تطورت تدريجياً نتيجة لعدة عوامل فتحولت بمرور الزمن إلى مدينة كبيرة هي نفسها اليوم مدينة "حلب".

ومن الأسباب التي أدت إلى تطور المدينة "حلب" ودفعت بها إلى أن تغدو مدينة كبيرة، فضلاً عن الأسباب الدينية السالفة الذكر، هناك أسباب استراتيجية أخرى تمثلت بالموقع الذي تمتعت به حلب ذلك الموقع الذي حمل الصفة العسكرية على مر العصور لأن وجود التل الصخري في مقدمتها وفر لها الحماية والأمن ضد الهجمات التي قد تتعرض لها وقد زاد بناء القلعة فيها هذه الصفة ولا سيما وقد بنيت هذه القلعة فوق التل فشكلت المدينة أشبه ما تكون إلى الحصن مما أعطى المدينة سمة القوة والمنعة والحصانة، إضافة إلى الأسباب الاقتصادية حيث وقعت المدينة حلب في منطقة تتوافر فيها الموارد الزراعية بكثرة.. هذه العوامل جميعاً أدت بالقرية الصغيرة ذات التل أن تتحول إلى مدينة كبرى أصبحت في القرن العشرين قبل الميلاد "مملكة حلب".

لقد كشفت لنا الحفريات الأثرية مؤخراً حضارة زاهرة في هذه المدينة، أبرزها مكتبة ضخمة تحتوي آلاف الرقم الطينية المكتوبة بالمسمارية([38]).

أما في العصر الإسلامي فقد وجد المسلمون في حلب أنهم إزاء مدينة يونانية رومانية الطراز والتخطيط وهي لا تتفق والطباع العربية الإسلامية التي أجروها في المدن الإسلامية الأخرى كالبصرة والكوفة، لكنهم أبقوا المدينة حلب كما هي بتخطيطها الأصلي دون تغيير، وبمرور الزمن قد فرضت أحداث الفتح ونشر الإسلام ومجابهة الأعداء إجراء بعض التغييرات عليها، ومن أهم ما أضافه المسلمون للمدينة هو بناء المسجد الجامع من قبل أبي عبيدة الجراح والذي عرف فيما بعد باسم المسجد الفضائري نسبة لأحد الأولياء الذي قيل أنه قد حجّ بيت الله الحرام مشياً على الأقدام أربعين مرة وقد ظل هذا المسجد يؤمه المسلمون في حلب حتى بنى الوليد بن عبدالملك الجامع الكبير في عهده وقد كان المسجد الأخير أكبر من المسجد الأول وقد توسط المدينة حلب وقد أشاد بوصفه كثير من الرحالة أمثال ابن بطوطة وابن جبير أثناء زيارتهم للمدينة فقد قال ابن بطوطة عنه: ((إنه من أحسن الجوامع وأجملها وإن أبوابه قد زادت على الخمسين باباً يستوقف الأبصار حسن منظرها)) ([39]).

كما وصف لنا المسجد الرحالة ابن جبير بقوله: ((لقد استفرغت الصنعة القرنصية جهدها في منبره فما أرى في بلد من البلاد منبراً على شكله، وغرابة صنعته واتصلت الصنعة الخشبية فيها إلى المحراب فتجللت صفحاته كلها حسنا على تلك الصنعة الغريبة وارتفاع كالتاج العظيم على المحراب وعلا حتى اتصل بمسلك السقف وقد قوس أعلاه وشرف بالشرف الخشبية القرنصية وهو مرصع بالعاج والابنوس واتصال الترصيع من المنبر إلى المحراب مع ما يليها من جدار القبلة دون أن يتبين بينهما انفصال فتتجلى العيون منه أبرع منظر يكون في الدنيا)) ([40]).

ومن المفيد الإشارة إلى أن مدينة حلب قد حظيت بازدهار كبير أيام حكم الأتابكة إذ

([38]) مسيرة الحضارة، المجلد الأول، ص56.

([39]) رحلة ابن بطوطة، ص65.

([40]) رحلة ابن جبير، ص227.

جدد نور الدين الزنكي أحد حكام الأتابكة والذي حقق نصراً مؤزراً على الصليبيين في عهده، جدد المسجد الجامع ونقل إليه الأعمدة كما أقدم على هدم السوق من أجل توسيع المسجد، ومن الجدير بالذكر أن عدد المساجد في حلب أيام الأتابكة قد بلغ حوالي عشرين مسجداً.

لم يهتم المسلمون في حلب ببناء المساجد والمستشفيات فحسب بل اهتموا ببناء الأسواق كذلك حيث شيدوا المجمعات للأسواق والتي كانت تعرف بـ (القيسارية) وخاصة في عصر الدولة الحمدانية الذين اتخذوا من حلب عاصمة لدولتهم، وقد أفادنا الرحالة بأن المدينة حلب قد امتلكت العديد من الفنادق والحمامات فضلاً عن الأسواق المليئة بالمواد الغذائية ذات الأسعار الرخيصة وقد وصف لنا (ياقوت الحموي) هذه الأسواق مذهولاً من النشاط الاقتصادي والتجاري فيها حيث باعة الأقمشة وباعة الصابون وباعة الحرير ولا زالت هذه المدينة تشتهر بهذه البضائع ليومنا هذا.

ولا ننسى في الختام التطرق إلى القلعة الشهيرة في حلب والتي أشار لها العديد من الجغرافيين والمؤرخين والرحالة وقد أطلق عليها البعض اسم (الشهباء) لبياض حجارتها وقد ظلت المدينة حلب تكنى بالشهباء لليوم، نسبة إلى هذه القلعة التي تعد منذ القدم من أبرز معالم المدينة حلب.

(8) صَحَار

صحار إحدى أهم مدن وموانئ عمان اليوم وهي من المدن الإسلامية ذات العراقة والتي كتب عنها الكثير سواء من قبل المؤرخين العرب المسلمين أو الكتاب الأجانب لما تتمتع به صحار من تاريخ ثر زاخر بالأحداث العالمية والإسلامية فهذا ((الاصطخري)) مثلاً قد كتب عنها في القرن العاشر الميلادي قائلاً: ((إن مدينة صحار العاصمة تطل على البحر ويقيم فيها الكثير من تجار البحر الذين يتبادلون التجارة مع الأقطار الأخرى، وهي أغنى مدينة في عُمان وأكثرها سكاناً، ويكاد يستحيل أن ترى على ساحل الخليج بل في أقطار الإسلام مدينة تفوق صحار في الثروة وفي الفن المعماري الجميل.

والواقع، أن مدينة صحار من المدن الرئيسية على الساحل العماني خاصة ومنطقة الخليج عامة لكونها المركز التجاري المهم والميناء الكبير الذي يحتل موقعاً استراتيجياً

لاستبدال التجارة الشرقية وقد لعب أبناء مدينة صحار منذ القدم دوراً هاماً في هذه التجارة واستمروا بذلك حتى مطلع القرن السادس عشر عندما ظهر المستعمرون البرتغاليون في الخليج العربي كما أن مدينة صحار تعد مخزناً للسلع الواردة من الهند والصين.

ومن الجدير بالذكر أن صحار كان اسمها في السابق ((عُمان)) وهو اليوم الاسم للدولة التي تقع فيه أي (سلطنة عُمان) وقد كانت تحتل موقع العاصمة للبلاد كلها، ومن المعالم الشاخصة في صحار هي القلعة الجميلة التي كانت مقر حاكم البلاد إبان العصور الوسطى وفيها يمارس مهامه الإدارية وهي عبارة عن مبنى مربع الشكل عال له مدخل حصين وفيه عدد من المدافع.

ولو تصفحنا كتب التاريخ لوجدنا صحار من المدن القديمة وقد اعتبرت لعدة قرون من أكبر وأهم مدن المنطقة وقد أجمع المؤرخون سواء العرب منهم أو الأجانب على عراقة وأهمية هذه المدينة إذ ورد ذكرها في كتابات الكثير بكونها المدينة القديمة ذات السوق التجاري العتيد كما جاء ذلك في رحلات (نيورتيسي) عام (320 ق.م) كما دلت لنا الحفريات بأن السومريين قد استخرجوا النحاس العماني من مدينة صحار في الألف الرابعة قبل الميلاد وإنهم قد نقلوا هذا النحاس إلى بلاد ما بين النهرين على ظهر السفن العمانية في الألف الثالثة قبل الميلاد.

كما أجمعت الكتب التاريخية الإسلامية منها والأجنبية أن مدينة صحار فضلاً عن كونها مدينة قديمة وجميلة فهي مدنية تجارية كبرى لكونها الميناء المهم ذو الموقع الاستراتيجي الكبير كما أسلفنا وان نشاطها التجاري العالمي كان معروفاً لدى الكثير، الأمر الذي أجبر المؤرخين من عرب وأجانب على التأكيد في أكثر من مكان في مؤلفاتهم على دور مدينة صحار التجاري، فقد وصف لنا ((المقدسي)) هذا الدور بقوله: ((إن صحار هي المدخل إلى الصين، وهي الممر إلى الشرق والعراق واليمن)) مشيراً إلى نشاط صحار التجاري الذي كانت تلعبه بسبب موقعها المتميز كما نعتها البقية بالثراء والدور الذي أدته للتجارة العالمية إذ كانت تسد الحاجة من الإمدادات المائية العذبة والفواكه للسفن قبل عبورها المحيط في طريقها للهند وهي بذات الوقت تصدر بعض المنتجات من بينها النحاس العماني المتميز بجودته الفائقة والبلح والسمك المملح، وكانت السفن التجارية الضخمة تنقل

البضائع من ميناء صحار إلى الهند والشرق الأقصى والصين عبر طريق يصل طوله إلى (7000) كيلو متر، ومن الطريف أن عمان اليوم قد بنت سفينة سمتها ((صحار)) وهي نسخة طبق الأصل من سفن صحار إبان القرون الوسطى وقد تم بناء السفينة من الأخشاب المثبتة مع بعضها البعض بحبال مصنوع من ألياف جوز الهند كما في السابق وقد أبحرت السفينة في شهر الحرث (نوفمبر) من عام 1980 معتمدة على الشمس والنجوم وانتهت الرحلة في كانتون عام 1981 ومن الغريب أنها قد استغرقت نفس المدة التي كانت تستغرقها سابقاً رحلات العصور الوسطى.

ومن المفيد أن نشير إلى ما قاله المسعودي في هذا الصدد حيث ذكر لنا بأنه قد أبحر من (صحار) مع فريق من أصحاب السفن العمانيين وقد أشار إلى جزيرة تدعى ((كمبالو)) ويذكر أن العاج الذي يتجمع من أفريقيا كان يرسل إلى عمان ومنها إلى الهند والصين، ولم تعرف أية جزيرة باسم كمبالو ومن المحتمل أنها كانت تقع عند جزيرة بمبا أو إحدى جزر القمر.

مما تقدم اتضحت لنا صورة ((صحار)) كمدينة قديمة منذ الألف الرابعة قبل الميلاد كما عرفنا دورها ومكانتها التجارية إبان العصور الوسطى أي في ظل الإسلام، وعلى الرغم من تناول صحار من قبل العديد من المؤرخين في الوصف إلا أنه يجدر بنا هنا أن نتطرق إلى وصف ((ابن المجادي)) الذي أحسن وصفها عندما قال: ((كان في صحار اثنا عشر ألف منزل، وكل ملاح كان يقيم في بيت مستقل، وقد اعتاد سكان المدينة الحصول على مياه الشرب من إحدى القنوات (أي الافلاج التي تنفرد عمان إلى اليوم باستخدامها كوسيلة لتوزيع المياه على السكان) وقد بنيت المدينة من الطوب اللبن وخشب التيك)).

كما لا يفوتنا وصف ((ياقوت الحموي)) لصحار بقوله ((إن صحار قصبة عمان على البحر وهي إحدى عواصم عمان وأكبر مقاطعاتها وهي مدينة طيبة الهواء كثيرة الخيرات والفواكه، مبينة بالآجر والساج)).

بينما يشير لنا المؤرخ العماني ((السيابي)) في كتابه (عُمان عبر التاريخ) بأن لصحار جامعاً على الساحل له منارة حسنة طويلة، كما أردف مختصراً وصف المدينة بأنها (دهليز الصين وخزانة الشرق والعراق ومغوثة اليمن)، وفي الأخير، لابد من القول أن مدينة

((صحار)) لم تحظ بإرثها التاريخي الكبير في العصور القديمة وخلال العصور الوسطى فقط، وإنما قد تركت بصماتها الرائعة كذلك في التاريخ الحديث، فالجميع يعرف وقفتها البطولية النادرة واستماتة أبنائها في الدفاع عن البلاد في وجه الغزو الفارسي بقيادة نادرشاه عند منتصف القرن الثامن عشر الميلادي، حيث تمكنت المدينة بقيادة وإليها يومذاك الإمام أحمد سعيد أن تضطر الفرس إلى الانسحاب عن المدينة ثم الجلاء نهائياً عن البلاد.

(9) طَرَابُلُس

مدينة طرابلس من المدن الإسلامية العريقة التي تناولها المؤرخون والباحثون سواء منهم العرب أو الأجانب، وتكمن أهمية هذه المدينة وعراقتها في الموقع الاستراتيجي المهم الذي تحظى به على حوض البحر الأبيض المتوسط والذي يعد حيوياً ومركزياً للعديد من الطرق التجارية فضلاً عما تتمتع به المدينة من مناخ معتدل طوال العام وجمال أخاذ إضافة لخصوبة تربتها ووفرة زراعتها ناهيك عن الإرث الحضاري الذي تملكه المدينة منذ الأزمنة الموغلة بالقدم مروراً بالعصر الوسيط يوم أن أشرقت على ربوعها شمس الإسلام الساطعة عام (22) للهجرة على يد القائد العربي عمر بن العاص إبان خلافة عمر بن الخطاب.

لقد ذكر المؤرخون بأن أول من استوطن طرابلس هم الفنيقيون وكانت تسمى طرابلس يومذاك (أويا) وهي على الأغلب فينيقية([41]) ويرى (جان بيشون) بأن طرابلس كانت تتشكل من ثلاث مدن هي: صبراته وأويا ولبدة ولدى اقتسام الإمبراطورية الرومانية ألحقت طرابلس بالإمبراطورية الغربية على خلاف برقة التي تبعت الإمبراطورية الشرقية([42]).

وفي عام 533 سقطت المدينة طرابلس ضمن كل البلاد تحت حكم بيزنطة حتى دخولها الإسلام وكانت تتبع القيروان على عكس برقة التي كانت تابعة لدمشق ثم لبغداد والقاهرة.

وبين عامي 1146 و1152 احتل النورمانديون طرابلس وقد ألحقها شارل الخامس بفرسان القديس يوحنا، ثم فتحت طرابلس عنوة عام 1551 لحساب الأتراك بقيادة سنان

([41]) هــ س. كاوير: مرتفع الاهات الجمال. تعريب أنيس زكي حسن، 1897، ص30.

([42]) بيشون، جان: المسالة الليبية في تسوية السلام. ترجمة على ضوي، مراجعة د. صالح المخزوم، طرابلس، 1991، ص13.

باشا وبالتالي أصبح شمال أفريقيا وهو المتكون من ثلاث أيالات يومذاك وهي الجزائر وتونس وطرابلس تابعاً للقسطنطينية، وبعد مرور أكثر من قرن بدأت الايالات الثلاث بالانفصال وكانت آخرها طرابلس التي أعلنت استقلالها عام 1711 إذ قام تلك الفترة (أحمد القره مانلي) ([43]) عزل باشا طرابلس والقضاء على الحامية التركية بدعم من أبناء المدينة ولم يجد الباب العالي أمامه سوى التسليم بالواقع الجديد لطرابلس والاعتراف بأحمد القره مانلي حاكماً عليها، وقد توالت أسرة القره مانلي بحكم طرابلس قرابة قرن من الزمن.

وفي عام 1835 عادت تركيا لاحتلال طرابلس ثانية حيث تقدمت بقواتها تحت قيادة مصطفى نجيب باشا فتم نفي علي القره مانلي إلى القسطنطينية وبذلك أصبحت طرابلس ولاية تركية شملت مناطق خمساً هي طرابلس والخمس وبنغازي والجبل وفزان وقد استمر النفوذ العثماني على المدينة حتى غزوها من قبل الطليان.

حريّ بنا التوقف هنيهة أيام دخول الإسلام طرابلس وكيف تم لها ذلك، وما قدمته للدين الجديد وكيفية احتضان أهلها لمبادئه وتعاليمه السامية، فنجد أن المدينة طرابلس قد استقبلت جحافل الإسلام بقلوب متعطشة للإيمان ومتلهفة للخلاص من سيطرة البزنطيين وظلمهم وجورهم.

وتقدم الجيش العربي الإسلامي الذي أصطحبه عمرو بن العاص والذي لا يزيد على الإثنى عشر ألفاً إلا أنه كان من الرجال الأشداء المؤمنين برسالة السماء وقد قطعوا الطريق بين مصر وبرقة بدون صعوبة فصادف الجيش الإسلامي أول الأمر برقة حيث دخل أهلها الإسلام ثم تقدم صوب طرابلس فوجدها أكثر مناعة إذ كانت أسوارها قوية كما كان الأسطول البزنطي يحميها من جهة البحر فحاصرها المسلمون ثم نجحوا في فتحها فدانت للإسلام والمسلمين ودخلها المؤمنون يهتفون "الله أكبر" ولم يجد المحتلون بداً من الهروب بسفنهم عرض البحر.

وفي الواقع، لم يخل دخول طرابلس حظيرة الإسلام من صعوبات إذ حاول المحتلون

([43]) قرصان تركي استقر في طرابلس وتزوج من عربية فانصهر في المجتمع الطرابلسي بحيث أصبح يعد من العرب ولم يبق له صلة بالاتراك سوى نسبه.

مـــدن إسلامية عـــريقة

البيزنطيون عرقلة دخول الدين الجديد المدينة، فحاولوا بث الفرقة بين أهالي البلاد وزرع الكراهية بين الطوائف والقوميات ولكنهم لم يفلحوا أمام قيم الإسلام ومبادئه حيث العدل والمساواة والإخاء والتسامح إذ شعر أهالي طرابلس بالبون الشاسع بين غطرسة البيزنطيين وبساطة المسلمين وأن الإسلام في جوهره بعيد كل البعد عن الطائفية والعنصرية وقد وحد اعتناق الإسلام الجميع فتظافرت جهودهم صوب مواصلة الفتح في المغرب والأندلس(44).

ساد الإسلام طرابلس بل ليبيا كلها واندثرت الوثنية وزالت المسيحية بخروج البيزنطيين واستطاع العرب المسلمون أن يجعلوا من مدينة طرابلس مدينة عربية إسلامية، في حين فشل الآخرون من فينيقيين أو رومان في تغيير طابع المدينة، لقد تطرق العديد من الكتاب والمؤرخين المسلمين إلى وصف طرابلس:

نذكر منه ما كتبه الادريسي عن طرابلس عام 1154 حيث قال: ((كانت طرابلس مغطاة بالتين والزيتون والنخيل وكافة أنواع الفواكه))، كما وصف التيجاني المدينة بقوله: (لم أر شوارع أنظف وأوسع وأبدع نظماً منها، والواقع أن شكلها يشبه شكل رقعة الشطرنج تماماً).

أما الأنصاري فقد وصف لنا طرابلس في كتابه (المنهل العذب في تاريخ طرابلس الغرب) ((بأنها بلدة كريمة البقعة، طيبة التربة، معتدلة الهواء، والجو والنسيم محدقة ببساتين ذات بهجة واجنة نضرة، كثيرة الفواكه والنخيل والزيتون، ففيها شجر الليمون السكري البديع والرمان التاجوري الياقوتي الذي لا نظير له والبطيخ الأخضر وبجبالها معادن الفضة والحديد والكبريت)) (45) ولا بد أن نشير بأن مدينة طرابلس ينعتها البعض بطرابلس الغرب تمييزاً لها عن مدينة طرابلس اللبنانية في الشرق بيد أن أهلها يصرّون على تسميتها بطرابلس العرب التصاقاً منهم بالعروبة والإسلام والنأي بها عن الغرب وما يمت إليه من مفاهيم الاستعمار والنصرانية والاستبداد.

وفي الواقع، أن أهالي طرابلس منذ اعتناقهم الدين الحنيف ظلوا شديدي التمسك بأهدابه وتعاليمه وفرائضه وكثيرة هي الأدلة على ذلك بينها اهتمامهم ببناء الجوامع الجميلة والفخمة المنتشرة في عموم أرجاء المدينة فلغاية أواخر القرن التاسع عشر للميلاد

---

(44) قدورة، زاهية: تاريخ العرب الحديث. بيروت، 1985، ص110.

(45) الإنصاري، أحمد النائب: المنهل العذب في تاريخ طرابلس الغرب. اسطنبول، 1899، ص89.

كانت المدينة تملك أكثر من عشرة جوامع رئيسية منها على سبيل المثال (جامع أحمد باشا القره مانلي) الذي يقع بالقرب من القلعة وجامع (شايب العين) الذي يلفظ سهواً بجامع شيخ يلعين وجامع محمود وجامع الحاج مصطفى كركه وجامع الناقة وغيرها، فضلاً عن ابتعاد أبناء المدينة عن المحرمات التي أمر الإسلام بالابتعاد عنها.

ومادمنا نتحدث عن تمسك أهالي طرابلس بتعاليم الإسلام وشريعته يتوجب علينا التطرق إلى أهم صفة تحلى بها الطرابلسيون وهي تعد من أولى الواجبات والتي دعا إليها الإسلام ألا وهي: فريضة الجهاد دفاعاً عن الإسلام والوطن ضد الكفار وغزاة الأرض إذ وقفت طرابلس وقفة جهادية بطولية حيال الاستعمار الأوروبي الذي حاول أن يدنس تراب الوطن ويطمس معالم دينها الحنيف، فما أن أعلنت إيطاليا غزوها طرابلس عام 1911 واحتلالها لها حتى شمر أبناء المدينة عن سواعدهم رافعين راية الجهاد دفاعاً عن حياض الإسلام والوطن، وعلى الرغم من سلوك الغزاة الإيطاليين نفس المسلك الذي اتبعه غيرهم من المستعمرين وهو التودد للأهالي ومحاولة كسبهم والتوعد لهم بأنهم جاءوا لمصلحتهم ومن أجل إسعادهم حتى اصطروا أحياناً إلى استخدام الآيات القرآنية في منشوراتهم التي ألقوا بها على الأهالي إمعاناً في التقرب لأهالي المدينة، لكن كل ذلك لم ينطل على أبناء طرابلس الذين خَبِرُوا الأجنبي وأدركوا التناقض الكبير بين أقواله وأفعاله كما عرفوا مدى حقده على الإسلام والعروبة، وبالفعل فقد تصرف الإيطاليون الغزاة إزاء الأهالي بكل ما هو بعيد عن قيم السماء ومبادئ الإنسانية فذات القائد وهو (الجنرال كانيفا) الذي أصدر المنشورات المتضمنة للآيات القرآنية والوعود المعسولة هو نفسه الذي أرتكب جرائم مروعة كان من أشنعها ما فعله يوم 23 من شهر التمور (10) عام 1911 بأهالي المنشية التي تقع شرقي مدينة طرابلس وإحدى ضواحيها حيث أوقع بالأهالي مجزرة رهيبة لم ينج منها طفل أو شيخ أو امرأة وأباح المدينة ثلاثة أيام لجنوده وأطلق جنده الرصاص لهواً وعبثاً على الأهالي أينما صادفوهم وقد ضج العالم بأسره استنكاراً وسخطاً حيال هذه المجزرة.

وعلى الرغم من كل ذلك فإن أهالي طرابلس لم يستكينوا بل أشعلوا جذوة الجهاد والمقاومة وشنوا معارك ضارية ضد الغزاة المحتلين في مناطق عدة منها معركة (بير طبراس) ومعركة (سواني بني ادم) و(الكويفية) وغيرها من الملاحم التي

لقنت العدو المتغطرس دروساً قاسية في الإيمان والثبات على المبادئ من أجل العزة والكرامة وقد حظيت وقفة أبناء المدينة الجهادية بدعم ومؤازرة جميع المسلمين من داخل ليبيا وخارجها إذ هب المسلمون من أرجاء العالم الإسلامي إلى دعم جهاد المدينة واستبسالها على أساس أن ذلك يعد واجباً دينياً ينص عليه الإسلام، وقد سجل التاريخ العربي الإسلامي لأبناء طرابلس بطولات نادرة في وجه استعمار قاهر، وقد أعترف الاستعمار الإيطالي بعجزه عن وقف هذه البطولات، وحاول بأساليب شتى سواء بالإغراء أو التهديد استمالة كبار المجاهدين ولكنه لم يفلح مما اضطره لارتكاب حماقة تاريخية بشعة وهي إعدامه لشيخ المجاهدين عمر المختار بعد أن تمكن من أسره في الحادي عشر من شهر سبتمبر عام 1931، وبمحاكمة صورية لا تزيد مدتها عن الساعة نفذ الغزاة حكمهم يوم السادس عشر من شهر سبتمبر من العام ذاته، فأصبحت صورة عمر المختار والآخرين من زملائه مثالاً لأروع معاني الإيمان ورسالة السماء والدفاع عن حياض الدين فقد استقبل عمر حكم الغزاة بشجاعة وإباء مردداً قول اللـه عز وجل { إنا لله وإنا إليه راجعون}.

ولم يوقف هذا العمل الإجرامي للغزاة جهاد أبناء طرابلس وإخوانهم في مدن وقرى ليبيا كافة بل واصلوه حتى الظفر النهائي واندحار المحتلين ونيل البلاد وحدتها واستقلالها.

الفصل السابع

التنظيمات الادارية والسياسية
إبان العصور الإسلامية

(1) الوزارة

برزت وظائف إدارية عدة إبان العصور الإسلامية المختلفة فرضتها ظروف شتى منها الانتشار الشاسع للإسلام في أرجاء المعمورة وزيادة أعباء نظام الحكم الإسلامي وتنوع مراتبه فضلاً عن الحاجة لإرساء مقومات حضارة عربية إسلامية جديدة تلبي طموحات الأعداد الغفيرة من المسلمين على اختلاف أجناسهم وألوانهم ومناطق وجودهم، وفي طليعة هذه الوظائف الإسلامية الجديدة كانت ((الوزارة)).

يرى اللغويون بأن لفظ الوزارة مشتق من ثلاثة مصادر لغوية عربية: الأول، متأتٍ من الوزر أي الثقل لأن الوزير يحمل عن الخليفة أو الملك أثقاله ويعينه فيها. والثاني، يعني الملجأ أي أن الخليفة أو الملك يلجأ إلى الوزير ويستعين به. والثالث، يعني الظهر، أي أن الخليفة أو الملك يقوى بوزيره كما يقوى البدن بالظهر([1]).

وهناك من يقول بأن للأثم وزر تشبيهاً له بالحمل على الظهر ومن ذلك قوله تعالى في سورة الإنشراح: (ووضعنا عنك وزرك، الذي أنقض ظهرك(، وهو تعبير عن الحمل الثقيل الذي يرهق الظهر ففي هذا التفسير أن الوزير يتحمل من الأعباء الثقال للدولة بما يثقل كاهله وذلك تخفيفاً عما يتحمله الخليفة أو الملك من أعباء ومسؤولية تجاه الرعية، وبهذا الخصوص يمكننا أن نجمل دور الوزير بالمؤازرة والمساعدة والمعاونة للخليفة أو الملك.

لقد وردت كلمة الوزير في القرآن الكريم، ففي سورة الفرقان قال جلّ وعلا: {ولقد آتينا موسى الكتاب وجعلنا معه أخاه هارون وزيــراً}، كذلك وردت في سورة طه: {واجعل لي وزيراً من أهلي هارون أخي أشدد به أزري وأشركه في أمري}، ظهرت الوزارة أول الأمر في دولة الرسول الأعظم ـ صلى الـلـه عليه وسلم ـ واستمرت في عهد الخلفاء الراشدين وفي العصر الأموي، لكنها حتى نهاية العصر الأموي لم تتخذ الوزارة صيغتها النهائية والثابتة وحتى التسمية كانت غير ثابتة للذي يشغلها فمرة يسمى وزيراً وحيناً ينعت مشيراً وأحياناً يدعى بالكاتب، بيد أنها حافظت على مضمونها من كونها تعني المعاونة والمؤازرة للخليفة، إلا

([1])الكروي، إبراهيم وآخرون: المرجع في الحضارة العربية الإسلامية. الكويت، 1984، ص ص40-39.

أن الوزارة إبان العصر العباسي قد تطورت كثيراً وتبلور مفهومها فانتظمت وصار لها قواعد وقوانين حيث حددت معالمها ووضعت لها الأسس وشرحت وظيفتها وأصبح لها من الشروط اللازمة في الشخص الذي يتقلد منصبها.

ويعد أبو سلمة الخلال أول وزير في الدولة العباسية إذ أستوزره الخليفة العباسي الأول (أبوالعباس السفاح) عام 132هـ/749م وقد لقب بوزير آل محمد.

ومن الجدير بالذكر أن الوزارة في العصر العباسي قد ارتبط وضعها من حيث القوة أو الضعف على عوامل عدة منها مدى قوة الخليفة أو وضعه وكذلك شخصية الوزير نفسه وإمكانياته ومؤهلاته، وعلى ضوء ذلك، برز نوعان من الوزارة في هذا العصر:-

الأول.. وزارة التنفيذ، وهي أن الوزير في هذا النوع ينفذ أوامر الخليفة الذي يشرف بنفسه على جميع تصرفاته ويكون بذلك عمل الوزير مقتصراً على الوساطة بين الخليفة والرعية ويشترط في هذا الوزير صفات أهمها: الأمانة، والصدق، وقلة الطمع، والبعد عن عداوة الناس والذكاء والفطنة والحنكة والتجربة.

والنوع الثاني.. وزارة التفويض، وهي أن يستوزر الخليفة من يفّوض إليه تدبير الأمور برأيه ووفق اجتهاده وهذا يعني أن الوزير هنا ينظر في كل ما ينظر إليه الخليفة، بيد أن ذلك لا يعني تخلي الخليفة عن كل شيء فهو الأصل وله مباشرة الأمور جميعها متى شاء، ومن شروط من يتولى هذا النوع من الوزارة هي ذات الصفات الواجب توفرها في الخليفة ما عدا النسب.

ومن المعروف أن الخلفاء كانوا يهتمون كثيراً في اختيار الوزراء فالخليفة المأمون مثلاً قد كتب لنا في اختياره للوزراء حيث قال: ((أني التمست لأموري رجلاً جامعاً لخصال الخير.. ذا عفة في خلائقه واستقامة في طرائقه هذبته الآداب، وأحكمته التجارب أن أوتمن على الأسرار قام بها وإن قلد مهمات الأمور نهض فيها، يسكته الحلم، وينطقه العلم، وتكفيه اللحظة وتغنيه اللمحة، له صولة الأمراء، وأناة الحكماء، وتواضع العلماء، وفهم الفقهاء، أن أحسن إليه شكر، وأن ابتلى بالإساءة صبر، لا يبيع نصيب يومه بحرمان غده، يسترق قلوب الرجال بخلابة لسانه، وحسن بيانه)) ([2]).

([2])أبوخليل، شوقي: الحضارة العربية الإسلامية. منشورات كلية الدعوة الإسلامية. 1987، ص ص151-150.

ولابد لنا من الإشارة إلى الألقاب التي كان يتلقب بها الوزراء في عصور الإسلام دون غيرهم من رجلات الدولة، إذ لقب المأمون وزيره الفضل بن سهل بـ (ذو الرباستين) كما لقب الخليفة الأندلسي عبد الرحمن الناصر وزيره أحمد بن عبدالملك بـ (ذو الوزارتين)، ولقب الخليفة المهدي وزيره يعقوب بن داود بـ (الأخ في الـلـه)، وقد تلقب وزراء الدولة البوبهية بالصاحب، وتوالت بعد ذلك الألقاب العديدة والفخمة للوزارة في عموم العالم الإسلامي سواء في الدولة الفاطمية أو العباسية أو الأموية في الأندلس ومن بين هذه الألقاب، علم الدين، سعد الدولة، وأمير الجيوش وغيرها.

وفي الختام نود الإشارة إلى أبرز مهام الوزير ولا سيما في العصر العباسي حيث كان يشرف على دواوين الدولة وشؤونها المالية وشؤون الترسيل والمكاتب والشؤون الحربية، ولهذا كان الوزير يجمع بين السلطتين الدينية والحربية فضلا عن النظر في قضايا الرعية ومطالبهم.

كما نشير إلى أن الخلافة الإسلامية في الأندلس لم تكتفِ بوزير واحد للدولة بل أقدمت على توزيع الاختصاصات والمهام على عدد من الوزراء فأفردوا لكل صنف وزير حيث جعلوا لحسبان المال وزيراً وللترسيل وزيراً وللنظر في حوائج المتظلمين وزيراً وللنظر في أحوال الثغور وزيراً، وعلى ضوء ذلك تحدد اختصاص كل وزير الأمر الذي ترتب عليه إزدياد عدد الوزراء حيث وصل إلى تسع أيام الخليفة عبدالرحمن الأوسط([3]).

ومن الجدير بالذكر أن منصب الوزارة ظل مستمراً ليومنا هذا وقد تعددت اختصاصاته وتباينت أعداده من بلد لآخر.

(2) الكتابة في عصور الإسلام

ظهرت الكتابة في الإسلام منذ عهد الرسول الكريم ـ صلى الـلـه عليه وسلم ـ في المدينة المنورة عندما دعت الحاجة إلى كتابة سور القرآن الكريم، وعندما أراد النبي ـ صلى الـلـه عليه وسلم ـ مخاطبة الملوك والأمراء يدعوهم لاعتناق الدين الجديد، ولأهمية الكتابة في هذين الغرضين كان اختيار الذين تولوا وظيفة الكتابة من بين الذين اتسموا بصدق الإيمان بالدين

([3])أبوخليل: المرجع في الحضارة العربية الإسلامية. مرجع سابق، ص53.

الحنيف والقدرة على التعبير وسعة الثقافة وقوة البلاغة فضلاً عن المكانة الاجتماعية الرفيعة والأخلاق الحسنة، لذلك وقع الاختيار على علي بن أبي طالب وعثمان بن عفان وزيد بن ثابت ككتّاب مرموقين لخاتم الأنبياء والمرسلين في مطلع عهد الرسالة وقد أضاف الرسول ـ صلى اللـه عليه وسلم ـ إليهم عدداً آخر من الصحابة الاجلاء عندما زادت أعباء الدولة الإسلامية وتعدد أغراضها، كما جعل لكل واحد منهم اختصاصه في شأن من شؤون الكتابة وليست كلها، إذ عهد الرسول إلى علي بن أبي طالب بكتابة العهود حيث قام بتدوين شروط صلح الحديبية في حين عهد إلى الزبير بن العوام كتابة أموال الصدقات بينما انحصر عمل حذيفة بن اليمان على كتابة المعاملات، لقد حظيت طبقة الكتّاب منذ زمن الرسول الكريم بمكانة رفيعة لأنها قد ساهمت كثيراً في ازدهار الدولة الإسلامية من الناحيتين الدينية والدنيوية وقد اعتبرت الكتابة من مظاهر الحضارة العربية الإسلامية والتي ترسخت مكانتها وتشعبت وظيفتها في العصور الإسلامية اللاحقة كما سنرى..

ففي العصر الراشدي ـ وقد اتسعت رقعة الدولة الإسلامية ـ زادت الحاجة إلى الوظائف العديدة التي تعين خليفة المسلمين في مهامه سواء على صعيد نشر مبادئ الإسلام والفتوحات الإسلامية أو على صعيد إدارة الدولة الإسلامية والاهتمام بشؤون المسلمين، ومن هذه الوظائف وظيفة "الكتابة" والتي كانت تعد من أبرز الوظائف التي تساعد الخليفة في إدارة شؤون الدولة الإسلامية.

لقد سار الخلفاء الراشدون على نهج الرسول محمد ـ صلى اللـه عليه وسلم ـ في اختيار الكتّاب وفق المواصفات الإسلامية العالية، فاتخذ أبوبكر الصديق من عثمان بن عفان كاتباً له، كما أختار عمر بن الخطاب كلاً من زيد من ثابت وعبد اللـه بن خلف كاتبين له، بينما اتخذ عثمان بن عفان من مروان بن الحكم كاتباً لها، وأتخذ علي بن أبي طالب كلاً من عبد اللـه بن أبي رافع وسعيد بن بخران الهمداني كاتبين له خلال خلافته.

وعندما انتقلت الخلافة الإسلامية إلى الأمويين زاد عدد الكتّاب كما تنوعت أغراض الكتابة بسبب توسع الفتوحات الإسلامية ودخول أصقاع شتى من المعمورة ضمن رقعة الدولة الإسلامية من جهة، وبسبب حركة التعريب التي شملت كافة المرافق الإدارية للدولة الإسلامية بما فيها الدواوين أيام خلافة عبدالملك بن مروان من الجهة الأخرى الأمر الذي

نجم عنه ظهور طبقة من الكتّاب مثلت صفوة المثقفين يومذاك، وقد تنوعت اختصاصاتهم حيث بلغت خمسة تخصصات، كل كاتب مسؤول عن تخصص فقط وليس له الحق في ممارسة اختصاص غيره وكانت تخصصات الكتّاب كما يلي:

الأول.. كاتب مختص بكتابة الرسائل التي تبعث إلى الملوك والأمراء وعمال الولايات والأقاليم.

الثاني.. كاتب مختص بتدوين حسابات الخراج.

الثالث.. كاتب مختص بتسجيل أسماء الجند وطبقاتهم وأعطياتهم.

الرابع.. كاتب مختص بالشرطة.

الخامس.. كاتب مختص بالقضاء.

ومن المفيد الإشارة بأن الكاتب الأول الذي اختص بكتابة الرسائل كان أعلاهم منزلة ومكانة في الدولة إذ كان يتم اختياره بعناية فائقة وبعد تدقيق وتمحيص، وغالباً ما يتولى هذا الموقع من ذوي النسب الرفيع ومن كبار رجالات الدولة وممن يتحلون بالأخلاق الفاضلة.

كما شدّد ابن خلدون في هذا الاتجاه وأوصى بضرورة اختيار الكاتب من أرفع طبقات المجتمع ومن ذوي المروءة والحشمة لأنه معرض للنظر في أصول العلم لما يعرض في مجالس الملوك ومقاصد أحكامهم مع ما تدعو إليه عشرة الملوك من القيام على الآداب بالفضائل([4]).

وقد اشتهر عبدالحميد بن يحيى بن سعيد بالكتابة بسبب مزاولته وظيفة الكتابة إبان العصر الأموي،وقد أخذ يعرف بـ (عبدالحميد الكاتب) وظلت هذه التسمية ملازمة له ليومنا هذا، وقد استمر عبدالحميد الكاتب يمارس الكتابة طيلة العهد الأموي وقد وضع مواصفات خاصة للذي يتبوأ منصب الكتابة، ومن أهمها أن يكون الكاتب حليماً، مؤثراً للانصاف والعدل، كتوماً للأسرار، ويضع الأمور في مواضعها.

إن التطور السريع الذي صحب وظيفة الكتابة خلال العهد الأموي ساعد كثيراً على بلوغ الكتابة عصرها الذهبي إبان العصر العباسي حيث أزدهر فن الكتابة وتم ضبط

([4])ابن خلدون: المقدمة. ص247.

أصولها، وقد ساعد ظهور منصب "الوزارة" بشكل رسمي أيام العباسيين على حاجة الوزير لعدد من الكتّاب يساعدونه في أداء مهامه وكان من أهم الكتّاب إبان العصر العباسي هو كاتب الرسائل([5])، وقد انحصرت مهمته في كتابة المراسيم والبراءات وتحرير الرسائل السياسية وختمها بخاتم الخلافة بعد اعتمادها من الخليفة ذاته ومن بين مهام كاتب الرسائل أيضاً مكاتبة الأمراء والملوك نيابة عن الخليفة، أما بقية مهام الكتّاب زمن العباسيين فتكاد تكون نفس المهام المناطة لكتّاب العصر الأموي مثل الخراج والجند والشرطة والقضاء وقد برز في العصر العباسي كتّاب كثيرون ذاعت شهرتهم في الآفاق من بينهم محمد بن خالد البرمكي وابنه جعفر والفضل بن الربيع أيام الخليفة هارون الرشيد وكذلك الفضل والحسن ولدا سهل وأحمد بن يوسف أيام عهد المأمون، وعبدالملك الزيات والحسن بن وهب أيام المعتصم والواثق.

ومن المفيد الإشارة إلى إن معظم هؤلاء الكتّاب قد تقلدوا منصب الوزارة فيما بعد، الأمر الذي يعكس تميّز مكانة الكاتب لدى الدولة العباسية وقد خلف لنا هؤلاء الكتّاب إرثاً كبيراً في ميدان الثقافة لأنهم كانوا يمتلكون ثقافة واسعة وإطلاعاً كبيراً في حقول المعرفة والإدارة واللغة والأدب وعلوم الفقه والفلسفة والتاريخ والجغرافيا فضلاً عن معرفتهم الدقيقة بأحوال الناس وعاداتهم وتقاليدهم، فكان الكاتب الذي لا يحظى بالمعرفة الواسعة لا يمتلك القدرات الثقافية العالية سرعان ما يتعرض للتنحي إضافة إلى سخرية الإدارة وطبقات المجتمع الواعية منه، فقد حمل الجاحظ على كتّاب عصره غير المؤهلين حملة شعواء فوصفهم بالأرقاء الأغبياء لكن ذلك لم يمنعه من الإشادة بالكتاب المتميزين في عهده حيث أشار بعنايتهم باللغة العربية وحرصهم على التدقيق في اختيار الألفاظ وتجنب ما يكون منها متوعراً خشناً.

لقد احتذى الناس خلال العصر العباسي بالكتّاب المرموقين، وقد وصل تقليد الناس لهم في الزي والوقار والتشبه بهم والحث على السير بنهجهم، فقد قيل بأن رجلاً قد أوصى أولاده بفعل ذلك وقد قال لهم: ((يا بني تزيوا بزي الكتّاب فإن فيهم أدب الملوك وتواضع السوقة)) ([6]).

([5])الكروي، إبراهيم وآخرون: المرجع في الحضارة العربية الإسلامية. ص61.
([6])الكروي: المرجع السابق. ص63.

التنظيمات الإدارية والسياسية إبان العصور الإسلامية المختلفة

ومما تجدر الإشارة إليه إلى أن يوم الخميس كان يوم عطلة للكتّاب من كل أسبوع خلال العصر العباسي، كما كان الخلفاء العباسيون يصدرون توجيهات وأرشادات للكتّاب في عهدهم، فقد أوصى الخليفة المنصور كتّابه بقوله ((اكتب وقارب بين الحروف وفرج بين السطور واجمع خطك)).

بقى في النهاية أن نقول بأن الاهتمام بطبقة الكتّاب لم ينحصر بعصر دون آخر فقد حظي الكتّاب باهتمام فائق من لدن كافة العصور والدول الإسلامية سواء في شرق العالم الإسلامي أو غربه، فالفاطميون اهتموا بوظيفة الكاتب لدرجة وصوله إلى منصب الوزارة، كما حظي الكاتب أيام الدولتين الأيوبية والمملوكية في مصر والشام باهتمام بالغ وعناية فائقة لدرجة وضع الموسوعات المتصلة بفن الكتابة ومنها "التعريف بالمصطلح وصبح الأعشى في صناعة الإنشاء" للقلقشندي وغيرها من المؤلفات التي عنيت بتقاليد الكتابة وإعداد الكتّاب وما يلزمهم.

(3) القضاء

نشأ منصب القضاء منذ انبلاج فجر الإسلام على ربوع الجزيرة العربية وقد تمتع هذا المنصب منذ البداية باستقلالية تامة كما حظي بأهمية استثنائية سواء في تعاليم الإسلام ومبادئه أو من لدن قادة الدول الإسلامية بدءاً بالرسول الأعظم ـ صلى اللـه عليه وسلم ـ ومروراً بالخلفاء الراشدين والأمويين والعباسيين.

والقضاء لغة: هو إحكام الشيء والفراغ منه مصداقاً لقوله تعالى في سورة الاسراء:

﴿وقضينا إلى بني إسرائيل في الكتاب﴾ أي أخبرناهم بذلك وفرغنا لهم منه، أما القضاء اصطلاحاً فهو يعني "القطع" كما جاء في قوله تعالى في سورة طه: ﴿فأقض ما أنت قاض﴾، وعلى ذلك سمي القاضي بذلك لأنه يقطع الخصومة بين الخصمين بالحكم، كما عرف ابن خلدون القضاء بأنه منصب الفصل بين الناس في الخصومات حسماً للتداعي وقطعاً للتنازع إلا أنه بالأحكام الشرعية المتلقاة من الكتاب والسنة، أي أن مهمة القاضي الأساسية هي الفصل بين المتنازعين حسب الشريعة الإسلامية ويعتبر الرسول الكريم ـ صلى اللـه عليه وسلم ـ أول قاض في الإسلام إذ كان يتولى بنفسه الفصل بين الخصومات حيث كان يحكم بين الناس بما أنزل من عند اللـه تعالى في القرآن الكريم كما كان يستشير بعض

الصحابة ويجتهد أحياناً، وكانت طرق الإثبات لديه ((البينة على من أدعى، واليمن على من أنكر))، وعندما انتشرت الدعوة الإسلامية في أرجاء شاسعة من الجزيرة العربية أذن الرسول ـ صلى الـلـه عليه وسلم ـ لبعض الصحابة بالقضاء بين الناس، ومن بين الذين أذن لهم بالقضاء الإمام علي بن أبي طالب ومعاذ بن جبل اللذان زاولا القضاء في اليمن وكذلك عبد الـلـه بن نوفل الذي مارس القضاء في المدينة المنورة أما في عهد الخلفاء الراشدين فقد بقى القضاء يحظى بالأهمية والاستقلالية فعندما تولى أبوبكر الصديق الخلافة أسند هذه المهمة إلى عمر بن الخطاب، وفي عهد الخليفة عمر الذي توسعت في عصره حدود الدولة الإسلامية كما ازدادت الأعباء والمشاكل فرأى الخليفة عمر أنه لابد من تعيين قضاة لمختلف الأمصار، وقد حملهم وصاياه ومن أبرزها تلك الوصية التي بعث بها إلى أحد قضاته وهو أبو موسى الأشعري حيث جاء بها ((.. أس "أي سو.." بين الناس في وجهك ومجلسك وعدلك حتى لا يطمع شريف في حيفك ولا ييأس ضعيف من عدلك، البينة على من ادعى، واليمين على من أنكر والصلح جائز بين المسلمين إلا صلحاً أحل حراماً أو حرم حلالاً، ولا يمنعك قضاء قضيته بالأمس فراجعت فيه اليوم عقلك، وحديث فيه أرشدك أن ترجع إلى الحق، فإن الحق قديم ومراجعة الحق خير من التمادي في الباطل)) ([7]).

أما في العصر الأموي فقد بقى القضاء يحتل الصدارة في الأهمية والاستقلالية وكثيراً ما كانت أحكام القضاء نافذة حتى على الولاة والعمال للأقاليم وكبار رجالات الدولة الإسلامية، وقد ظهرت في العصر الأموي ولأول مرة السجلات التي تحفظ الأحكام الصادرة من قبل القضاء كما أهتم الخلفاء الأمويون بالصفات الواجب توفرها في القاضي وقد أوجز هذه الصفات لنا الخليفة العادل عمر بن عبدالعزيز بقوله: ((إذ كان في القاضي خمس خصال فقد كمل علم ما كان قبله ونزاهة عن الطمع، وحلم عن الخصم وإقتداء بالأئمة، ومشاورة أهل الرأي)) ([8]). لقد توسعت مهام القضاء إبان العصر الأموي فشملت الفصل في الخصومات المدنية والأحوال الشخصية وأموال المحجور عليهم والوقاف.

ومن الجدير بالذكر أن الخلفاء الأمويين قد امتنعوا عن مباشرة القضاء بأنفسهم

([7])الكروي: مرجع سابق. ص ص74-73.

([8])العدوي، إبراهيم أحمد: الدولة الإسلامية تاريخها حضارتها. 1981، القاهرة، ص21.

التنظيمات الإدارية والسياسية إبان العصور الإسلامية المختلفة

وقلدوه لغيرهم من الذين توسموا فيهم النزاهة والكفاءة، وغالباً ما ظل القضاة محتفظين بمناصبهم على الرغم من تعاقب الولاة والخلفاء.

وفي العصر العباسي شهد القضاء تطوراً ملحوظاً أسوة بجميع مؤسسات الدولة الإسلامية مترامية الأطراف ومعالم الحضارة العربية الإسلامية، وقد نجم هذا التطور كنتيجة لكثرة المهام والصلاحيات التي أنيطت بالقضاء إذ أصبح القضاء زمن العباسيين يهتم بأعمال الحسبة ودار الضرب وبيت المال والأشراف على تسيير مؤسسات الدولة وتولى قيادة الجيوش الأمر الذي جعل بعض القضاء يزهدون بهذا المنصب لكثرة أعبائه وجسامة مسؤولياته، ولهذا السبب أيضاً اضطر بعض القضاة إلى اتخاذ الأعوان والمساعدين لهم والذين أطلق عليهم اسم نواب الحكم أو العدل فضلاً عن موظفين آخرين يقومون بأعمال تساند القضاء وتساعد القضاة مثل الخازن والحاجب والكاتب والمترجم ومن سمات تطور القضاء في العصر العباسي هو ظهور منصب جديد، هو منصب ((قاضي القضاة)) أي رئيس القضاة أو وزير العدل بلغة اليوم، وكان أول من تقلد هذا المنصب هو القاضي المعروف أبو يوسف يعقوب بن إبراهيم خلال عهد الرشيد وكان يقيم في العاصمة بغداد متولياً قضاة العاصمة للدولة العباسية وكانت له الصلاحية الكاملة في عزل القضاة أو تعيينهم إضافة للإشراف عليهم ومراقبتهم، ثم عرف هذا المنصب فيما بعد في الدولة الفاطمية والأموية في الأندلس، ومن المفيد الإشارة إلى أن القضاء قد أصابه التطور الملحوظ خلال العصر العباسي بالذات وذلك نتيجة لتعقد الحياة خلال هذا العصر من كافة الوجوه سواء الاجتماعية منها أو الثقافية أو الاقتصادية الأمر الذي تطلب وضع الحلول لكثير من المشاكل التي اقتضت وجود قضاة يفصلون فيها فضلاً عن وجود سبب آخر لا يقل أهمية عما تقدم وهو ظهور المذاهب الإسلامية الأربعة.

ولا يغيب عن بالنا ونحن بصدد الحديث عن القضاء بأن نذكر دور الخلفاء العباسيين في إدخال تطور أساسي للسلطة القضائية، وذلك عندما حصروا سلطة تعيين القضاة بأيديهم وحدهم الأمر الذي قوى من مركز القاضي في الأقاليم إذ استقل بوظيفته عن الوالي أو الأمير. مما تقدم نستطيع القول بأن القضاء كمنصب إداري للدولة الإسلامية وكمظهر من مظاهر الحضارة العربية الإسلامية التي أنجبها الإسلام وأغناها عبر عصوره قد اعتمد في حيثياته وإجراءاته بالأساس على كتاب الله العزيز وسنة رسوله الكريم ووصايا

الخلفاء الراشدين والاجتهاد وفق المصادر المتقدمة، وأن شروطاً أساسية قد وضعت للقضاء في جميع العصور الإسلامية ومن أهمها: الذكورية والبلوغ والعقل والحرية والإسلام والعدالة والسلامة في السمع والبصر والعلم بالأحكام الشرعية إضافة لشروط أخرى إلزامية كالشرف والاناة والتفقه.

أما المهام والوظائف المناطة بالقضاء فكان أبرزها الفصل بين الخصوم واستيفاء الحقوق للمسلمين بالنظر في أموال المحجور عليهم وفي وصايا المسلمين واوقافهم([9])، فضلاً عن قيام البعض من الخلفاء بإناطة القضاة مهمة قيادة الجيوش كما حدث ذلك أيام الخليفة المأمون ومثلما أرسل القاضي أسد بن الفرات قائداً لحملة الأغالبة على صقلية عام 212 للهجرة.

أما مجلس القضاء فكان يباشر عمله أول الأمر في المسجد على اعتباره منصباً دينياً ثم أصبح للقاضي دار خاصة تسمى بـ ((دار القاضي)) وأحياناً يعقد القاضي جلسته في قصر الخلافة، وكان مجلس القضاء يتكون من القاضي والشهود والموظفين الذين يقومون بمهمة تسجيل محضر الجلسة زائداً الحاجب الذي يتولى إدخال المعني إلى مجلس القاضي أو مجلس الحكم كما يسمى أحياناً وكان القاضي يتخذ لنفسه الرسوم الخاصة مثل وضع الطيلسان على مكتبه ويعقد بوسطه سيفاً ويتوشح بالسواد أو البياض الأمر الذي يميزه عن سائر أعضاء المجلس وعامة الناس، وفي الختام لابد من القول بأن القضاء إبان العصور الإسلامية على الرغم من تعرضه أحياناً لضغوط بعض الحكام إلا أنه على العموم كان قضاء مستقلاً وقد أكد ذلك غالبية المؤرخين عبر العصور، فقد حاول القضاة ما أمكنهم من أن تتخذ العدالة مجراها، وقد كان للخلفاء المسلمين دور في ذلك إذ منحوا القضاء أرزاقاً ضخمة تراوحت بين مائة دينار إلى ألف دينار كي يتعفف القضاة عما في أيدي الناس ويمتنعوا من قبول الهدايا أو يطمعوا في أموال الناس أو يظلموهم، وقد بقيت وقائع القضاء المشهورة في العصور الإسلامية المتعددة والمتميزة بالتجرد والنزاهة والتي طالت بأحكامها حتى الخلفاء والولاة أنفسهم، تتردد على أسماع المسلمين في كل مكان وزمان كدروس حية على نزاهة القضاء وعدالته وفق أحكام الشريعة الإسلامية.

([9])ابن خلدون: المقدمة. ص341.

(4) الدواوين

لم تكن الحاجة ماسة لظهور الدواوين زمن الرسول الأعظم محمد ـ صلى الـلـه عليه وسلم ـ ولا في مطلع عهد الخلفاء الراشدين بسبب صغر مساحة الدولة الإسلامية وعدم تعقد أساليب الحكم وقلة ما يرد للدولة من واردات إضافة إلى عدم وجود جيش نظامي وبشكل دائم، لكن الأمر قد أختلف كثيراً منذ عهد الخليفة عمر بن الخطاب حيث اتسعت رقعة العالم الإسلامي وكثرت إيرادات الدولة الإسلامية التي ترد من أرجاء مختلفة الأمر الذي أدى إلى زيادة في أعباء الحكم وتعقد إدارته..

فمن هذا الوضع انبرت الحاجة إلى ظهور الدواوين في الدولة العربية الإسلامية، وعلى الرغم من أن فكرة الدواوين لم تكن بنت الجزيرة العربية وإنما نشأت وموّرست خارج الجزيرة إلا أنها تطورت ونظمت ووضعت لها الأسس والقواعد في ظل الدولة العربية الإسلامية، خاصة بعد أن طرأت عليها تلك النقلة النوعية التي قام بها الخليفة الأموي عبدالملك بن مروان عام 81 هـ في تعريب عموم الدواوين في سائر البلاد الإسلامية..

كما أن كلمة "الدواوين" قد أختلف في أصلها المؤرخون والباحثون فمنهم من أعتبرها كلمة فارسية معربة والبعض يعدها عربية مشتقة من كلمة "دون" كما حدث الاختلاف أيضا في معنى كلمة الديوان حيث عرفها ابن خلدون "بأنها موضع لحفظ ما يتعلق بحقوق الدولة من الأعمال والأموال، ومن يقوم بها من الجيوش والعمال"([10]) بينما عرّفها ابن الأثير بمجموعة الصحف أو الكتب أو السجلات التي يكتب فيها أسماء المقاتلين ومقدار ما خصص لهم من أرزاق، في حين يعتبرها البعض الآخر بأنها تعني المكان الذي تحفظ فيه السجلات ويجلس فيه الكتاب.

يعتبر الخليفة عمر بن الخطاب أول من دوّن الدواوين في العصور الإسلامية وذلك في عام 20 للهجرة وكان أول ديوان أنشأه هو ديوان الجند الذي أختص بتسجيل أسماء الجند من المجاهدين المقاتلين مع أنسابهم ورواتبهم ورتبهم.

أما في العصر الأموي فقد ازدهرت مؤسسة الدواوين حيث ازدادت أعدادها نظراً

([10])ابن خلدون: المقدمة. ص613.

لازدياد التنظيمات الإدارية للدول الإسلامية، فقد استحدثت عدة دواوين فضلاً عن ديوان الجند أيام عمر بن الخطاب، ومن الدواوين الجديدة في العصر الأموي "ديوان الخراج" الذي كان مختصاً بجمع الخراج والانفاق من موارده على مؤسسات الدولة، ومرافقها ويحتفظ بالفائض منه في عاصمة الدولة، وهناك ديوان آخر استحدث وهو "ديوان الرسائل" وكان يسمى ديوان الإنشاء أيضاً وهذا الديوان له أوليات منذ زمن الرسول ـ صلى الله عليه وسلم ـ عندما كان الكتّاب يكتبون له الرسائل إلى الأمراء وأصحاب الأمر وإلى من دعاهم للدين الجديد من الملوك والأمراء.

كما تأسس ديوان آخر أيام الأمويين وهو "ديوان الخاتم" وكان يختص بخاتم الخلافة وأن أول من وضعه هو معاوية بن أبي سفيان.

ومن الجدير بالذكر أن هناك دواوين أخرى قد نشأت زمن الأمويين مثل ديوان الطراز والبريد والصدقات والنفقات إلا أن هذه الدواوين كانت تقتصر على عهد خليفة معين ثم تندثر مثل ديوان الصدقات زمن هشام بن عبد الملك فقط وديوان النفقات في عهد عمر بن عبدالعزيز والذي كان يختص بالمرضى والمقعدين للإنفاق عليهم، أي أن هذه الدواوين الأخيرة لم تحمل صفة الديمومة فسرعان ما تلاشت ولم تذكر بعد.

ونحن بصدد الحديث عن الدواوين إبان العصر الأموي لابد من التطرق إلى الفوائد الجمة التي اثمرتها حركة التعريب للدواوين والتي قام بها الخليفة عبدالملك بن مروان كما أسلفنا، فقد ساعدت حركة التعريب للدواوين على انتشار واسع للخط العربي واللغة العربية لغة القرآن الكريم حيث صارت لساناً حضارياً في جميع الأمصار الإسلامية، كما ساعد تعريب الدواوين على التقدم في علم الرياضيات بشكل ملحوظ بسبب إجراء العمليات التجارية بالعربية مع حسابات ميزانية بيت المال وحساب الفرائض وواردات ونفقات بيت المال، كما ساهمت حركة التعريب على تقلص نفوذ أهل الذمة الذين اضطروا إلى التخلي عن مناصبهم في الديوان لمن يجيد اللغة العربية بعد نقل المصطلحات من الفارسية واليونانية والقبطية إلى العربية الأمر الذي مهد إلى ظهور طبقة من الكتّاب صار لهم شأو كبير في الدولة العربية الإسلامية.

أما الدواوين في العصر العباسي فقد شهدت حركة نشطة أدت إلى ازدهارها حيث تم

تنظيم قواعدها وزيادة في أعدادها بسبب التوسع الشاسع الذي حصل في رقعة البلاد الإسلامية أيام العباسيين ودخول العديد من العرب والأجانب حظيرة الدين الحنيف الأمر الذي نجم عنه تشابك المصالح وتنوع الأغراض، فمن أجل التنظيم الإداري السليم لمؤسسات الدولة لا سيما وأن عناصر غير عربية مثل الفرس قد دخلت الدولة الإسلامية وهي تتمتع بإرث حضاري عريق قد أضفته على معالم الحضارة العربية، انتهجت الدولة العباسية اسلوب تعدد الدواوين لتعدد الأغراض ومن أهم هذه الدواوين كان "ديوان العزيز" وهو يعني مجلس الخليفة وكان يرأسه الوزير الأكبر لذا سمي بالعزيز وهو يضم الوزراء، وهناك ديوان آخر جديد زمن العباسيين كان يسمى بديوان "الأزمة" وهو من ابتكار الخليفة المهدي يختص بجمع الواردات كلها وأنواع النفقات برمتها وتقييم الموازنة بينهما أي باختصار كان يهتم بالشؤون المالية والمسؤول عنه يشبه وزير المالية بلغة اليوم، كما أن هناك ديواناً ثالثاً أحدثه العباسيون وهو "ديوان النظر في المظالم" أي يخصص الخلفاء وقتاً كافياً للنظر في مظالم المسلمين وذلك بسبب انشغال الخلفاء بمهام الدولة وشؤونها المعقدة الأمر الذي جعلهم يخصصون للمظالم ديواناً تعرض عليه القضايا التي لم يقتنع أصحابها بحكم القضاة وهو يعد بمثابة المحكمة الاستئنافية العليا في يومنا هذا، ويذكر أن الخليفة المأمون كان يترأس هذا الديوان في يوم الأحد من كل أسبوع، وهناك دواوين أخرى جديدة نشأت أيام العباسيين مثل "ديوان الصوافي" وهو يهتم بأراضي الدولة من حيث البيع والتأجير وكذلك "ديوان الضياع" وهو يختص بأراضي الخليفة و"ديوان الجهبذة" وهو مختص بالمحافظة على مصالح غير المسلمين فضلاً عن دواوين ثانوية كانت زمن العباسيين مثل ديوان البريد والشرطة والعطاء والري والدية وكان يعهد بإدارة كل ديوان إلى شخص يدعى بالرئيس أو الصدر ومن المفيد الإشارة إلى أنه بالرغم من كثرة أعداد الدواوين وتنوعها إبان العصر العباسي إلا أن "ديوان النظر في المظالم" بقي من أهم وأبرز الدواوين في هذا العصر، ومن المعروف أن أول من أرسى النظر في المظالم للناس هو الإمام علي بن أبي طالب أيام خلافته ولكنه كديوان قد تم إنشاؤه زمن العباسيين، كما أن ديوان البريد قد عد من الدواوين المميزة، ومن البديهي أن البريد كان نظاماً قديماً له شأن عند الرومان والفرس واليونان وأن أول من أتخذ نظام البريد في الإسلام هو الخليفة الأموي معاوية بن أبي سفيان بعد أن توسعت دولته فأراد أن تصل الأخبار من الخليفة وعماله في مختلف الأقاليم بأقصى سرعة ممكنة، ثم تطور نظام

البريد حيث أصبح له رئيس يسمى بصاحب البريد، وقد أهتم الخلفاء الأمويون والعباسيون بتعيين ثقاتهم للأشراف على هذا الديوان لما يحمله من أهمية جاسوسية رسمية تشبه إلى حد ما شعبة المخابرات في الوزارات الحربية الحديثة، وقد قال الخليفة العباسي أبو جعفر المنصور في هذا الصدد:

ما أحوجني إلى أن يكون على بابي أربعة نفر، ولا يصلح إلا بهم، أما أحدهم فقاضي لا تأخذه في اللـه لومة الائم، والآخر صاحب شرطة ينصف الضعيف من القوي والثالث صاحب خراج يستقصي ولا يظلم الرعية، ثم عض على إصبعه ثلاث مرات يقول في كل مرة "آه.. آه" قيل ما هو؟ قال صاحب بريد يكتب خبر هؤلاء على الصحة([11]).

ومن الجدير بالذكر أن للبريد في العصور الإسلامية ثلاثة أنواع هي:

1- البريد البري: كانت طرقه تمتد من عاصمة الخلافة إلى الولايات والأقاليم.

2- البحري: اقتصر على البلاد المطلة على البحر.

3- البريد الجوي: بواسطة الحمام الزاجل أو ما يسمى أحياناً بحمام الرسائل.

الذي كان مختصاً بنقل الرسائل بين الولايات الإسلامية، وقد علم عن الدولة الفاطمية بأنها قد أفردت ديواناً خاصاً لهذا النوع من الحمام يتضمن أنسابه وكيفية استخدامه في البريد من حيث وضع الحلقات في أرجله أو الألواح الخفيفة في أعناقه، وأن أول من استخدم الحمام في نقل الرسائل هو الخليفة العباسي المعتصم إذ أضطر لاستخدامه فترة الحرب خاصة.

(5) الحِسبْة

من الوظائف المميزة التي أنجبها الإسلام بعد تحوله من دعوة الناس من أجل اعتناقه كدين جديد إلى دولة ذات نظم ومؤسسات تلكم هي (الحِسْبة) والتي عرفها الفقهاء: أمر بالمعروف إذا ظهر تركه، ونهي عن المنكر إذا ظهر فعله، استجابة لحكم الآية الكريمة {ولتكن منكم أمةٌ يدعون إلى الخير ويأمرون بالمعروف، وينهون عن المنكر وأولئك هم المفلحون}([12]).

([11])العدوي: مرجع سابق. ص23.

([12])سورة آل عمران، الآية (104).

تعد وظيفة الحسبة أحد أهم المظاهر الأساسية الحضارية العربية الإسلامية والتي استمرت طيلة العهود الإسلامية المتعددة وكان الاهتمام بها شديداً، بدءاً من الرسول الأعظم محمد ـ صلى اللـه عليه وسلم ـ وامتداداً لعصر الخلفاء الراشدين والذين جاءوا من بعدهم لمالها من ضرورة فائقة تتصل بتعاليم ومبادئ الإسلام الأساسية كما يعكس تطبيقها على المجتمع صورة الإسلام الحقه والتي تتمثل بالصدق والعدالة والنزاهة.

وفي الواقع أن سلطة الحسبة تتميز بكونها مزيجاً من السلطة القضائية والقاعدة الاجتماعية التي تدخل في مجال الأخلاق والتشريع ولا يمكن تحديد إطارها بشكل دقيق ولكنها كوظيفة إدارية اختصت بشكل أساسي في تنظيم أحوال السوق ومعاملاته([13]).

لقد نشأت وظيفة الحسبة أول الأمر أيام الرسول ـ صلى اللـه عليه وسلم ـ وقد تولاها بنفسه كما قلدها لغيره، وقد ورد في صحيح مسلم ((إن الرسول الكريم ـ صلى اللـه عليه وسلم ـ قد مرّ على صرة لطعام فأدخل يده فيها فنالت أصابعه بللاً فقال ماهذا ياصاحب الطعام فقال: أصابته السماء يارسول اللـه قال: أفلا جعلته فوق الطعام كي يراه الناس.. من غشنا فليس منا)) ([14]).

ومن هذه الحادثة أصبحت الحسبة نظاماً من أنظمة الحكم الإسلامي، جرى عليها الخلفاء والولاة من بعد دولة الرسول الأعظم مهمتها مراقبة الغش في الأسواق سواء في البضائع أو المكاييل، كما اهتمت بالنظافة العامة والآداب وقد عين الرسول ـ صلى اللـه عليه وسلم ـ (سعد بن سعيد) على سوق مكة لمراقبته كما استعمل عمر بن الخطاب على سوق المدينة لذات الغرض.

وقد استمرت وظيفة الحسبة أيام الخلفاء الراشدين والعصر الأموي إلا أن المؤرخين يرون بأن الحسبة قد تبلور مفهومها بشكل منظم وصدرت معالمها إبان العصر العباسي حيث غدت من المؤسسات التي أخذت بها الممالك الإسلامية وذلك بسبب ازدهار التجارة وتقدم الصناعة وظهور الحاجة الماسة لمراقبة التجار والصياغ ومختلف المتعاملين في الأسواق.

وكما ذكرنا قبل قليل بأن الخليفة عمر كان يشرف على أسواق المدينة بنفسه مكلفاً من

([13])أبوخليل: مرجع سابق. ص140.

([14])المرجع نفسه، ص ص162-161.

قبل الرسول الأعظم محمد ـ صلى الله عليه وسلم ـ ثم استمر بذلك حتى في عهده أيام الراشدين، وهناك من المصادر تفيد بأن عمراً قد ولى إحدى الصحابيات وهي (الشفاء بنت عبد الله العدوية) على سوق المدينة والتي كانت تتمتع بمنزلة كبيرة لديه كما تولت السيدة (سمراء بنت نهيك الأسدي) هذا المنصب كذلك ويذكر أن الأخيرة قد لجأت أحياناً إلى الضرب بالسوط للمخالفين للشريعة الإسلامية، كما أخذ الإمام علي بن أبي طالب على عاتقه مهمة الحسبة أيام توليه الخلافة فكان يمر بنفسه على الأسواق ينهى الناس عن الغش في الكيل والميزان ويوصي أصحاب السلع بالتعامل الحق العادل.

ومن المفيد الإشارة إلى أن الذي كان يقوم بمهمة الحسبة يسمى بـ (المحتسب) بيد أن الأمويين قد أطلقوا عليه اسم العامل على السوق وأحياناً بصاحب السوق وكان يتم اختياره وفق ضوابط لخطورة هذا المنصب ولاتصاله المباشر مع المسلمين ولصلته القوية بمبادئ الإسلام الأساسية فقد روعي في المحتسب صفات عدة منها ـ أن يكون من أصحاب الرأي والصرامة والعلم والورع والتقوى، كما يتوجب في المحتسب أن يكون فقيهاً في الدين، ذا هيئة حسنة ومظهر مهيب ونظافة تامة، فما ذكره المؤرخون في صفات المحتسب تقتطف منه ما يلي:-

((يجب أن يكون من ولي النظر في الحسبة فقيهاً في الدين، قائماً مع الحق، نزيه النفس، عالي الهمة، معلوم العدالة، ذات أناة وحلم، وتيقظ وفهم عارفاً بجزئيات الأمور، وسياسية الجمهور لا يستخفه طمع، ولا تلحقه هوادة، ولا تأخذه في الله لومة لائم مع مهابة تمنع من الادلال عليه، وترهب الجاني لديه)) (15).

ويضيف البعض صفات أخرى كأن يكون رقيقاً، لين القول، طلق الوجه ليتمكن من استمالة القلوب ونيل المقصود وأن يكون خالص النية بعيداً على الرياء عفيفاً عن أموال الناس عارفاً بأحكام الشريعة.

حري بنا ونحن بصدد الحديث عن الحسبة وصفات المحتسب أن نحدد المهام والأعمال المناطة بالمحتسب فهي في الواقع عديدة وكثيرة حيث تدخل ضمن اختصاصات عدة بمفهوم اليوم إلا أنها كانت ملقاة جميعاً على عاتق المحتسب إبان العصور الإسلامية وهي كما يأتي:-

---

(15)أبوخليل، المرجع السابق. ص ص167-166.

1- المراقبة للأسواق والإشراف عليها وهذا يشمل أسعار البضائع والمقاييس والموازين والمكاييل وغيرها من المعاملات التجارية لمنع كل ما حرمه الدين الإسلامي مثل الربا وزيادة الأسعار والاحتكار والغش والاستغلال.

2- مراقبة أرباب الحرف وأصحاب المهن المختلفة مثل الأطباء في حالة تسببهم الموت للمرضى.

3- مراقبة الأبنية والطرقات، فيأمر المحتسب بهدم الأبنية النشاز ويأمر أصحاب الدور المتداعية بالهدم ورفع أنقاضها كما يراقب حركة مرور الناس وعدم استغلال طرقهم من قبل أصحاب الحرف.

4- متابعة العبادات، إذ تدخل ضمن وظيفة المحتسب كذلك فيأخذ المسلمين لصلاة الجمعة والأعياد ومنع الناس من الإفطار في شهر رمضان الكريم فضلاً عن متابعة نظافة المساجد.

5- مراقبة الأخلاق العامة، فالمحتسب من مهامه أن يمنع الناس من اتخاذ الأكساب الفاجرة كما يمنع السحر والكهان عن منكراتهم ويمنع تعرض الرجال للنساء في الأماكن العامة كالسوق أو عند حمامات النساء وللمحتسب مهام أخرى إضافة لما تقدم منها تدخله في الدعاوي التي تتعلق في البخس في الكيل والوزن أو الغش في البيع أو دعاوي التأخير والمماطلة في سداد الدين وله كذلك مهام ثانوية تتعلق بأعمال البر والخير مثل دعوة الناس إلى الرفق بالضعفاء ومنع السفن من الإقلاع إذ كانت الأحوال الجوية سيئة أو بسبب زيادة حمولتها كما يتدخل المحتسب في أمر سقاية المياه ومنع الأحمال ذات الرائحة الكريهة من أن تمرق في الأسواق والأماكن العامة.

لقد تطورت وظيفة الحسبة وزادت اختصاصات المحتسب كثيراً بتعاقب العصور الإسلامية حتى بلغ الأمر أن يكون المحتسب مسؤولاً عن دور الضرب ومراعاة إثبات اسم الخليفة على السكة والطراز، وقد أصبح للمحتسب أعوان مساعدون نتيجة لزيادة أعماله وكثرة مسؤولياته يتوزعون على الإقاليم وسائر المدن.

ومن المفيد الإشارة إلى أن المحتسب كانت له صلاحيات تنفيذية وذلك في نطاق

التأديب وهو ما عرف بـ (التعزير) وهو أسلوب ردع للقضاء على شيء محرم إما بالتوبيخ بالقول أو الضرب بالسوط.

ولابد من القول في النهاية أن الحسبة قد عرفتها جميع الأقاليم الإسلامية، بيد أن بلاد الأندلس كانت تعرف بولاية السوق فيها أو بأحكام السوق وقد استمرت هذه الوظيفة إلى اليوم في أقطارنا الإسلامية غير أن مهامها وصلاحياتها أنيطت إلى عدة وظائف مثل البلدية والشرطة والأمن الداخلي والقضاء في حين أن الحسبة في العصور الإسلامية السالفة كانت تقوم بجميع المهام لوحدها.

(6) الشرطة

برز نظام الشرطة كأحد أوجه الحكم الإسلامي في الجزيرة العربية بعد اعتناق أبنائها الدين الحنيف وتكاثر أعداد المسلمين وتنوع مصالحهم الأمر الذي تطلب حفظ النظام وإقرار الأمن الداخلي في كافة ربوع الدولة الإسلامية الفتية ليل نهار، ولم نعثر في المصادر التاريخية على ما يشير إلى وجود نظام الشرطة في دولة الرسول الأعظم محمد ـ صلى الله عليه وسلم ـ مما يعكس لنا استتباب الأمن وحفظ النظام خلال عهد الرسول الكريم نتيجة لالتزام المسلمين الأوائل بمبادئ الإسلام دونما الحاجة لمراقب أو رادع، لكن الأمر بدأ تدريجياً يفرض الحاجة إلى الشرطة لحماية الناس وممتلكاتهم، وقد كانت البداية بسيطة إبان عهد الخلفاء الراشدين إذ ظهر أولا نظام (العسس) أي الطواف ليلاً لتتبع اللصوص ومطاردة أهل الفساد والمخلين بالأمن ومن يخشى شرورهم، وقد عهد الخليفة أبوبكر الصديق بهذه المهمة إلى (عبد الله بن مسعود) بينما كان الخليفة عمر بن الخطاب يقوم بنفسه بالمهمة ليلاً.

وفي عصر الخليفة الراشدي الرابع الإمام علي بن أبي طالب طرأ على نظام الشرطة تطور ملحوظ حيث تحول نظام العسس إلى نظام للشرطة وقد وضع له القواعد والأسس وأطلق على رئيس الشرطة بـ (صاحب الشرطة) كما استحدثت مؤسسة السجن لحبس الجناة والمخالفين.

أما خلال العصر الأموي فقد أولى الخلفاء الأمويون أهمية قصوى لنظام الشرطة

بسبب ما ساد هذا العصر من فتن وإضرابات من جهة ودخول عناصر عدة من غير العرب إلى حظيرة الإسلام نتيجة لاتساع رقعة العالم الإسلامي من جهة أخرى، وعلى ضوء ذلك، أمعن الخلفاء الأمويون ودققوا في اختيار رجال الشرطة بحيث يكونوا من علية القوم ومن أهل العصبة والقوة وقد أطلقوا على صاحب الشرطة اسماً جديداً وهو (صاحب الأحداث) ([16]).

كانت الشرطة أيام الأمويين تابعة للقضاء حيث انحصر غرضها في تنفيذ أحكام القضاء أو فرض العقوبات الزاجرة قبل ثبوت الجريمة ومساعدة القضاء وتمكينها من إثبات الذنب على مرتكبه وبذلك يكون نظام الشرطة حتى انتهاء العصر الأموي هو في خدمة القضاء.

بيد أن نظام الشرطة إبان العصر العباسي قد طرأ عليه تغيير جذري ولا سيما فيما يتعلق بمهامه ووظيفته، حيث أصبحت الشرطة في هذا العصر تنظر في الجرائم وإقامة الحدود ومباشرة القصاص والقطع، وبذلك غدت الشرطة هنا منفصلة عن القضاء([17])، وقد أطلق على صاحب الشرطة لقب رئيس الشرطة وهو يعادل بمنزلة ومكانة الحاكم أو الوالي، ومن أبرز من تقلد هذا المنصب أيام العباسيين هو طاهر بن الحسين في عهد الخليفة المأمون.

ومن الجدير بالذكر أن نظام الشرطة قد ساد الأقاليم الإسلامية عامة ولم يقتصر على البلاد التابعة للعباسيين إذ شهدت بلاد الأندلس نظام الشرطة كذلك حيث قسموها إلى قسمين شرطة كبرى وشرطة صغرى حيث أنيطت مهمة النظر في الأمور الخاصة للشرطة الكبرى الذي كان يتم اختيار مسؤولها من بين أكابر رجالات الدولة، أما الشرطة الصغرى فقد عنيت بالنظر في أمور عامة الناس.

كما شهدت الخلافة الفاطمية في مصر نظاماً للشرطة أيضا، وقد قسمت الشرطة إلى الشرطة العليا التي كانت مهمتها تتعلق بمنطقة القاهرة، والشرطة السفلى التي كانت تهتم بشرطة الفسطاط والعسكر والقطائع وكانت تسمى بشرطة مصر.

([16])الكروي: مرجع سابق. ص96.

([17])العدوي: مرجع سابق. ص22.

ومن المفيد الإشارة، ونحن بصدد الحديث عن الشرطة، أن نعرف ماذا تعني كلمة ((الشرطة)) بحد ذاتها؟، فقد أفادت المصادر بأنها تعني العلامة لأن رجال الشرطة في عصور الإسلام كانوا يضعون لأنفسهم علامة خاصة تميزهم عما سواهم من الناس.

أما الصفات الواجب توفرها في رجل الشرطة هو أن يكون حليماً مهيباً دائم الصمت، طويل الفكر، بعيد الغور، وأن يكون غليظاً على أهل الريب طاهراً نزيهاً غير عجول، شديد اليقظة.

ومن المعروف أن صاحب الشرطة أو رئيسها كانت له مهام خاصة منها النظر في الجرائم الخاصة بالقضايا السياسية والجنائية كما تسند إليه أحياناً بعض الأعمال مثل مهام الحسبة والمساهمة في إطفاء الحرائق والمعاونة في تحصيل الجزية وإصدار العملة.

وكان صاحب الشرطة يتخذ له نائباً ومساعدين يعرفون بالأعوان، وأصحاب النوبة أو الخفراء وكان الأعوان يلبسون زياً خاصاً ويحملون ترساً نقش عليه كتابات تحمل اسم صاحب الشرطة فضلاً عن الفوانيس التي يحملونها ليلاً مع كلاب للحراسة، وكان صاحب الشرطة يرفع تقريره يومياً إلى الخليفة مبيناً فيه أحوال البلاد والرعية من الوجهة الأمنية والواقع.

إن المصادر التاريخية تفيدنا بأن من جملة آداب الشرطة هو التزامهم بمعاقبة الخاص والعام بذات العقوبة دونما تمييز وذلك وفق ما أمرت به الشريعة الإسلامية وخلاصة القول... إن نظام الشرطة الذي ولد في ظل الإسلام والذي تطور مفهومه تدريجياً تبعاً لتوسع البلاد الإسلامية وازدياد أعداد المسلمين، إلا أنه غدا هذا النظام أحد أوجه الحضارة العربية الإسلامية، وخير ما نختتم به مقالنا هو ما أورده الأستاذ شوقي أبو خليل في كتابه الحضارة العربية الإسلامية نقلاً عن القلقشندي وهو يعطينا صورة تقليد لصاحب الشرطة في الدولة الإسلامية، حيث جاء فيها: ((اعتمد المساواة بين الناس، ولا تجعل بين الغني والفقير في الحق فرقاً، اشمل أهل المدينة بطمأنينة تنيم الأخيار، وتوقظ الأشرار، وآمنة تساوي فيها بين ظلام الليل ونور النهار.. وانصف المظلوم، واقمع الظالم وخذ ـ في الحدود ـ بالاعتراف أو الشهادة، ولا تتعدّ حدّها بنقص ولا زيادة، وكما تقيمها بالبينات كذلك تدرؤها بالشبهات.

وفي هذه المدينة من أعيان الدولة ووجوهها، وكل سامي الأقدار ونبيهها، والتجار الذين هم عين الحلال والحرام، والرعية الذين بهم قوام العيش من يلزمك أن تكون لهم مكرماً، ولاياتهم - أي سياستهم - محكماً، ومن ظلمهم متحرجاً متأثماً، وأوعز إلى أصحاب الارباع باطلاعك على الخفايا، وإبانة كل مستور من القضايا، وأن يتيقظوا لسكنات الليل، وغفلات النهار، وواصل التطواف في العدد الوافر والسلاح الظاهر في أرجاء المدينة وأطرافها، وعمّر بسرك سائر أرجائها وأكنافها([18])

(7) البحرية

عرف العرب قبل الإسلام ركوب البحر فاهتموا ببناء السفن وبرعوا في الملاحة ووصلوا بأسطولهم إلى مناطق نائية إذ كانوا يجوبون البحار ومسالكها سعياً وراء التبادل التجاري والاتصال بالشعوب وظلت مغامراتهم وأسفارهم مثلاً يحتذى في الإقدام والجرأة والشجاعة، وأن تاريخ الملاحة البحرية العربية يعود إلى أقدم العصور التاريخية منذ المحاولات الأولى التي قام بها الإنسان لشق مياه البحار باستخدام الصاري والشراع.

إن الإنسان العربي قد أدرك المكاسب الهامة التي يجنيها من جراء تسخير البحر لطاعته، كما أدرك في الوقت نفسه المخاطر الكبرى التي قد يجلبها البحر.

دشن العرب وبخاصة أبناء عمان والبحرين المحاولات الأولى للإنسان في ارتياد البحر منذ الألفية الخامسة قبل الميلاد، كما كان لهم النصيب الأوفر في إقامة الصلات المنتظمة بين عدد من الحضارات المتباعدة([19])...

كما كان لهم السبق في علم الملاحة وصناعة السفن، وقد حدثنا الشاعر طرفة بن العبد في معلقته المشهورة عن هذه السفن.

ولم يكن العرب بعد الإسلام أقل عناية واهتماماً بالبحر والملاحة منهم قبل الإسلام، بل زاد اهتمامهم وتوسعت أعمال الملاحة لديهم فاتخذوا الأساطيل الحربية إلى جانب السفن التجارية التي كانت تمخر عباب المحيط الهندي والبحر المتوسط بعد اندلاع الفتوحات

([18])أبوالخليل: المرجع السابق. ص ص191، 192.

([19])عُمان في أمجادها البحرية، ط3، 1994، سلطنة عُمان، ص ص6-5.

الإسلامية والقضاء على الإمبراطوريتين ـ الروم والفرس ـ يومذاك.. لقد حصل انكماش مؤقت لركوب البحر من قبل العرب المسلمين في عهد الخليفة عمر بن الخطاب بسبب حرصه الشديد على أرواح المسلمين من أن تُهدر في أمواج البحر وذلك بعد أن وصلته رسالة من عمرو بن العاص واليه على مصر والتي وصف فيها البحر قائلاً: "إني رأيت خلقاً كبيراً، يركبه خلق صغير ليس إلا السماء والماء، إن ركد خرق القلوب، وإن تحرك ازاغ العقول يزداد فيه اليقين بالنجاة قلة، والشك كثرة، هم فيه كدود على عور، إن مال غرق، وإن نجا برق([20]).

بعد ذلك اتخذ عمر بن الخطاب قراره بعدم ركوب البحر، وقد أبلغ ذلك إلى معاوية بن أبي سفيان وإليه على الشام والذي كان يستأذنه في ركوب البحر لمجابهة الأعداء الروم، كما أمر عمر بعزل واليه على البحرين لتجاوزه على القرار وإقدامه على عبور البحر.

إلا أن العصر الراشدي لم ينته دون دخول المسلمين على البحر، فعندما تولى عثمان بن عفان الخلافة أجاز للمسلمين ركوب البحر والاهتمام بصناعة السفن والتعرف على علم الملاحة وبناء أسطول إسلامي يليق بما وصل إليه المسلمون من مكانة وقوة كي يساهم هذا الأسطول وبشكل فعال في صد هجمات الروم البحرية، كما يساعد على فتح جزر ومناطق أخرى لانتشار الإسلام ومبادئه فيها.

وإن أول من أذن له الخليفة عثمان بركوب البحر هو واليه على بلاد الشام معاوية بن أبي سفيان الذي كان يلح بكثرة على ولوج البحر منذ أيام عمر بن الخطاب ـ كما أسلفنا ـ أقدم معاوية على بناء أول أسطول بحري إسلامي فتح به جزيرة قبرص حيث بدأ الأسطول حملة من مدينة عكا عام 28 للهجرة بسفن كثيرة، كما التحقت بالأسطول سفن أخرى من مصر حيث كانت مصر في مقدمة الدول التي ساهمت في بناء الأسطول الإسلامي لأنها كانت تمتلك مصنعاً لبناء السفن التجارية في مدينة الإسكندرية، كما كانت تصنع السفن الحربية للدولة البيزنطية قبل تحريرها ودخولها الإسلام، وقد حقق الفتح الإسلامي البحري لجزيرة قبرص النجاح التام، الأمر الذي شجع كثيراً على تطور البحرية الإسلامية بعد ذلك، فلم يمض وقت طويل على الفتوحات الإسلامية حتى شعر المسلمون بحاجتهم

([20]) أبو خليل: مرجع سابق. ص244.

التنظيمات الإدارية والسياسية إبان العصور الإسلامية المختلفة

الماسة إلى حماية شواطئ البحر الأبيض المتوسط من غارات الأسطول البيزنطي الذي كان يقوم بالإغارة بين وقت وآخر على سواحل سوريا وفلسطين ومصر، حيث ينال منها ثم يقفل راجعاً، لذلك صمم المسلمون على إنجاز أسطول إسلامي كبير يحمي شواطئ المدن الإسلامية من الغارات البيزنطية.

وبالفعل، وخلال فترة وجيزة استطاع المسلمون من إنجاز أسطول ضخم يجوب البحر المتوسط دون خوف أو وجل من الأساطيل الرومية، وقد غدا الأسطول الإسلامي سيد البحر المتوسط من شرقه إلى غربه.

لقد تم هذا الإنجاز الكبير بسبب إصرار المسلمين على إنجازه مدفوعين بالإيمان العميق بالدين الجديد بهدف نشره في أصقاع شتى من المعمورة، ولما كتب الله تعالى لهم النصر في الساحات البرية مع الروم والفرس وأعداء الإسلام كافة، فلم يعد ما ينقصهم سوى التمكن من القتال والنزال في البحار والمحيطات كي يصلوا بالدين الحنيف إلى أماكن أخرى من العالم والتي كان البحر يقف حائلاً دون ذلك، وقد تحقق هذا الأمر فعلاً عندما عبر المسلمون البحر المتوسط عند المضيق الذي سُمي باسم القائد الإسلامي "طارق بن زياد" ولا زال إلى يومنا هذا، فبلغوا أوروبا ليحولوا جزيرة إيبيريا إلى دولة إسلامية (الأندلس) تطلق اشعاعاتها الحضارية بمبادئ الإسلام والعلوم والمعارف إلى كافة أنحاء أوروبا.

بلغت القوة البحرية الإسلامية ذروتها إبان العصر الأموي، إذ امتلك المسلمون خلاله ثلاثة أساطيل مستقلة كلاً يعمل في محيطه المحدد له، فالأسطول الأول في مصر، والثاني في سوريا، والثالث في شمال أفريقيا، بالإضافة إلى وحدات بحرية في البحر الأحمر، وقد أولى معاوية بن أبي سفيان اهتماماً كبيراً بالأساطيل البحرية في عهده وكانت قمة ما وصلت إليه البحرية الإسلامية في المعركة التي نشبت بين المسلمين والروم عام (35) للهجرة والتي حقق فيه المسلمون نصرا مؤزراً على الروم وقد سُميت هذه المعركة بـ (ذات الصواري) لكثرة الساريات للسفن التي اشتبكت خلال المعركة([21]).

([21])الكروي: المرجع السابق. ص116.

شجع هذا النصر الكبير، المسلمين لفتح جزر كريت ورودوس وسردينيا وصقلية، كما دفع المسلمين إلى محاولة فتح القسطنطينية، وبالرغم من عدم نجاح المحاولة إلا أنها أقنعت الروم بأن عاصمتهم أصبحت مهددة من قبل الأسطول البحري الإسلامي.

ومن الجدير بالذكر أن انحسار العصر الأموي لا يعني انحسار الاهتمام بالأسطول البحري، فقد اهتمت العصور الإسلامية التي أعقبته كذلك بالبحر والأسطول والملاحة إذ عنى العباسيون بذلك فأقدموا على بناء السفن وأسسوا دوراً للصناعة في أحواض البحر المتوسط والمحيط الهندي، كم شهد العصر الفاطمي نشاطاً ملحوظاً في زيادة إنتاج دور الصناعة فأنشأت دوراً جديدة في كل من القاهرة ودمياط والإسكندرية وطرابلس الغرب وسوسة وقد بلغت البحرية الإسلامية في عصرهم ازدهاراً كبيراً.

وفي الأخير، لابد لنا من التطرق إلى تشكيلات الأسطول الإسلامي وصناعة السفن في عصور الإسلام.. فقد تشكل الأسطول الحربي الإسلامي من عدة سفن وكانت هذه السفن ليست على شاكلة واحدة وإنما هي أنواع عدة منها النوع الكبير وهي تشبه البوارج حيث تتسع لألف رجل، وهناك النوع الصغير كالطرادات تتسع الواحدة إلى مائة رجل مهمتها السير السريع والالتفاف حول السفن الكبرى، والسفن الحربية مزودة بآلات القذف من المنجنيق آلات رمي الحجارة وفيها الأبراج العالية التي تساعد علي تسلق الأسوار.

كما أن هناك أنواعاً أخرى وعديدة للسفن التي استخدمت في تشكيلات الأسطول الإسلامي مثل البوجي والبطة والحّراقة التي تحمل أسلحة نارية، والحّمالة التي تحمل المؤونة للرجال.

كما برع المسلمون في صناعة أنواع عديدة من السفن حيث بلغت من القوة والمتانة خلال القرن الرابع للهجرة إذ عدت من السفن العابرة للمحيطات.

كما كانت السفن الإسلامية متباينة الصنع تبعاً لطبيعة البحار التي تبحر فيها إذ استخدم خشب الساج وهو من أنفس أنواع الخشب وأجودها في صناعة السفن التي تمخر عباب المحيط الهندي والبحر الأحمر، ولم يستخدموا المسامير في صناعتها وإنما استعملوا الألياف بدلاً منها لكون مياه هذه البحار تؤثر في الحديد، بيد أنهم قد استخدموا المسامير في صناعة السفن التي كانت تجوب البحر المتوسط.

أما قيادة الأسطول البحري الإسلامي، فقد أنيطت إلى الذين يتصفون بالقدرة الفائقة على القيادة للأسطول ويتسمون بالحنكة والشجاعة إذ كانت مرتبة قائد الأسطول أو الربان تُعد من المراتب العليا في الدولة الإسلامية ـ كما ذكر لنا ذلك ابن خلدون في مقدمته ونظراً لمكانته المميزة كان يُطلق عليه أحياناً بوزير البحر أو أمير البحر، ومنها اشتقت لفظة "أدميرال Admiral" الأوربية[22]

(8) الجيش

لم تعرف الجزيرة العربية قبل ظهور الإسلام الجيش النظامي مثل ما هو معروف اليوم، بالرغم من أن المناطق المجاورة لها قد عرفت هذا النوع من الجيوش النظامية المدربة، وقد حدثت طفرة نوعية في تشكيلات المقاتلين وأساليب القتال والأسلحة المتنوعة والأهداف المتوخاة من القتال على أرض الجزيرة العربية بعد أن بزغت شمس الإسلام ساطعة على ربوعها، وبالرغم من أن الجيش لم يؤسس بمعناه المتقدم إبان عهد الرسول الأعظم محمد ـ صلى الله عليه وسلم ـ ومطلع العهد الراشدي إلا أنه قد تطور وتعقدت تنظيماته بتلاحق العصور الإسلامية وتتابعها.

ففي عهد الرسول الكريم محمد ـ صلى الله عليه وسلم ـ قد تأسس الجيش بعد أن فرض الجهاد على المسلمين بعد الهجرة لتحقيق هدفين أساسيين ـ هما الدفاع عن النفس من أذى الكافرين وبطشهم، والدفاع عن العقيدة الجديدة ومحاولة نشرها في كل مكان من أرجاء المعمورة وبأسرع وقت.

وقد أعطى الانتصار الباهر للمسلمين في معركة بدر الكبرى زخماً كبيراً لتدعيم مؤسسة الجيش والعمل على تطويره وعلى الزيادة في قدرات المقاتلين، ومن المعروف أن الإنسان العربي قد تميز منذ السابق بخصال جسمانية ومعنوية ساعدته كثيراً على إدارة فن القتال بنجاح كبير، حيث صلابة جسمه ونشاطه إضافة لشجاعته الفردية وقدرته في الصبر على الجوع والظمأ وتقلبات الجو من حر وبرد فجاء الإسلام ليضفي عليه خصلة هامة كان لها الأثر الكبير في إحرازه النصر أو الصمود وهي الإيمان الصادق بالدين

[22]الكروي: مرجع سابق، ص121.

الحنيف والدفاع عن مبادئه وتعاليمه، حيث فرض الإسلام على المؤمنين به الجهاد في سبيل اللـه دفاعاً عن الدين والنفس والمال والوطن، وقد وعدهم بإحدى الحسنيين إما النصر والعزة بالدنيا أو الشهادة ودخول الجنة بالآخرة.

لقد تميز أسلوب القتال عند العرب قبل الإسلام بالأسلوب الوحيد المعروف يومذاك باسم (الكر والفر) ولكن الإسلام أبى عليهم هذا الأسلوب واستهجنه وقد استبدله باسلوب (الصف) تيمناً بقول تعالى: {إن اللـه يحب الذين يقاتلون في سبيله صفاً كأنهم بنيان مرصوص}، وهذا أسلوب جديد أبتكره الإسلام ليفرضه على المسلمين كافة في جهادهم للكفار، وفي ظل هذا الأسلوب الإسلامي الجديد (قتال الصف أو الزحف مثلما يسمى أحياناً) والذي أصبح مقروناً بالإسلام، أخذ الرسول ـ صلى اللـه عليه وسلم ـ يسوي الصفوف قبل بدء القتال ليجعلها مصطفة يشد بعضها البعض كالبنيان، وكان الصف يتخذ أشكالاً عدة منها على شكل خط مستقيم، وهو النوع الذي كان أكثر استخداماً من غيره، ومنها: على شكل الهلال سواء الهلال الاعتيادي أو المقلوب أو الهلال المركب الذي يعني وجود هلال في الوسط ويكتنفه هلالان واحد عن اليمين والآخر على جهة اليسار وكأنهما أجنحة.

كما استخدم المسلمون في القتال أيام الرسول الأعظم محمد ـ صلى اللـه عليه وسلم ـ أسلوب (التعبئة) أو ما يسمى أحياناً بالكراديس، والكلمة الأخيرة يونانية معناها الكتائب أو الوحدات، وفي هذا الأسلوب من القتال يتوزع الجند إلى خمسة أقسام رئيسية لذلك يعرفه البعض (بنظام الخميس) ([23])، والأقسام الخمسة هي: المقدمة والميمنة والميسرة والقلب والمؤخرة، وقد أخذ المسلمون هذا الأسلوب عن الدولة البيزنطية.

إن الجيش زمن الرسول الأعظم لم يكن جيشاً بالمعنى الحديث ـ كما أسلفنا ـ كما أن القتال مطلع الدعوة الإسلامية كان محرماً على المسلمين، حيث خلت حياتهم من مظاهر العنف، بيد أن الحالة قد اختلفت بعد هجرة المسلمين الأوائل إلى المدينة المنورة، حيث أذن اللـه تعالى لهم بالقتال مصداقاً لقوله جل وعلا: {وقاتلوا في سبيل اللـه الذين يقاتلوكم ولا تعتدوا إن اللـه لا يحب المعتدين}.

([23])مسيرة الحضارة، المجلد الأول، ص361.

فعلى ضوء ذلك وبعد أن صار الجهاد فرضاً لابد وأن يبادر الرسول الكريم ـ صلى اللـه عليه وسلم ـ إلى تأسيس جيش من المقاتلين المسلمين إلا أن هذا الجيش بادئ الأمر كان في غاية البساطة ولم يكن بحاجة إلى الإنفاق عليه لأن أفراده من المتطوعين الذين ينصرفون إلى حياتهم العامة بعد انتهاء المعركة مع المشركين ليعودوا ثانية عندما تنشب معركة أخرى، بيد أن هذه الحالة قد تغيرت تماماً إبان تولى عمر بن الخطاب الخلافة حيث ازدادت الفتوحات الإسلامية في عصره فأضطر الخليفة عمر إلى تأسيس جيش نظامي مدرب دائم في وقتي الحرب والسلم، كما أفرد له ديواناً خاصاً به وهو ما أطلق عليه بديوان الجند، كان مختصاً بتثبيت أسماء المقاتلين وأنسابهم ورتبهم وأعطياتهم، وبذلك أصبح الجيش الإسلامي أيام عمر بن الخطاب مؤسسة عسكرية مستقلة ذات كيان خاص تعتمد في تمويلها على الخلافة، ويذكر أن عدد أفراد هذا الجيش أيام عمر قد بلغ مائة وخمسين ألفاً، وأن جميع أفراده من القبائل العربية فقط، وقد ظل العنصر العربي سائداً في الجيش الإسلامي طيلة العهد الراشدي والعصر الأموي، ولكن ما أن حل العصر العباسي حتى دخلت العناصر غير العربية في الجيش الإسلامي وذلك بعد أن تم نشر الإسلام في أصقاع غير عربية، إضافة لمبدأ المساواة بين المسلمين بغض النظر عن أجناسهم وألوانهم ومناطق تواجدهم.

ومن الجدير بالذكر أن مؤسسة الجيش خلال العصر العباسي قد طرأ عليها تغيرات عدة وتطورات كثيرة منها: الاستخدام للأسلحة الثقيلة وحرب الحصار واستخدام النفط والمجانيق وقذف الأبراج، الأمر الذي تطلب من الجند خبرة إضافية وتدريباً شاقاً وطويلاً في المعسكرات المعدة لذلك.

حري بنا ونحن بصدد الحديث عن الأسلحة للجيش أيام العباسيين أن نتطرق بشيء من التفصيل إلى عموم الأسلحة التي كانت مستخدمة من قبل المسلمين يومذاك وقد كانت أنواع الأسلحة تنقسم إلى عدة أنواع أو أصناف أهمها ما يلي:

1- الأسلحة الفردية: وهي ما تسمى بالأسلحة الخفيفة والتي تشمل السيوف بأصنافها المختلفة حسب منشئها، فهناك السيوف اليمانية التي تصنع في اليمن والنجدية نسبة إلى نجد والخراسانية نسبة إلى خراسان وهكذا.

ومن الأسلحة الفردية الخفيفة كذلك الخناجر وهي بدورها أنواع منها الطويل الذي يمسك مثل السيف والقصير المقوس،

كما أن هناك من الأسلحة الخفيفة سلاح الرمح الذي يستخدم للطعن في القتال كما يدخل (الطبر) أي الفأس والقوس

والسهام ضمن مجموع الأسلحة الفردية الخفيفة.

2- الأسلحة الجماعية: وهي ما تسمى بالأسلحة الثقيلة وهي على أنواع عدة، أهمها: (المنجنيق) والذي يعتبر من أشد

الأسلحة فتكاً ونكاية بالعدو بسبب قدرته على هدم الحصون والأسوار وهو يشبه سلاح المدفعية الثقيلة بلغة اليوم،

وقد أرشد المسلمين لاستخدامه الصحابي سلمان الفارسي.

3- الأسلحة الكيمياوية: استخدم المسلمون الأسلحة الكيمياوية في قتالهم وكان أول استخدام لهذا النوع من الأسلحة هو

النفط ثم عرف المسلمون النار الإغريقية التي تتشكل من مواد كيميائية مختلفة مثل الكبريت والنفط وغيرها من

المواد سريعة الاشتعال، حيث تصنع على هيئة كرات مشتعلة أو قطع من الكتان المشبع بالنفط.

4- الأسلحة الوقائية: استخدم المسلمون في حروبهم المختلفة نوعاً من الأسلحة تسمى بالأسلحة الوقائية أي التي تقي

الجسم من الضرر وتتفادى إصابته من قبل الأعداء وفي مقدمتها (الترس) و(الدرع).

ومن المفيد الإشارة إلى أن الجيش الإسلامي كان يمتلك التوابع له وهو ما يطلق عليه بـ (حواشي الجيش) وهي تعني الادلاء

والعيون والمخبرين، كذلك تشمل الحواشي للجيش النجارين والحجارين والأطباء لمعالجة الجرحى والمرضى لدى المقاتلين، كما

يدخل ضمن توابع الجيش الموسيقيون الذي يعزفون الموسيقى العسكرية التي تلهب حماس المقاتلين، إضافة لحملة الألوية

والرايات والحفاظ عليها أثناء القتال لأهميتها القصوى من الناحية المعنوية للجند لأن سقوطها يعني الهزيمة للجيش

الإسلامي.

بقى لنا أن نذكر في نهاية الحديث عن الجيش في عصور الإسلام الرتب التي كان معمولاً بها في الجيش الإسلامي وترتيبها، حيث

تبدأ أولاً بالقيادة للجيش، فقد كان رسولنا الأعظم محمد ـ صلى الله عليه وسلم ـ يقود الجيش بنفسه في المعارك التي

جرت بين المسلمين والكفار في عهده، كما فعل الأمر ذاته الخليفة أبوبكر الصديق، ثم أصبحت العادة

أن يكلف الخليفة أحد المسلمين لقيادة الجيش يعرف بالأمير، وقد جرى ترتيب بقية مراتب الجيش كالآتي: لكل عشرة رجال قائد اسمه العريف ولكل عشرة عرفاء قائد اسمه النقيب ولكل عشرة نقباء قائد اسمه القائد.

لابد من القول في الختام: إن الجيش الإسلامي قد نشأ في ظل ظهور الإسلام وترعرع وتطور تطوراً ملحوظاً عبر عصور الإسلام المختلفة، وقد أنجز هذا الجيش للإسلام والمسلمين عامة ملاحم بطولية فذة أدت إلى انتشار الإسلام في أصقاع شتى من العالم، وعلى الرغم من بسالة الجندي المسلم وشجاعته وقوة أسلحته وغزارة عتاده إلا أن الذي كان يساعده في إحراز النصر هو ذلك السلاح الماضي العتيد الذي يحمله المسلم بين أضلاعه وهو الإيمان الثابت بالدين الحنيف والرغبة الصادقة في نشر هذا الدين بين الأنام أو الاستشهاد دونه، وخير صورة صادقة تعبر لنا عن قوة هذا الإيمان الذي حمله المسلمون عبر جهادهم ضد الكفار والمشركين تتمثل في إجابة أحد قادة الروم لسيده الإمبراطور هرقل عندما وبّخه مستغرباً ومستنكراً هزيمة جيشه أمام المسلمين على الرغم من كثرة أعدادهم وتفوق أسلحتهم فقال له: ((إنهم أقل منّا عدداً ولكن مسلماً واحداً يعادل مائة من رجالنا، ذلك أنهم لا يطمعون في شيء من لذات الدنيا ويكتفون بالكساء البسيط والغذاء البسيط، هذا في الوقت الذي يرغبون في الاستشهاد لأنه أفضل طريق يوصلهم إلى الجنة، في حين نتعلق نحن بأهداب الحياة ونخشى الموت ياسيدي الإمبراطور)) ([24]).

(9) النقـــود

كانت النقود الأساسية المعروفة في العالم قبل بزوغ شمس الإسلام هي الدراهم الساسانية والدنانير والفلوس البيزنطية، وقد عرف العرب هذه النقود من خلال تجارتهم الخارجية مع العالم يومذاك.

ومن الجدير بالذكر أن كلمة (الدرهم) مأخوذة في الأصل من اليونانية (دراخما) انتقلت إلى بلاد فارس فأصبحت تلفظ (درم) ثم لفظها العرب (درهم)، أما (الدينار) (الذي هو من الذهب خلاف الدرهم من الفضة) فكلمته من أصل لاتيني استعملت في أسبانيا إبان العهد الروماني وإن الكلمة قد انتقلت هي الأخرى عن طريق الفرس إلى العرب.

([24])Eyre: Ahistory of Europe, P .63

أما كلمة (الفلس) فقد جاءت من اليونانية FOLLIS وكان يعمل من النحاس أو البرونز.

وعندما انبثق فجر الإسلام على ربوع الجزيرة العربية، بقي المسلمون يستخدمون النقد المستخدم قبل ظهور الإسلام سوى منع التلاعب بالنقود أي عدم إنقاص وزنها أو تشويهها وقد اشتهر من المسلمين فئة سموا بـ (نقَّاد) كانوا يميزون الصحيح من الزائف والسوي من المتلاعب به.

ويرى الأستاذ الدكتور محمد أبو فرج الفش في هذا الصدد أن كلمة النقد ربما أتت من هذا المعنى أي من الذين كانت لهم القدرة في نقد الصحيح من الزائف([25]).

وفي عهد الخليفة عمر بن الخطاب (رضى الله عنه) طرأ التغيير على النقود التي كانت تستخدم قبل وفي مطلع الإسلام حيث بدأ أولاً بسك النقود وقد تم سك الدراهم على نوعين الأول سمي بالبغلي وهو يزن (4 غرام) تقريباً والنوع الثاني الطبري وكان يزن (غرامين فقط) ثم أمر الخليفة عمر بتوحيد النوعين بوزن واحد وهو ثلاثة غرامات دفعاً للإرباك والتفاوت وخاصة فيما يتعلق بأمر الزكاة.

والنقود التي سكت في ظل الإسلام كانت تسمى بالنقود الشرعية وقد ذكر لنا ابن خلدون في مقدمته: أن الإجماع كان منعقداً منذ صدر الإسلام وعهد الصحابة بأن الدرهم الشرعي هو الذي تزن العشرة منه سبعة مثاقيل من الذهب وهو سبعة أعشار الدينار، كما يذكر لنا ابن خلدون أن المسلمين لم يقتصر وزنهم للنقد على الذهب فقط وإنما استخدموا الحبوب كذلك، حيث كان وزن الدينار الإسلامي اثنين وسبعين حبة من الشعير الوسط([26]).

لقد كتب على الدرهم في عهد الخليفة عمر جملة (بسم الله) وأحياناً (بسم الله ربي) في هامش الوجه وقد حمل الدرهم التاريخ الهجري بخلاف النقود الساسانية والبزنطية التي كانت تؤرخ بسنوات حكم كل عاهل.

وفي العصر الأموي وتحديداً أيام حكم معاوية بن أبي سفيان حدث تغيير على النقود حيث وضع معاوية اسمه على النقود بينما استمر التاريخ بالتقويم الهجري مكتوباً عليها وقد

([25])الفش، محمد أبو فرج: النقود العُمانية من خلال التاريخ الإسلامي. عمان، 1984، ص ص4-5.

([26])ابن خلدون: المقدمة. ص ص467-465.

التنظيمات الإدارية والسياسية إبان العصور الإسلامية المختلفة

تم سكها بالعراق وبلاد فارس وظلت تكتب بالفارسية فيما عدا الحجاج بن يوسف الذي كتب اسمه باللغة العربية على النقود في منطقة حكمه.

وعندما تولى الخليفة عبدالملك بن مروان الحكم الذي قاد عملية التعريب للدواوين في عموم الدولة الإسلامية أحدث ثورة في عالم النقود حيث انتهج نهجاً جديداً بصدد النقد فقام أولاً بسكها في العاصمة دمشق ثم وضع صورته على النقود بهيأة الوقوف واضعاً يده اليمنى على مقبض سيفه في بداية الأمر ثم تدارك ذلك مراعاة للمشاعر الدينية لدى الرعايا المسلمين فألغى صورته من على النقود وجعلها إسلامية الطابع([27]).

كما جعل الكتابات على الدينار باللغة العربية وقد مرت عملية التعريب للنقود الأجنبية إبان عهده بمراحل عدة حتى تم تعريبها نهائياً عام 87 للهجرة وأصبح الدينار الإسلامي في هذا العام يكتب على الوجه منه (لا إله إلا الله وحده لا شريك له) ويكتب على الظهر (الله أحد الله الصمد لم يلد ولم يولد) وكان الإصدار يكتب عليه كما يلي: بسم الله ضرب هذا الدينار في سنة سبع وثمانين.

أما الدرهم فقد أصبح هو الآخر إسلامياً خالصاً في عام 78 للهجرة وقد ظهر هذا التاريخ على درهم وحيد ضرب في أرمينية وهو محفوظ الآن في المتحف العراقي ببغداد أما بقية الدراهم فقد بدأ سكها في دمشق منذ عام 79 للهجرة وقد كتب عليها في الظهر (الله أحد الله الصمد لم يلد ولم يولد ولم يكن له كفواً أحد) وعلى الوجه منها كتب (لا إله إلا الله وحده لا شريك له).

أما الفلوس فقد تنوعت كثيراً قبل أن تصبح إسلامية بحتة، وخلال العصر العباسي لم تختلف النقود الإسلامية عن مثيلاتها في العصور الإسلامية السابقة سوى بوضع عبارة (محمد رسول الله) بدلاً من (الله أحد) كما لم يطرأ تغيير على أوزانها ولكن التغيير قد حدث في العهود الأخيرة من العصر العباسي ولا سيما في الدويلات المنفصلة عن مركزية الحكم ببغداد.

([27])هاملتون جب: دراسات في حضارة الإسلام. ترجمة د. إحسان عباس، و د. محمد نجم، و د. محمد زايد، دار العلم للملايين، بيروت، 1964، ص65.

ومن المفيد أن نشير للعملة الإسلامية التي لقبت أحياناً بالعملة الثنائية القاعدة أي الدينار والدرهم قد ظلت سارية

التداول في عموم الأرجاء الإسلامية حتى مطلع العصر الحديث، فأسواق خراسان حتى وقت قريب كانت تعج بالصيارفة الذين

يتعاملون بالنقد الإسلامي وكذلك الأمر في شرق آسيا إذ كانت بخاري مركزاً للصيرفة يتعامل فيها سكان آسيا الشرقية والغربية

بالنقود الإسلامية([28]).

كما أن العديد من الأقطار الإسلامية لا زالت إلى اليوم تستخدم مسميات النقود الإسلامية أي (الدينار والدرهم) في عملتها

الحاضرة فليبيا والعراق والكويت وتونس والأردن والبحرين والجزائر تستعمل الدينار بينما الإمارات العربية والمغرب يستعملان

الدرهم.

([28]) مجلة الخليج العربي، المجلد العشرون، السنة السادسة عشرة، 1988، البصرة، ص67.

الفصل الثامن

صفحات من سفر الحضارة العربية الاسلامية

أ. من علوم المسلمين وإبداعاتهم عبر العصور

(1) الفلسفة

الفلسفة من أكثر العلوم التي حظيت باهتمام العلماء المسلمين وقادتهم لا سيما إبان العصر العباسي وبالتحديد أيام الخليفة المأمون الذي أولى عناية واهتماما زائدين بالمؤلفات الفلسفية للأمم الأخرى خاصة الفلسفة اليونانية التي انتقلت إلى العالم الإسلامي على يد علماء المسلمين. لقد استطاع المسلمون أن يترجموا إلى اللغة العربية أهم ما في التراث اليوناني من مفاهيم فلسفية ولأشهر فلاسفة اليونان أمثال أرسطو وأفلاطون وسقراط وكان للمسلمين فضل كبير في إذاعة شهرة هؤلاء الفلاسفة في العالم قاطبة([1]) من خلال ما قام به العرب المسلمون من جهود كبيرة في عملية الترجمة لأهم أعمالهم الفلسفية مثل (حنين بن اسحاق) الذي نقل إلى العربية مقالات أرسطو الفلسفية مثل (المقولات) و(فن التأويل) و(الكون)، وغيرها، فضلاً عن التعليق عليها والشروحات لها وهناك الكثير من علماء المسلمين الذي تخصصوا في علم الفلسفة والذين لم يكتفوا بالإطلاع على فلسفة الأمم الأخرى فحسب بل قدموا الإضافات والابتكار الأمر الذي أدى إلى الارتقاء بالفلسفة لدى المسلمين وقد برز منهم العديد أمثال الكندي والفارابي وابن سينا في المشرق الإسلامي وابن رشد وابن باجة في الغرب الإسلامي.

لقد لعب هؤلاء الفلاسفة أدواراً كبيرة في عالم الفكر والفلسفة، تميز كل واحد منهم بإضافته الفلسفية الخاصة وأفكاره الجديدة بحيث ذاعت شهرتهم في العالم كافة، فالفيلسوف الكندي، مثلاً قد ذاع صيته كأول فيلسوف عربي مسلم أصيل ومتبحر كبير في الفلسفة اليونانية وتلميذ مجتهد لأفلاطون وأرسطو وقد تميز بمعالجته لانسجام الفلسفة مع الشريعة الإسلامية السمحة، وكذلك الأمر مع الفارابي وابن سينا اللذين قاما بتطوير الفلسفة اليونانية المستمدة أساساً من أفلوطين وبروكلوس([2]).

---

(1) أوليري دي لاسي: علوم اليونان وسبل انتقالها إلى العرب. ترجمة د. وهيب كامل، مراجعة زكي علي، القاهرة، 1962 ص 6.
(2) عبقرية الحضارة العربية منبع النهضة الأوروبية، ترجمة عبدالكريم محفوظ، بنغازي، 1990، ص ص102-98.

لقد زاد الاهتمام بالفلسفة في جميع أرجاء الدولة الإسلامية خلال العصور الوسطى وقد ترجمت مؤلفات المسلمين الفلسفية إلى اللاتينية لكي يطلع عليها الأوروبيون فكانت الأندلس وصقلية أهم معبرين انتقلت عبرهما الفلسفة الإسلامية وترجمات العرب المسلمين وشروحاتهم إلى أوروبا فالعالم أجمع، ففي صقلية مثلاً وبالتحديد في بلاط فردريك الثاني قام (مايكل سكوت) بترجمة أجزاء من مؤلفات ابن سينا وتعليقاته على كتابات أرسطو، وإلى هذا المترجم ذاته يعود الفضل في تعريف الغرب بمؤلفات ابن رشد، وحسبنا أن النص العربي لشرح ابن الرشد لم يصلنا وإنما وصلتنا الترجمة اللاتينية التي قام بها مايكل سكوت من اللغة العربية.

والجدير بالذكر أن الأوروبيين يعتبرون (سكوت) مسؤولاً إلى حد كبير عن أهم حدث في تاريخ الفكر في العصر الوسيط ألا وهو تعريفهم بأرسطو عن طريق المسلمين.

إن الحضارة الإسلامية بما تحتويه من علوم مختلفة قد سادت الأقطار الممتدة من شواطئ المحيط الأطلسي إلى المحيط الهندي قرابة اثنى عشر قرناً وأن الجامعات الغربية لم تعرف لها مدة خمسة قرون مورداً علمياً سوى المؤلفات الإسلامية التي أنتجت بمدى قصير جداً، وقد أشار إلى ذلك (غوستاف لوبون) في كتابه (حضارة العرب) قائلا: (إن التاريخ لم يعرف أمة أنتجت ما أنتجه العرب المسلمون في وقت قصير) ([3]).

(2) الطب

يظل الأطباء المسلمون قروناً عديدة أصحاب الصدارة في علم الطب، فبعدما أقدموا على ترجمة العلوم الطبية للأمم الأخرى، وخاصة طب اليونان والرومان اهتموا بتدوين الملاحظات وأضافوا الشيء الكثير إلى ما تلقوه عن اليونان خاصة، وأن الأطباء المسلمين لم يَسِمُوا آفاق الطب فحسب بل وسموا المفاهيم الإنسانية لهذا العلم كذلك، وقد سنحت لهم الفرصة في الملاحظة السريرية لأمراض عديدة كالجدري والكوليرا والطاعون، كما كانوا السباقين إلى اكتشاف وجود العدوى وطبيعتها ومن بين الأطباء المسلمين الذين برزوا في ميدان العلوم الطبية هو حنين بن اسحاق الذي لقب بأبي الطب العربي والذي قام بترجمة

---

(3) لوبون، غوستاف: حضارة العرب. نقله للعربية عادل زعيتر، حلب، 1969، ص ص27-26.

كامل مصنفات جالينوس وبفضله تمتع الأخير بتلك الشهرة الواسعة التي نالها عند علماء القرون الوسطى سواء في الشرق أو في الغرب، كما ترجم (حنين) بالتعاون مع تلامذته معظم مؤلفات الطبيب الإغريقي الشهير أبقراط، ويعود الفضل إليه في وضع الترجمة العربية لكتاب (الاقرباذين) لديوسقوريدس وقد أهتم العلماء المسلمون بهذه المترجمات على نحو نشط زاخر بالحيوية، ومن المفيد أن نشير إلى أن اهتمام العلماء المسلمين لم ينحصر بالترجمة فقط بل تعداه إلى التأليف فكانت أشهر مؤلفات حنين في الطب كتابه (مسائل في الطب) وكتابه (رسالة في العين) الذي يعد أول كتاب في طب العيون(4).

وعلى شاكلة حنين بن إسحاق كان معظم الأطباء المسلمين ومن أبرزهم الرازي (865هـ/925ف) الذي يعده المؤلفون في تاريخ الطب واحداً من أعظم الأطباء في جميع العصور، وقد ترك لنا تراثاً ضخماً بعضه مؤلف من عدة مجلدات مثل كتابه (الحاوي) الذي يضم (23) مجلداً وهو من غير ريب أضخم وأشمل كتاب طبي قدر لمؤلف فرد أن يخرجه للناس وقد مثل خلاصة كاملة لمجموع المعرفة الطبية الإغريقية والسريانية والفارسية والهندية والعربية أردفها بمكتشفاته الخاصة المبنية على خبرته السريرية، وقد أنجز ترجمة هذا الكتاب من اللغة العربية إلى اللاتينية أحد كبار المترجمين في القرون الوسطى (فرج بن سالم) عام 1279ف وبذلك أصبح مرجعاً لا يستغنى عنه في كافة كليات الطب بأوروبا خلال العصر الوسيط(5).

ومن أئمة الطب المسلمين كذلك ابن سينا (1037-980ف) مؤلف كتاب (القانون في الطب) والذي هو عبارة عن موسوعة طبية كبرى، وكذلك الطبيب المسلم (ابن النفيس) المتوفي عام 1289ف والذي سبق (وليم هارفي) في اكتشافه للدورة الدموية الصغرى.

وهكذا نلاحظ أن المسلمين قد برعوا في علم الطب وأبدعوا فيه ولهم قصب السبق في رقي الحضارة الإنسانية عامة بهذا العلم وإنجازاته.

(3) الجغرافيا

تمكن المسلمون عبر العصور الإسلامية من التقدم في علم الجغرافيا، فبعد أن كان

---

(4) روم، لاندو: الإسلام والعرب. نقله إلى العربية منير البعلبكي، بيروت، دار العلم للملايين، ط2، 1977، ص ص244-242.
(5) الطيبي، أمين توفيق: دراسات في تاريخ صقلية الإسلامية. بنغازي، 1990، ص ص144-142.

التراث اليوناني المصدر الرئيسي لا لهامهم وتقدمهم في البحوث والكشوف والخرائط الجغرافية مثل مصنفات بطليموس الجغرافية ككتابي (الجغرافيا) و(المجسطي) وهما أهم ما استند عليه المسلمون في بدء نهضتهم الجغرافية، ثم استطاعوا بفضل جهودهم وتجاربهم الذاتية القائمة على الأسفار والترحال من أن يبدأوا انتاجاً عربياً إسلامياً محضاً في علم الجغرافيا لا أثر لليونان أو غيرهم فيه[6].

فكان من أبرز المبدعين المسلمين في حقل الجغرافيا وعلم الخرائط هو (أبو عبد الله محمد الادريسي) المعروف بالشريف الادريسي وهو من أبناء مدينة سبتة بالمغرب الأقصى (1166-1100ف) وقد استقر زمناً طويلا في بلاط الملك النورماندي (روجر الثاني) في بالرمو عاصمة صقلية، ولعل من أبرز أعماله كتابه المعروف (نزهة المشتاق في اختراق الآفاق) والذي يسمى اليوم باسم (كتاب روجر) وق تضمن مادة جغرافية فيها قدر كبير من المعرفة الجديدة كل الجدة وأن القيمة الرئيسية للكتاب تكمن في الخرائط السبعين التي رسمها الادريسي والتي أعطت صورة دقيقة للعالم ومن بين بصماتها الرائعة قبل مؤلفها بكروية الأرض في عصر ساد خلاله الاعتقاد بأنها مسطحة.

وهناك الكثير من العلماء المسلمين الذين برعوا في ميدان الجغرافيا ووضعوا المؤلفات العديدة في هذا العلم أمثال (الحسن بن أحمد الهمداني) نسبة إلى قبيلة همدان اليمنية وهو مؤلف كتاب (صفة جزيرة العرب) الذي يعد من أفضل المصنفات الجغرافية الإقليمية إبان القرنين التاسع والعاشر للميلاد، وكذلك (المسعودي) من العراق من أبناء القرن العاشر للميلاد مؤلف كتاب (التنبيه والاشراف) وهو أحد أبرز الكتب الجغرافية العربية وبه ملحق فهرست بأسماء الأماكن والأمم فضلاً عن كتابه في التاريخ المعروف بـ (مروج الذهب ومعادن الجوهر) وهناك أيضاً (المقدسي)، صاحب كتاب (أحسن التقاسيم في معرفة الأقاليم) وكذلك (اليعقوبي) وهو جغرافي من بغداد طاف العديد من بلدان العالم وله كتابان أحدهما (تاريخ اليعقوبي) والآخر في الجغرافيا كتاب (البلدان) ألفه في نهاية القرن التاسع للميلاد[7]

---

(6) الجميلي، رشيد حميد: حركة الترجمة في المشرق الإسلامي في القرنين الثالث والرابع للهجرة. طرابلس، 1982، ص ص421 - 422.

(7) حلاق، حسان: دراسات في تاريخ الحضارة الإسلامية. بيروت، 1989، ص ص230-268.

ولا يفوتنا ونحن نتحدث عن إبداعات المسلمين في الجغرافيا أن نشير إلى أشهر الرحالة المسلمين وهو (محمد بن عبد اللـه الطنجي) المعروف بابن بطوطة من أبناء مدينة طنجة بالمغرب ومؤلفه الموسوم بـ (تحفة النظار في غرائب الأبصار وعجائب الأسفار) والشهير برحلة ابن بطوطة وقد اشتمل على وصف لرحلاته في بلدان عدة مع وصف لأجزاء غير معروفة من الأرض.

ويعتبر كتاب ابن بطوطة من أهم كتب الرحلات في العصور الوسطى نظراً لاتساع ميدانها حيث قطع ابن بطوطة في أسفاره ما يربو على (120) ألف كيلو متر في فترة زمنية بلغت ثمانية وعشرين عاما، وقد ترجمت رحلته إلى أغلب اللغات الأوروبية.

ومن الجدير بالذكر أن معرفة الأوروبيين بمختلف أجزاء الكرة الأرضية ظلت قروناً متعددة مبنية على كشوفات العلماء العرب وخير مثال على ذلك مرجع الأوروبيين الثقة في شؤون أفريقيا هو الرحالة المراكشي (الحسن الوزاني) المعروف بـ (الأسد الأفريقي) حيث بقيت كتبه عن رحلاته في أفريقيا تنشر ويعاد نشرها على نحو دوري في لغات أوروبية متعددة ولفترة طويلة([8]).

(4) الفنون

تعتبر الفنون الإسلامية من أهم مظاهر الحضارة العربية الإسلامية وقد برزت بشكل جلي إبان العصر الأموي بعد أن تفاعلت وتأثرت بالفنون لدى الشعوب المختلفة والأمم المتباينة التي دخلت الإسلام، إذ استند الفن الإسلامي إلى رقعة جغرافية واسعة امتدت من اندونيسيا حتى بلاد الأندلس، وقد تمخض عنه فن له شخصيته وطابعه المميز بين فنون الأمم على الرغم من أن الشعوب المتعددة والحضارات القديمة المتباينة هي التي كانت وراء إنتاجه فضلاً عن الحضارة العربية القديمة ولاسيما في مناطق اليمن والبتراء وتدمر التي عرفت الفنون بكافة أشكالها وألوانها منذ القدم.

لقد تدرجت الفنون الإسلامية من البناء والعمران أولاً حيث المدن الإسلامية بما احتوت من مساجد وجوامع ودور للإمارة والقصور ثم انتقل المسلمون بالفنون إلى المرحلة

---

(8) لاندو: مرجع سابق. ص245.

الثانية حيث أقدموا على تزيين هذه المباني من دور وقصور ومساجد بزخارف متعددة للجدران والمحاريب والأعمدة، بعد ذلك انتقلوا إلى ما سميت بالفنون الصغرى وهي التي شملت التحف بالخزف والبلور والزجاج والمعادن ولا سيما الذهب والفضة حتى بلغت الفنون الإسلامية بمراحلها الثلاث ذروة ما وصله الفن بشكل عام في جميع أرجاء العالم والتي ما زالت إلى اليوم بصماتها ثابتة واضحة في كل مكان سواء في الشواهد الفنية الموجودة في عموم البلدان الإسلامية أو في التحف الفنية النادرة القابعة في المتاحف العالمية، وتضافرت عوامل عدة لبلوغ الفن الإسلامي هذه الدرجة من الرقي والازدهار، كان في مقدمتها تشجيع القادة المسلمين في مختلف العصور عمليات البناء والعمران، إضافة إلى تزيين وتزويق هذا البناء والعمران، وقد شجعوا الفنانين وأجزلوا لهم العطاء في سبيل الإبداع والابتكار، ولم يتردد المسلمون في الأخذ بالأساليب الفنية لدى الشعوب الأخرى التي دخلت الإسلام حديثاً كما لم يتورعوا عن الاقتباس والإطلاع على الفنون البيزنطية التي كانت سائدة في الشام ومصر وشمال أفريقيا، وكذلك الأساليب الفنية لدى الساسانيين والتي كانت موجودة في العراق وبلاد فارس، وهي الفنون التي كانت متأثرة أيضاً بما سبقها من فنون إغريقية وشرقية قديمة.

لو تحدثنا عن الفن الإسلامي بطبقاته الثلاث لتطرقنا بداية إلى المرحلة الأولى وهي مرحلة البناء والعمران إذ كان المسلمون مطلع تجربتهم العمرانية يباشرون أولاً تخطيط المدن الإسلامية التي فرضتها حاجة الفتوحات الإسلامية في أرجاء واسعة من العالم كبناء مدن البصرة والكوفة في العراق والفسطاط والقاهرة في مصر، والقيروان في تونس وغيرها، ثم تبع ذلك أول عمران في داخل كل مدينة ألا وهو بناء المسجد الجامع، ومن الجدير بالذكر أن أول مسجد بني للمسلمين هو مسجد رسولنا الكريم ـ صلى الله عليه وسلم ـ في المدينة المنورة عندما هاجر إليها واستقر بها ليتخذ لها مسجداً كان بمثابة المركز العام لتجمع المسلمين ومقر حكومتهم، وكان هذا المسجد هو الأساس الذي سار عليه تخطيط المساجد الإسلامية فيما بعد(٩).

لقد أهتم المسلمون كثيراً ببناء المساجد التي كانت تعد في طليعة العمران والفنون

(9) الكروي: مرجع سابق. ص491.

صفحات من سفر الحضارة العربية الاسلامية

الإسلامية، فما أن باشروا بتأسيس المدن حتى بادروا أول الأمر إلى تشييد المسجد الجامع، ولعل من أشهر هذه المساجد هو المسجد الجامع بدمشق أيام الأمويين، والمسجد الجامع للمنصور ببغداد أيام العباسيين والجامع الطولوني في مصر أيام أحمد بن طولون، والجامع الأزهر في القاهرة أيام الفاطميين، وعقب بناء المسجد في المدن الإسلامية انصرف المسلمون إلى باقي أنواع العمران فيها، ومن أهمها بناء الحصون والقلاع لتحصين المدن الإسلامية الحديثة وتقوية دفاعاتها حيال الأعداء ثم يبدأون ببناء الدور والقصور وفي الطليعة إنشاء دار الإمارة يعقب ذلك بناء المدارس ودور العلم.

أما المرحلة الثانية للفنون الإسلامية والتي تعد من أهم المراحل وأكثرها تعبيراً عن الطابع الخاص والمتميز للفن الإسلامي، هي مرحلة التزيين للبناء والعمران الذي سبق وأن أنجزه المسلمون في المدن أي تزيين القصور والدور والمساجد والجوامع، ولم يقتصر هذا التزيين على الرسم والصورة فقط، بل شمل كذلك فن النحت والحفر على الأخشاب والعاج والعظام، أي فن الزخرفة التي تطورت كثيراً في عصور الإسلام بما في ذلك عناصر ((الارابسك)) والذي يعني الرقش أو التوريق العربي أي التفرعات، كما استخدمت الفسيفساء في هذا اللون من الفنون الإسلامية حيث أبدع المسلمون في صناعة الفسيفساء لتزيين العمائر، ومن روائع الفن الإسلامي في هذا المجال هو ما أبدعوه في فسيفساء قبة الصخرة حيث كست الفسيفساء الجدران الخارجية لقبة الصخرة وكذلك فسيفساء الجامع الأموي بدمشق.

كما أحتل الرسم والتصوير حيّزاً كبيراً في حقول الفنون الإسلامية في مختلف عصور الإسلام، وقد خلف المسلمون لنا تراثاً ضخماً في هذا الجانب حيث المخطوطات المزينة بالصور والتي تعود للقرن الثالث عشر للميلاد وما تلاه مثل ((كليلة ودمنة))، و((مقامات الحريري))، التي يوجد منها الآن نسخة في المكتبة الأهلية بباريس.

لقد كان فن التصوير والرسم لدى المسلمين متوزعاً على مدارس شتّى منها: المدرسة السلجوقية التي مثلتها عجائب المخلوقات للقزويني، ومخطوطة البيطرة، وكذلك المدرسة الإيرانية المغولية، ومدرسة بخاري للتصوير، والمدرسة العثمانية وغيرها([10]).

---

(10) أبوخليل: مرجع سابق، ص ص355-354.

كان فن التصوير الإسلامي ينحصر في تزويق الكتب وتزيينها بالصور وخاصة كتب الطب والتاريخ والأدب وكان الكثير من هذه المصورات تدور حول شرح الأحداث التاريخية والفتوحات الإسلامية وإعداد الأدوية والعلاج، وقد بلغ فن التصوير عصره الذهبي في مدرسة بغداد للتصوير، ولا يفوتنا أن نذكر التزيين بالخط حيث دخلت الكتابة على التزيين المعماري الإسلامي بالخط العربي على أنواعه وبخاصة الخط الكوفي، حيث سهولة اندماجه مع التزيين، وكان أول الأمر يستخدم في تزيين المساجد والجوامع بالآيات القرآنية الكريمة.

أما المرحلة الثالثة التي مرّ بها الفن الإسلامي، فهي مرحلة إنجاز التحف الفنية بكافة أشكالها وألونها وأنواعها وبمختلف المواد التي كانت تصنع منها، إذ هناك التحف المعدنية كالأواني والأباريق، وهناك المصوغات الذهبية والفضية ذات القيمة الفنية العالية، وهناك التحف الخزفية، كما أن هناك المنسوجات كالألبسة التي صنعت من الحرير والقطن والصوف وقد زينت بخيوط الذهب والفضة وزخرفت نباتيا كالأزهار والأوراق أعدتّها مصانع خاصة.

بذلك أطلق عليها اسم ((الطراز))، وقد ازدهرت الفنون الخاصة بالمنسوجات والسجاد في العصور الإسلامية والتي كانت تصدر إلى أوروبا والشرق حيث التنافس الحادّ على اقتنائها، وقد عرفت في اللغات الأوروبية باسم Damasks نسبة للمدينة دمشق وMusling نسبة لمدينة الموصل العراقية([11])

ومن المفيد الإشارة بأننا قد قسمنا مراحل الفنون الإسلامية إلى ثلاث مراحل ـ كما أسلفنا ـ إلا أن هذا التقسيم ليس بالضرورة قد مرّت به جميع الفنون الإسلامية في كافة أنحاء البلاد الإسلامية، وإنما اخترنا هذا التقسيم لتبسيط الصورة لأنواع الفنون الإسلامية ولسهولة احتوائها في هذه المقالة، إذ أن الأمر مختلف في تطور هذه الفنون وتداخلها من بلد إسلامي إلى آخر ومن مدينة إسلامية إلى أخرى، ومن عمران إلى آخر، فغالباً ما تتداخل هذه المراحل مع بعضها في البناء العمراني الواحد كمسجد ما في مدينة إسلامية، حيث يشيد في البداية ثم يزين بالآيات القرآنية والفسيفساء والزخارف ثم تعلق في جنباته وسقفه التحف الزجاجية أو البلورية وهكذا.

---

(11) المرجع في الحضارة، مصدر سابق، ص502.

كما تجدر الإشارة إلى أن البعض قد أطلق على الفنون المتصلة بالعمارة والرسم بالفنون الأساسية، وأطلق على التحف بكافة

أشكالها وأنواعها بالفنون الإسلامية الصغرى.

ولا ننسى أن نذكر هنا زحف الفنون الإسلامية إلى كتاب الله العزيز، فقد حظي القرآن الكريم بالعناية الفنية الفائقة لدى

المسلمين عبر العصور الإسلامية، فأدخلوا الفن الإسلامي على مخطوطات القرآن الكريم لتزيينها وتحلية صفحاتها الأولى والأخيرة

مع عناوين السور بالكتابة والتزيين المذهّب، وكانت البداية لذلك خلال العصر العباسي، ثم تلا ذلك الزخرفة والتجليد للمصاحف

في العصور الإسلامية اللاحقة.

(5) الرياضيات

لعبت الرياضيات دوراً حاسماً في العلوم الإسلامية لا سيما وأنها تعد أم العلوم التجريبية كلها، فمن خلال التجربة التي قام

بها العلماء المسلمون لرياضات الأمم من إغريق وهنود وفرس بعد ترجمتها للعربية تمكنوا من ذلك التحول الذي جعل

الرياضيات التي وضعها المسلمون العرب أن تصبح الأساس الذي قام عليه العلم الغربي الحديث، فلولا الرياضات كما طورها

المسلمون كان خليقاً بمكتشفات كوبرنيكوس وكبلر وديكارت أن يتأخر ظهورها تأخراً كبيراً.

لقد أضاف المسلمون كثيراً إلى علم الرياضيات عبر العصور الإسلامية، فهم الذين أدخلوا نظرية الأعداد الوفاقية وهم الذين

اخترعوا علم الجبر في مفهومه المعروف حديثاً ووضعوا أسس حساب المثلثات وتمكن المسلمون من تطوير علم الرياضيات عبر

الترجمة من مرحلتها الإغريقية البدائية إلى مرحلتها العلمية ومنهم أخذ الأوروبيون ما توصلوا إليه في الرياضيات فكان (غربرت)

من أوائل الأوروبيين الذين نقلوا الأرقام العربية الإسلامية إلى أوربا، وتكمن أهمية هذه الأرقام في اكتشاف العرب (الصفر) الذي

لولاه لما تقَدم علم الرياضيات[12]

وفي حقل الهندسة، استوعبت الهندسة التي وضعها المسلمون محتويات ومناهج كتاب

---

(12) الحسيني، فاضل محمد: الدور الريادي للأمة العربية في بناء الحضارة الإنسانية. مجلة شؤون عربية، العدد (87)، 1996ف، ص16.

(العناصر) لاقليدس، كما عالج (أولاد موسى بن شاكر) الذين لعبوا دوراً متميزاً في دفع حركة الترجمة لعلم الرياضيات إلى العربية ومن أعمالهم المهمة في هذا المضمار (قياس الأشكال المستوية والأشكال الكروية) والذي قام بترجمته إلى اللاتينية العالم الإيطالي (جيرارد الكريموني) ضمن العديد من المؤلفات العربية الإسلامية خلال القرن الثاني عشر لتنقل بعد ذلك إلى عموم أوروبا([13]).

كما لا يفوتنا في الأخير أن نذكر ما للمترجم المعروف (ثابت بن قرة) من أثر في علم الرياضيات فهو الذي أدخل مفهوم الحركة في الهندسة مستغلاً فكرة الحركة استغلالاً أساسياً لكي يقدم لنا بديلاً لفرضية المتوازيات لاقليدس، الأمر الذي أدى إلى اكتشاف طرائق جديدة في هذا الجانب تختلف تماماً عن طريق اقليدس اليونانية([14]).

(6) الفيزياء والكيمياء

أما براعة وإبداع المسلمين عبر العصور الإسلامية في علمي الفيزياء والكيمياء فقد دحض المسلمون النظريات التي جاء بها علماء الفيزياء اليونان، إذ مكّن عالم الفيزياء المسلم الحسن بن الهيثم البصري، من أبناء القرن العاشر الميلادي من دحض نظريات اقليدس وبطليموس البصرية والتي كانت تحظى يومذاك بقبول عام، وتفيد تلك النظريات أن العين تتلقى صور الأشياء المختلفة عن طريق اطلاقها أشعة بصرية إلى تلك الأشياء فقدم ابن الهيثم نظريته في كتابه (المناظر) ليعطي الدليل على أن العملية تجرى على نحو معاكس تماماً وبذلك وضع الأسس لعلم البصريات الحديث، كما أضاف تطوراً علمياً للحضارة العربية الإسلامية.

والواقع أن لأبن الهيثم العديد من النظريات في هذا الحقل تكاد تمثل ثورة في علم الفيزياء مثل حالة القمر وقوس قزح والكسوف والخسوف والمرايا والعدسات المكبرة وقد انتقلت هذه النظريات إلى أوروبا فأعتبرها العلماء الأوروبيون ومنهم (روجر بيكون) أساساً ونقطة الانطلاق لهم في علم البصريات أما في علم الكيمياء.. فقد عنى المسلمون عناية

---

(13) الحايك، سيمون: تعربت وتغربت، أو نقل الحضارة العربية إلى الغرب. بيروت، 1987، ص8.

(14) صبرا، عبدالحميد: العلوم الدقيقة. عبقرية الحضارة العربية، ص ص212 - 214.

كبيرة بعلم (الاقرباذين) أو فن تركيب الأدوية ومن أشهر علماء الكيمياء المسلمين (جابر بن حيان) وهو من أبناء الكوفة في العراق وقد أطلع على مؤلفاته الأوروبيون في القرون الوسطى، والعلم مدين له بالكثير من التحضيرات الكيميائية التي قام بها لأول مرة مثل أول تحضير له معروف للزرنيخ أو الفولاذ وفي استخدامه لثاني أوكسيد المنجنيز في صنع الزجاج، ولعل من أبرز مؤلفات الكيميائي المسلم جابر بن حيان كتابي (صناعة الكيمياء) و (كتاب السبعين) اللذين لفتا أنظار الغرب وقد تم ترجمتهما إلى اللاتينية إبان القرن الثاني عشر من قبل أشهر مترجمي أوروبا (جيرارد الكريموني) ([15])

ولابد أن نشير كذلك إلى مؤلفات الرازي في الكيمياء والتي أرست الأساس للكيمياء التجريبية ومن أبرزها (كتاب الصناعة) الذي قدم فيه المؤلف وصفاً دقيقاً للمواد والعمليات الكيميائية.

ومن الجدير بالذكر أن هذه المؤلفات وغيرها قد انتقلت إلى العالم ولا سيما أوروبا عبر أسبانيا وصقلية وبلاد الشام بعد أن تمّ ترجمتها إلى اللاتينية وقد انعشت روح المعرفة في أوروبا الغربية خلال العصور الوسطى كما أصبح العلماء المسلمون مشهورين على نطاق واسع بعد أن ترجمت أعمالهم إلى اللاتينية فاللغات الأوروبية المختلفة ولو أن أسماءهم قد حورت بعض الشيء في اللغة اللاتينية وغدوا معروفين بهذه الأسماء المحورة في عموم أوروبا، حيث أطلقوا على الرازي اسم (Rhazes) وابن سينا (Avicenn) وابن رشد (Averroes)وهكذا([16])

ب. التراث العربي الإسلامي

(1) غزارته

تطور التراث العربي بعد بزوغ شمس الإسلام على ربوع الجزيرة العربية في اتجاهين الأول: أصبح أكثر غزارة من ذي قبل، والثاني: زادت مساحة انتشاره، حيث شملت أغلب

---

(15) لاندو: مرجع سابق. ص275.

(16) حمارنة: سامي: علوم الحياة. بنغازي، 1990، ص276.

أرجاء المعمورة، ولهذا التطور في هذين الاتجاهين (الغزارة وسعة الانتشار) أسباب وعوامل عدة، من أهمها ما يلي:

1. دعوة الإسلام إلى القراءة والتعليم، فقد جاء في القرآن الكريم ما يدعو إلى ذلك "بسم اللـه الرحمن الرحيم" {اقرأ باسم ربك الذي خلق، خلق الإنسان من علق، اقرأ وربك الأكرم، الذي علم بالقلم، علم الإنسان ما لم يعلم} سورة العلق.

   وكذلك {وقل رب زدني علماً} سورة طه.

   وكذلك {قل هل يستوي الذي يعلمون والذين لا يعلمون} سورة الزمر.

   وكذلك {إنما يخشى اللـه من عباده العلماء} سورة فاطر.

2. أضاف الإسلام علوماً جديدة تختص بعقيدته، كالشريعة وما يتصل بها من أحكام فصلها القرآن الكريم والسنة النبوية الشريفة وما تبع ذلك من علوم شرعية كالتفسير والحديث والفقه.

3. الدور الذي لعبته اللغة العربية بعد ظهور الإسلام، إذ أنها لغة القرآن الكريم "بسم اللـه الرحمن الرحيم" {إنا أنزلناه قرآناً عربياً لعلكم تعقلون} سورة يوسف.

   وكذلك {كتاب فصلت آياته قرآناً عربياً لقوم يعقلون} سورة فصلت.

   كما أن لغة فروض الإسلام وأحاديث الرسول ـ صلى اللـه عليه وسلم ـ عربية اللسان، وقد تبع ذلك ظهور علم النحو والأدب والبلاغة والمغازي والسير والتاريخ، وقد شارك فيه العرب والمسلمون من غير العرب بعدما فرض الدين الجديد حاجة تعلم اللغة العربية واستيعاب مفرداتها والعمل على تطوير أدائها، الأمر الذي ساهم كثيراً في غزارة التراث الإسلامي وسعة انتشاره.

4. انضواء أقوام مختلفة تحمل ثقافات شتى أدى الاحتكاك بهم والتعرف على ثقافاتهم إلى غزارة التراث الإسلامي وانتشاره، حيث انتشر في أصقاع أسيوية وأفريقية وأوروبية لم تتعرف سابقاً على التراث العربي الإسلامي، هذا الانضواء حمل في طياته اتجاهين ـ الأول: تعرفت الأقوام المختلفة من فرس وهنود وأوروبيين وغيرهم على التراث العربي الحضاري، والاتجاه الثاني: تعرف العرب على حضارات هؤلاء الأقوام، وقد أسفر الاتجاهان معاً عن غزارة في التراث وتوسع في انشاره.

5. الدور الريادي الكبير الذي وجد العرب أنفسهم يضطلعون به لقيادة الإنسان في كل مكان نحو الخير والتوحيد والمساواة، الأمر الذي دفعهم للإطلاع على تراث الأقدمين وتبويبه وحفظه، بل العمل على تحليله وشرحه والإضافة إليه، مما ساهم كثيراً في تراكم التراث الإسلامي وغزارته، فضلاً عن إيصال هذا التراث إلى جميع الأمم اللاحقة ومنهم الأوروبيون، حيث كان التراث العربي الإسلامي من أبرز الروافد التي غذت النهضة الأوروبية.

ومن المفيد الإشارة إلى أن التراث العربي بعد ظهور الإسلام لم يصبه التطور في المضمون فقط بل تعداه إلى الشكل كذلك، حيث نعت بالتراث الإسلامي أو العربي الإسلامي.

ومن أجل تسليط الضوء على غزارة التراث الإسلامي تكون البداية في الحديث عن الموروث الحضاري الإسلامي الذي ولد بعد ظهور الإسلام والذي لم تكن له أصول سابقة إلا في الاتجاهات العامة أو الاختصاص العام، وخير مثال يوضح ذلك هو فن العمارة (للمسجد) الذي لم يوجد البتة قبل الإسلام، لكن العمارة بشكلها العام كانت موجودة لدى العرب منذ آلاف السنين قبل ميلاد المسيح وفي مختلف بقاعهم العربية والمتمثلة في الدور والقصور والسدود والمحافد.

فالذي يريد الإطلاع على التراث الإسلامي أو البحث فيه يتبادر إلى ذهنه أول الأمر العمارة الإسلامية وبالذات "المسجد" وهو أبرز معلم من معالم الحضارة الإسلامية، إذ يمثل المسجد مكانة خاصة في الحياة الدينية والاجتماعية والسياسية لدى المسلمين وهو من أقدم الأبنية التي اهتم بها المسلمون، وقد اتخذ الرسول محمد ـ صلى الله عليه وسلم ـ عندما هاجر إلى المدينة المنورة أول مسجد له فيها، وقد غدا الأساس الذي سار عليه تخطيط المساجد بعد ذلك([17]).

ومن الجدير بالذكر أن أول مسجد كان بسيطاً في بنائه ولم تنعكس عليه فنون الأقوام الأخرى من غير العرب حتى جاء العصر الأموي ومركزه بلاد الشام لتنعكس على المسجد

---

(17) المسعودي، أبوالحسن علي بن الحسين: مروج الذهب ومعادن الجوهر. دار الأندلس للطباعة والنشر، 1965، لبنان، ص75.

آثار الحضارات القديمة فأضيف إليه التزيين والمئذنة، ولم يكتف الأمويون بالتزيين والمئذنة بل تعدوهما إلى إدخال عناصر معمارية جديدة ومتطورة وهي المحراب المجوف والمنبر المرتفع والمقصورة بجانب المحراب، وقد انفردوا ببناء قبة الصخرة في المسجد الأقصى بالقدس والتالي يمكننا اعتبار المدرسة الفنية الأموية هي من أولى المدارس للفن الإسلامي([18])، ثم تبعها مدارس إسلامية فنية أخرى أيام العباسيين والفاطميين والأندلسيين، وقد انجبت مساجد عدة لا زالت ملامحها المعمارية ليومنا هذا شاخصة كارث إسلامي حضاري مثل جامع المتوكل الكبير في سامراء أيام العباسيين والذي بنى عام 848 م، وهو من أكبر مساجد العالم الإسلامي ولا زالت مئذنته الملوية في سامراء اليوم تثير دهشة الزائرين، كذلك الجامع الأزهر الذي بناه الفاطميون عام 972 م وقد تجلت فيه روائع الفن الفاطمي، وفي الأندلس كذلك مسجد قرطبة الكبير الذي بناء عبدالرحمن الداخل عام 785 لميلاد المسيح، وغيرها الكثير من المساجد والجوامع المنتشرة في عموم الرقعة الإسلامية المترامية الأطراف.

وإذا ما انتقلنا بالتراث الإسلامي من العمارة الإسلامية في المساجد إلى العمارة الإسلامية في القلاع والحصون كالحصن العباسي (قصر الأخيضر) في القرن الثامن الهجري والواقع جنوب مدينة كربلاء بالعراق، وكذلك قلعة صلاح الدين الشهيرة وغيرهما والتي استوجبها الدفاع عن المدن الإسلامية التي تأسست في ظل الإسلام كالبصرة والكوفة وبغداد والقيروان والقاهرة وغيرها، كما يجدر بنا ونحن نتحدث عن التراث الإسلامي أن نتطرق إلى الفنون الإسلامية الأخرى التي زينت بها المساجد والقصور والمدن، مثل الزخرفة المتعددة على الأعمدة وفي المحاريب وعلى الجدران، حيث بدأ (الأرابيسك) أي التوريق العربي بالظهور صحبة التزيين المعماري الإسلامي وهو ما يطلق عليه أحياناً بالتزويق، إذ ظهر هذا الفن جلياً في زخارف قبة الصخرة والجامع الأموي، وهذه المقالة لا تتسع للإطلالة في جوانب التراث الإسلامي كلها لذا سنقتصر في النهاية إلى التطرق سريعاً للتراث الثقافي الإسلامي، إذ تشكل في ظل الإسلام تراثاً ثرا في مختلف الآداب والعلوم والفنون، ساهم فيه الجميع، العرب وغيرهم من المسلمين على امتداد البلاد الإسلامية التي

(18) مسيرة الحضارة، موسوعة علمية مصورة، مراجعة د. شاكر مصطفى، المجلد الأول، 1982، ص ص491-433.

شملت أغلب قارات العالم وشتى أجناسه، فكلما اتسعت رقعة البلاد الإسلامية، كلما بدأت شعوب وقبائل تدخل الإسلام ومعها ثقافاتها، وقد انتقلت هذه الثقافات رويداً رويدا إلى اللغة العربية ولعل من أهم الثقافات التي انصهرت مع الثقافة العربية في بوتقة الثقافة الإسلامية هي الثقافة الهندية والفارسية واليونانية، ومعروف للجميع الثقل النوعي للثقافات الثلاث وامتداداتها الحضارية عبر الحقب الزمنية الطويلة، وقد حسلهم الإسلام جميعاً على الاشتراك معاً في حياكة بساط التراث الإسلامي الحضاري ـ إن صح التعبير ـ بجميع ألوانه الزاهية تحت خيمة الإسلام وبهدي من مبادئه السامية عبر مختلف العصور الإسلامية.

(2) سعة انتشاره

اتسعت رقعة انتشار التراث الإسلامي جغرافياً، حيث امتدت هذه الرقعة من إندونيسيا حتى الأندلس بما في ذلك أفريقيا الغربية، وقد امتزجت مع الثقافة العربية ثقافات عدة أبرزها الثقافة الهندية والفارسية واليونانية لتشكل في النهاية التراث الإسلامي الغزير.

فبعد أن شمل الموروث الإسلامي المنطقة العربية برمتها حيث العراق وبلاد الشام ومصر وشمال أفريقيا، توجه بعد ذلك صوب الفرس والهند، ثم تبع ذلك عبور البحر المتوسط نحو أوروبا زائداً التوغل في داخل أفريقيا بحيث تشكلت خريطة جديدة للتراث شملت أغلب قارات العالم.

ولا يخفى على أحد ما احتوته المناطق الجديدة من حضارات قديمة وراقية فلا مناص والحالة هذه من حدوث التجاوب بين القديم والجديد في هذا المجال، الأمر الذي نجم عنه حضارة جديدة هي الحضارة الإسلامية وهي أصلاً نتاج الحضارة العربية إضافة إلى المؤثرات الأجنبية وفي مقدمتها الحضارة الفارسية والهندية، إذ أن الفرس أمة ذات حضارة قديمة برعت في شتى الميادين سواء في الإدارة والسياسة أو العمارة والفنون والآداب والعلوم.

فلما فتح العرب المسلمون بلاد فارس وأسقطوا عرين الدولة الساسانية دخل الفرس الدين الجديد وبدخولهم أدخلوا معهم ثقافتهم وعلومهم بعد أن أقبلوا على اللغة العربية

لدراستها بل وإتقانها ولم يمض وقت طويل حتى اسهموا بشكل خلاق في وضع الركائز الأول للحضارة الإسلامية.

أما الحضارة الهندية فما أن فتح المسلمون الهند على يد القائد محمد بن القاسم الثقفي أيام الوليد بن عبدالملك حتى نهل العرب المسلمون من ثقافة الهند في شتى الميادين سواء في الآدب والشعر أو الفلسفة، كما عرف العرب المسلمون الرياضيات الهندية بشكل خاص من الكتاب الهندي (السدهانتا) "Siddhanta" أو السند هند، كما تعلموا منهم الفلك في كتاب (الأركندا) ([19]) وقد قدم العلماء الهنود إلى الحواضر الإسلامية ومنها بغداد ليقدموا ما عندهم من معارف وعلوم للعلماء العرب المسلمين، كما دخلت بعض الألفاظ الهندية مفردات اللغة العربية، كل هذا الأمر أدى إلى اتساع رقعة التراث الإسلامي انتشاراً.

ولم يقف العرب المسلمون عند هذا الحد بل تجاوزوه إلى أوروبا حيث بلاد الأندلس والتي كانت سابقاً تمثل شبه جزيرة ايبيريا، الأمر الذي زاد من انتشار التراث الإسلامي، وبالرغم من أن العرب قبل الإسلام لم يكونوا منقطعي الصلة عن العالم وكانت لهم صلات واسعة وعلاقات دائمة مع الدول الكبرى في آسيا وأفريقيا وأوروبا، وكانت هذه الصلات تتناوب بين الصراع تارة والوئام تارة أخرى سواء مع الفرس أو الحبشة أو اليونان أو الرومان ولكن الاتصال والاحتكاك بين العرب والعالم الخارجي قد أصبح عميقاً ومؤثراً بعد بزوغ شمس الإسلام على البسيطة، الأمر الذي ساعد كثيراً في تبلور الحضارة العربية ورقيها، وقد استخدم العرب المسلمون للصلة مع الأوروبيين معابر عدة بهدف التمازج والتلاقح الحضاري بغية إنجاب حضارة إسلامية زاهرة أفادت الإنسانية جمعاًء، وكانت أحد أهم أسباب التقدم والنهضة في أوروبا خلال العصر الحديث.

ولعل أبرز المعابر الحضارية صوب أوروبا كانت الأندلس، فبعد فتحها من قبل العرب المسلمين عام 711 مسيحي تأسس حكم عربي إسلامي دام قرابة الثمانية قرون استطاع العرب المسلمون خلالها من التأثير في الأسبان خاصة والأوروبيين عامة وفي كافة المجالات والميادين الحضارية وقد اتبع العرب المسلمون سياسة التسامح الديني مع النصارى واليهود، الأمر الذي ساعد كثيراً على نقل بذور الحضارة العربية الإسلامية إلى تربة الأسبان ثم تربة

(19) الشكعة، مصطفى: معالم الحضارة الإسلامية. دار العلم للملايين، بيروت، ط3، 1978، ص130.

صفحات من سفر الحضارة العربية الاسلامية

الأوروبيين عامة([20])، فأقبل الأسبان على تلقي العلوم وتعلم اللغة العربية، وقد تتلمذ الكثير من النصارى واليهود على أيدي العلماء العرب والمسلمين، وقد أصبح هؤلاء ـ فيما بعد ـ رسلاً جداً للحضارة العربية الإسلامية بسبب اتقانهم اللغتين العربية واللاتينية معاً، في الوقت الذي أصبح فيه تعلم اللغة العربية في أسبانيا من الأمور اللافتة للنظر، وبذلك امتد التراث الإسلامي ببساطة ليشمل مساحة جديدة من العالم، كما غدت مناطق في أسبانيا مثل (قرطبة) التي لقبتها الشاعرة الألمانية "هيرو سويثا" بـ (جوهرة العالم) مركز استقطاب لطلبة العلم من أوروبا وغيرها يرتوون من مكتبتها الرئيسية التي كان يرعاها العلماء والأمراء من أهالي الأندلس، وقد ضمت أروقتها زهاء نصف مليون كتاب في وقت كانت اليد تقوم بالطباعة، وقد ذكر ابن حزم الأندلسي فهارس هذه المكتبة في كتابه "جمهرة أنساب العرب"([21]).

ومن المعابر الحضارية الأخرى التي عبرت منها حضارة العرب والمسلمين إلى أوربا كانت "صقلية" التي تقع بين الساحل الإيطالي الجنوبي والساحل الفرنسي وهي محاطة ببحار ثلاثة، وقد فتحها المسلمون بسبب موقعها الاستراتيجي وقد شهدت صقلية حكماً عربياً إسلامياً مزدهراً نشر العرب المسلمون خلاله مؤثراتهم الحضارية في مدن الجزيرة، والمتمثل بالقصور والمساجد والأسواق والأسوار والقلاع فضلاً عن نشر صناعة الورق والسفن والحرير والفسيفساء، كما استخرج المسلمون المعادن، ونشروا اللغة العربية وعملوا على ازدهار التجارة، وقد استمر حكم المسلمين للجزيرة قرابة قرنين ونصف قرن، وقد ظل التراث الإسلامي منتشراً حتى بعد زوال الحكم العربي الإسلامي، الأمر الذي أعطى التراث الإسلامي بعداً انتشارياً جديداً في هذه البقاع ونحو أوروبا قاطبة([22]).

وفي الواقع، هناك معابر كثيرة اجتازتها الحضارة العربية الإسلامية نحو أوروبا لا يمكن حصرها في هذا المقال الوجيز ومنها على سبيل الذكر لا الحصر (بلاد الشام)، ولكن

---

(20) هامرتن، جون: تاريخ العالم. المجلد الخامس، القاهرة، ص731.
(21) الحجي، عبدالرحمن علي: أضواء على الحضارة والتراث. الجزائر، ص ص107-104.
(22) الحسيني: الدور الريادي للأمة العربية في بناء الحضارة الإنسانية، مجلد شؤون عربية، العدد 87/1996، القاهرة، ص7.

هذه المعابر لا ترقى إلى المعبرين أنفى الذكر من حيث الزخم والأهمية والفاعلية فضلاً على سعة المساحة وثراء التراث الإسلامي فيه.

أما في أفريقيا، فلانتشار التراث الإسلامي فيها حكاية أخرى، فما أن تمكن الإيمان بالدين الجديد في قلوب العرب المسلمين الأوائل حتى هبوا إلى نشر الإسلام في شتى أصقاع الدنيا ومنها القارة السمراء، وقد أقبل الأفارقة على تقبل الدين الجديد فأعتنقوه عن قناعة وإيمان، حيث وجدوا فيه ضالتهم من عدالة اجتماعية ومساواة بين الناس على اختلاف أجناسهم وألوانهم ومن المعروف تاريخياً أن للعرب صلات واسعة مع الأفارقة قبل الإسلام إلا أن مجيء الإسلام قد عمق هذه الصلات، كما شملت الصلات غالبية الشعوب الأفريقية بعد أن كانت مقتصرة على شرق أفريقيا وشمالها الشرقي خلال العصور القديمة.

لقد تأسست ممالك إسلامية في أفريقيا خلال العصور الوسطى وقد ساهمت هذه الممالك بنقل الحضارة العربية الإسلامية إلى تلك المناطق، والذي لا شك فيه أن الدين الإسلامي ليس مجرد طقوس تؤدي وإنما هو حضارة وثقافة شاملة، وعلى ضوء ذلك تمكن الإسلام من تغيير الحياة جذرياً لدى الأفارقة حيث تخلصوا بعد اعتناقهم الإسلام من الكثير من العادات الضارة كحياة العراء وعدم الاغتسال ووأد الأطفال([23]).

احتك العرب المسلمون بالأفارقة في غرب وشرق أفريقيا والذي يعد أول اتصال حضاري بهاتين المنطقتين، وكما هو معروف أن الاتصال العربي بأفريقيا كان في بدايته تجارياً محضاً، وبعد ظهور الإسلام استخدم العرب المسلمون ذات الطرق التجارية نحو أفريقيا إلا أن بضاعتهم هذه المرة كانت نشر الدين الإسلامي ومبادئه السامية وقد تمكن المسلمون بالفعل من نقل معالم الحضارة الإسلامية إلى أفريقيا، وقد شكلت هذه المعالم ثورة في أفريقيا مما أكسب القارة الأفريقية ملامح حضارية جديدة منها ادخال الجمل وزراعة محصول القرنفل والأرز والقطن وقصب السكر وغيرها، كما ازدهرت في الوقت عينه التجارة العربية الأفريقية في ظل الإسلام فضلاً عن تطور الملاحة وصناعة السفن، وقد نجم عن ذلك كله المزج الحضاري العربي الأفريقي مما أدى إلى تبلور ثقافة متميزة المعالم منها مثلاً استقرار اللغة السواحلية التي تكتب بحروف عربية([24]).

---

(23) الحسيني، فاضل محمد: قدم العلاقات العربية الأفريقية. مجلة تاريخ العرب والعالم، السنة الواحدة والعشرون، العدد 194، بيروت، 2001، ص14.

(24) الجبير، أحمد: العلاقات العربية الأفريقية. 1990، طرابلس، ص14.

صفحات من سفر الحضارة العربية الاسلامية

ومن الجدير بالذكر أن القرن العاشر للميلاد قد شهد تأسيس مدن ومراكز عربية إسلامية في عموم القارة الأفريقية قد تحدث عنها المؤرخ المشهور (المسعودي) في كتابه "مروج الذهب ومعادن الجوهر"([25])، وفي المقابل قد انخرط العديد من الشبان الأفارقة في الجيوش الإسلامية أيام العباسيين، كما ألتحق الكثير من طلبة أفريقيا بمعاهد العلم والحضارة في بغداد والقاهرة، وبذلك تعاون الجميع في خلق موروث حضاري إسلامي ساهم في غزارة التراث الإسلامي من جهة واتساع ساحات انتشاره من الجهة الأخرى.

(3) تجسيده لمفهوم العولمة الحقة

جسد التراث الإسلامي مفهوم العولمة منذ الإرهاصات الأولى للحضارة العربية في مختلف الأراضي العربية إذ لم تنحصر ثمار هذه الحضارة على العرب وحدهم في شتى ميادينها ومختلف حقولها وأن حضارات سومر وبابل وآشور ومصر وآرام وفينيقيا بما اخترعته من كتابة وما أنتجته من روائع في النحت والعمارة وما سنته من قوانين وأنظمة لم تكن حكراً على العرب فحسب بل استفادت منها البشرية جمعاء، إذ لم ينقطع العرب يومذاك عن العالم الخارجي بل على العكس، كانت لهم صلات دائمة وعلاقات متينة مع الدول الكبرى في آسيا وأفريقيا وأوروبا وكانوا على اتصال حضاري معهم يرفدونهم بما تنتجه عقولهم وما يسفر عنه إبداعهم من خلق وتطور.

وكان تفاعلهم مع الشعوب التي حولهم وصلاتهم بهم قد أسهم كثيراً في وضع الركائز الأولى للحضارة الإنسانية([26])

ومن هذا المنطلق لا ننسى ما قدمته الحضارة العربية العريقة للحضارة اليونانية لكون الحضارة العربية هي أقدم من الحضارة اليونانية، وأن الأخيرة هي امتداد للحضارة العربية واقتباس منها، وأن علماء اليونان قد اعتمدوا كثيراً في إنجازاتهم الحضارية على ما أنتجه وأبدعه العرب في وادي الرافدين ووادي النيل وفي بلاد الشام، وقد أكد لنا ذلك الباحث (رالف لنتون) في كتابه (شجرة الحضارة) بقوله: (بأننا قد بدأنا فقط منذ وقت قريب ندرك مدى الدين الكبير الذي تدين به الحضارة الإغريقية القديمة للحضارة العربية) ([27])

---

(25) المسعودي: مصدر سابق، ص ص-107 108.

(26) الحسيني، فاضل: الدور ... مرجع سابق، ص ص3-2.

(27) لنتون، رالف: شجرة الحضارة. ترجمة أحمد فخري، القاهرة، ج2، ص209.

لقد جسد العرب مفهوم العولمة في تراثهم بسبب اشتغالهم في العصور القديمة بالتجارة وسيطرتهم على شبكة المواصلات الواسعة التي اقتضتها تجارتهم المزدهرة الواسعة والتي نجم عنه احتكاكهم بالعالم الخارجي ونقل مؤثرات حضارتهم إلى مختلف الأقوام، وقد لعبت الطرق التجارية التي كانت تلتقي في جنوب الجزيرة العربية من الهند وأفريقيا والبحر المتوسط دوراً كبيراً في حضارة ومدنية البحر المتوسط، كما أسس العرب شمال الحجاز وفي الصحراء الشمالية الغربية أسواقهم التجارية مع دول البحر المتوسط، ولا تتسع هذه المقالة إلى إيراد الأمثلة العديدة التي جسدت إيمان التراث العربي بمفهوم العولمة إلى خدمة الإنسانية والذي ساهم بالفعل في رفد الحضارة الإنسانية.

وفي هذا الصدد يقول المفكر الفرنسي المسلم (جارودي) في كتابه (حوار الحضارات): ((إننا لا ننتقص البتة أهمية الثقافية اليونانية إذا ما ذكرنا أنها لم تنشأ نشأة معجزة، وأشرنا إلى منابعها الشرقية والأفريقية)) ([28]).

ومثلما جسد التراث العربي مفهوم العولمة الحقة، فقد جاء التراث الإسلامي بغزارته وسعة انتشاره تجسيداً أكبر للعولمة بمفهومها السليم، فما أن أنبلج فجر الدين الجديد حتى امتدت الفتوحات الإسلامية في زمن يسير لتشمل أجزاء العالم القديم والذي لم يشهد سلطة مماثلة توحد أرجاءه منذ أيام الاسكندر المقدوني (323-356ق.م).

وكان من أبرز نتائج انتشار الدين الإسلامي في معظم ربوع العالم انتشار اللغة العربية وكان لانتشار الدين الإسلامي واللغة العربية مغزاهما الحضاري الذي فاق مغزى الفتوحات العسكرية ذاتها وأن كانا نتيجة لها.

لقد جسد الإسلام منذ أيامه الأولى مفهوم العولمة بحضارته وتراثه الثر الذي تشربت به عدة شعوب كانت قبل الإسلام بعيدة كل البعد عن مراكز الحضارة العربية، ومن الغريب أن هذه الشعوب لم تتلق الحضارة العربية الإسلامية فحسب بل ساهمت في نسج بساطها الزاهي الألوان، بل أنها قاتلت في سبيل نشر آفاقها في أصقاع شتى من العالم مثل انخراط الفرس في صفوف المسلمين الفاتحين صوب بلاد ما وراء النهر، وكذلك المغاربة في فتح بلاد

(28) جارودي، روجيه: حوار الحضارات. ترجمة عادل زعيتر، بيروت، 1978، ص23.

الأندلس، وقد سقطت طرق تجارية عالمية بين المحيط الهندي والبحر المتوسط بأيدي العرب المسلمين الأمر الذي سمح باستصلاحها وتنشيط التجارة فيها.

لقد اتسعت رقعة العالم الإسلامي رويداً رويداً وبزمن قياسي قصير جداً، فبلاد فارس والتوغل بعيداً في الشرق إلى ما وراء النهر (نهر جيحون سابقاً وهو نهر أموداريا حاليا)، حيث بخاري وسمرقند وخوارزم والسند شمال القارة الهندية ثم توغل الفتح نحو مشارف الصين، كما شملت الفتوحات الإسلامية غرب منطقة البحر المتوسط والشمال الأفريقي حتى أقاصي المغرب ثم عبور المضيق نحو الأندلس، كما وصل المجاهدون المسلمون إلى حدود الإفرنج عند جبال (البيرته) وفي المراحل اللاحقة تابع الفتح الإسلامي طريقه في فتح جزر كريت وصقلية وبقية المناطق الأخرى، وقد سادت الحضارة العربية الإسلامية جميع مناطق الفتح الإسلامي.

والواقع هناك عدة عوامل ساعدت على اعتناق الدين الإسلامي وهضم الحضارة العربية الإسلامية، بل والحماس من أجل المساهمة فيها ورفدها بإبداعات المؤمنين، منها ما ورد في دستور الإسلام كعدم إكراه الناس على اعتناق الدين الجديد، ومنها ما ورد في سلوك قادة المسلمين واستعدادهم للاستفادة من خبرات وتراث الأقوام الأخرى، حيث دعا قادة المسلمين الصناع والفنانين والعلماء الذين ينتمون إلى أجناس مختلفة وأديان قبلية للمساهمة في تطور ونحت الفنون والعلوم الإسلامية، كذلك عدم تردد المسلمين في الأخذ من العلوم والفنون التي كانت سائدة في البلدان قبل فتح الإسلام لها، وبالفعل استفاد المسلمون كثيراً من الأساليب الفنية والمعارف والعلوم الفارسية والهندية والبيزنطية التي كانت منتشرة في بلاد فارس وشمال أفريقيا. وهذا لعمري تجسيد حي وصادق لمفهوم العولمة من قبل المسلمين أبان فتوحاتهم الإسلامية، والأكثر من ذلك هو إقدام العرب المسلمين على الإطلاع على علوم الأقدمين وترجمتها من أجل فهمها واستيعابها ومن ثم الاستفادة منها، بل والشروح عليها والإضافات لها، الأمر الذي حفظ تراث هذه الأمم من الضياع وبنفس الوقت رفدوا حضارتهم بعلوم ومعارف جديدة ليشكلوا بذلك تجسيداً آخر لمفهوم العولمة الحقة، إذ ترجم الكثير من المصنفات والمؤلفات إلى العربية وبالعكس، ولم يمض وقت طويل حتى وجد طلاب العلم من العرب والمسلمين بأنه قد تيسر لهم الإطلاع

بالعربية على الشطر الأكبر من مؤلفات جالينوس وسقراط وبطليموس وغيرهم، كذلك ترجمت مؤلفات العرب لغير العرب للإفادة، حيث وعى المسلمون أن العلوم والمعارف لا تعرف الجنسية وأن هويتها الوحيدة هي العالمية ولا أعتقد هناك أكثر دلالة على تجسيد مفهوم العولمة من هذا الأمر.

ومن أجل إضافة أكثر فقد بذل المسلمون جهوداً كبيرة في أن لا يكون هناك تمييز بين العرب والمسلمين من غير العرب سواء في الأقطار العربية أو غير العربية، وقد كتب لنا الرحالة والمؤرخون ذلك فالرحالة ابن بطوطة الذي زار جميع العالم الإسلامي يفيد بأنه لم يشعر بأنه قد انتقل خلال رحلته في العالم الإسلامي إلى عالم غريب عنه بالرغم من الفوارق الإقليمية، والسبب في رأيه يعود إلى دور الشريعة الإسلامية التي طوعت لإرادتها العادات والتقاليد والخصائص المحلية، كما أبرزت للثقافة الإسلامية شخصية ممىزة([29])

ولا يفوتنا في النهاية ونحن نتحدث عن تجسيد التراث العربي الإسلامي لمفهوم العولمة أن نذكر عاملاً آخر أدى إلى تجسيد التراث الإسلامي للعولمة وهو مبدأ التسامح الذي دعا له الإسلام وتبناه قادة وخلفاء المسلمين.

ففي عام 819 مسيحي ترأس الخليفة العباسي المأمون مجلساً اجتمع فيه علماء الإسلام والنصرانية ودافع كل منهم عن عقيدته ولم تقتصر هذه الحوارات على البلاط فحسب بل شملت جميع أروقة الناس عامة، وقد ألفت حول ذلك الكتب في الديانة المقارنة، ولم يقتصر المجتمع الإسلامي على التسامح بل تعداه إلى الإقرار بفوائد الاختلاف ضمن الإطار العام.

(29) ابن بطوطة، محمد بن عبد الله : رحلة ابن بطوطة. ط1، ج1، 1928، القاهرة، ص85.

الفصل التاسع

الحضارة العربية الاسلامية
والمفاهيم المعاصرة

(1) بين الحضارات صراع أم حوار

شهدت الحضارات في العالم صراعات عدة عبر الحقب الزمنية المتعددة وكانت حصيلة هذه الصراعات الدمار والخراب للإنسان ومعالمه الحضارية، وكان آخر صراع قد حدث بين الحضارات مطلع القرن السادس عشر من التقويم المسيحي والذي ما زالت آثاره السيئة باقية لليوم فضلا عن الأفكار والآراء التي أججت ذلك الصراع وأبقته يستمر ردحا من الزمن، لقد حدث صراع الحضارات بداية القرن السادس عشر عندما اعتقد الغرب سيادة وهيمنة حضارته فقط على سائر الحضارات في العالم فألغى من جانبه فقط الحضارات الأخرى ودورها في رقي البشر وتقدمه، وقد بنى اعتقاده على أن الحضارة التي يعيش العالم أبعادها في التاريخ الحديث هي حضارة ذات جذور أوروبية فقط، أي يونانية رومانية الجذور ليس إلا لاغيا بذلك جميع الجذور الآسيوية والأفريقية والأمريكية اللاتينية، وهذا الأمر يعني مثلما عبر عنه المفكر الفرنسي المسلم (روجيه جارودي) بأنه (نبات تمتنع عن تتبع جذوره)([1])، لأن جذور الحضارة الحديثة والمعاصرة هي ممتدة في آسيا وأفريقيا، في بلاد الرافدين وفي وادي النيل، تمتد حضارة اليوم بجذورها البعيدة الغور في دلتا دجلة والفرات والروائع الحضارية التي سطرته تلك البلاد منذ آلاف السنين قبل الميلاد عندما أنجبت ملحمة (كلكامش) التي سبقت ظهور (الألياذة) بألف وخمسمائة عام.

كما تمتد الحضارة المعاصرة بجذورها إلى وادي النيل، حيث الأهرامات المعجزة التي توحي بالإعجاز من الناحية العلمية، حيث حسبت أشكالها بدقة فائقة لا تسمح بإيلاج إبرة صغيرة بين أية كتلتين من أحجارها وقد عاد (فيثاغورس) من رحلته إلى مصر وهو يحمل مبادئ الهندسة التي نقلها إلى الغرب، كما كان الفلاسفة والمؤرخون اليونان يعجبون بمصر إعجابا كبيرا، فكان (أفلاطون) يحلم بدولة ذات استقرار سياسي وكانت (مصر) انموذجه([2]).

---

(1)روجيه جارودي: حوار الحضارات. ترجمة د. عادل العوّا، منشورات عويدات، بيروت، باريس، ط1، 1978، ص17.

(2)المرجع نفسه، ص19.

لقد حاول الغرب منذ القرن السادس عشر للميلاد أن يصور للعالم بأن الحضارة الغربية هي السائدة وفي ظلها تستطيع البشرية العيش في تقدم ورخاء وأنها قد بنت نفسها بنفسها منذ نشوء الحضارة اليونانية.. وعندما يواجه دعاة هذه النظرية بدور العرب في بناء الحضارة الأولى في العالم وما قدموه من مآثر حضارية إلى اليونان أولا وإلى أوروبا إبان العصور الوسطى ثانيا.. يكون الرد للآسف قاصرا، حيث يعتقد بعض الباحثين من الأوروبيين بأن دور العرب في نقل المؤتمرات الفكرية إلى أوروبا خلال العصور الوسطى والذي نجم عنه التطور التاريخي لأوروبا وانتقالها إلى عصر النهضة هو دور الوسيط أو كما ينعتونهم أحيانا بـ (سعاة البريد)، أي أن العرب كانوا مجرد واسطة لنقل الحضارة اليونانية إلى أوروبا، ناسين أم متناسين أن الحضارة العربية أقدم من الحضارة اليونانية وأن الأخيرة ما هي إلا امتداد للحضارة العربية واقتباس منها، وأن علماء اليونان قد اعتمدوا كثيرا في إنجازاتهم الحضارية على ما أنتجه وأبدعه العرب في وادي الرافدين ووادي النيل، وقد أكد لنا الباحث (رالف لنتون) في كتابه (شجرة الحضارة) هذا لأمر حيث قال: "بأننا قد بدأنا فقط منذ وقت قريب ندرك مدى الدين الكبير الذي تدين به الحضارة الإغريقية القديمة للحضارة العربية"([3]).

على العموم، لا أعتقد أن هناك ضيرا لو اعتقد الغرب بأن حضارته قد اعتمدت في جذورها على الحضارة العربية أو غيرها، ويشاطرنا الرأي المفكر الفرنسي (روجيه جارودي) فيقول: "إننا لا ننتقص البتة من أهمية الثقافة اليونانية إذا ذكرنا أنها لم تنشأ نشأة معجزة، وأشرنا إلى منابعها الشرقية والأفريقية([4]).

لقد كان إصرار الغرب منذ القرن السادس عشر على أهمية الحضارة الغربية فقط والعمل على سيادتها في العالم هو بمثابة الإعلان الرسمي للحرب على الحضارات الأخرى وإلغائها أو تهميشها، الأمر الذي فرض أسلوب الصراع بين الحضارات وليس الحوار واللقاء بينهما، وقد مارس الغرب أبشع الأساليب من أجل فرض هذا الأسلوب في العالم كما لجأ

(3)رالف لنتون: شجرة الحضارة. ترجمة د. أحمد فخري، مؤسسة فرانكلين للطباعة والنشر، القاهرة، نيويورك، ج2، ص209.

(4)روجيه جارودي: المرجع السابق. ص23.

إلى أشنع السبل والوسائل والتي نجم عنها أفظع المآسي وأكبر الكوارث التي عاشتها الإنسانية خلال القرون الماضية من تاريخ العالم الحديث، ولعلنا في هذا الصدد نستطيع إيجاز أهم الإفرازات التي أنجبها الصراع بين الحضارات:

1- الاستعمار كان من أهم إفرازات الصراع الحضاري بهدف الهيمنة على قارات العالم ونهب خيراتها واستغلال شعوبها مع القضاء على كافة مظاهرها الحضارية.

2- إبادة الهنود في أمريكا وحضارتهم المتمثلة بثقافة (الأزتك) و(المایاس) وإحراق كتبهم التي تعود إلى الآلاف من السنين وهي آثار قيمة تضم العديد من العلوم والمعارف.

3- القضاء على المعالم الحضارية في البلاد العربية والإسلامية وسرقة آثارهم ومؤلفاتهم وتزويرها ومحاولة لصق انتساب العديد منها للحضارة اليونانية والرومانية زورا وبهتانا.

4- ممارسة تجارة الرقيق في أفريقيا، حيث لم يكن الرق طرازا من طراز الإنتاج في أفريقيا قبل دخول المستعمر الأوروبي إليها.

كانت هذه الإفرازات للصراع الحضاري قد ولدت هي الأخرى نتائج سيئة جدا، حيث بنيت حضارة الغرب على حساب إبادة الحضارات في كل من آسيا وأفريقيا وأمريكا، الأمر الذي أدى إلى عمران وتقدم أوروبا وأمريكا، ولكن وبسبب أن هذا العمران والتقدم قد بنى على أساس خاطئ فلم تحصل الحضارة الغربية ذاتها على المنعة والسؤدد بل سرعان ما دب في جسدها الضعف والانهيار، حيث تعرضت للصراع والصدام مع ذاتها فدخلت في حربين كونيتين ألحقت من جرائهما بالعالم أجمع كوارث مذهلة فضلا عن نمو وتزايد الحقد والكره للغرب الأمر الذي زرع التطرف والتشنج الديني والعرقي وما صاحب ذلك من توتر وقلق في جميع أرجاء العالم.

نخلص من كل ما تقدم أن الصراع بين الحضارات لم ولن ينجب الخير لأية حضارة في العالم بل يسفر عن الدمار لكل الطاقات البشرية الخيرة التي عملت طوال آلاف السنين وفي كل مكان من العالم من أجل تقديم الأفضل للإنسان بهدف تذليل الصعوبات والعراقيل التي تعترض حياته والعمل على التخفيف من آلامه وتحقيق بعض طموحاته وآماله.

كما نفيد بأن الحوار واللقاء بين الحضارات هو الأسلوب الأمثل والطريق الأفضل من اجل التعارف والتفاهم ومن أجل تلاقح المعارف والعلوم وإزالة الفرقة وإنهاء الصدام والصراع، فالحوار يخدم البشرية جمعاء دونما تفريق أو تمييز، الأمر الذي يوفر في النهاية حظوظا كبيرة للأمن والسلام.

وليس هناك من ضير إن قلنا بأن الحضارة اليوم قد شاركت في صنعها جميع الأمم فهي كالبساط الجميل ـ إن صح التعبير ـ الذي ساهمت في حياكة خيوطه جميع الأمم وكافة الشعوب وبالتالي عاد نفعه للجميع دون استثناء.

لقد ذكر لنا التاريخ عبر الحقب المتعددة بأن حوارا بين الحضارات قد حدث وقد استفادت منه الإنسانية جمعاء، فقد ألتقى دلتا النيل مع الفرات ودجلة ومع الهند ودلتا النهر الأصفر وسرعان ما اتصلت هذه الحضارات الأربع ببعضها قبل ظهور الإسلام ثم ازدادت اتصالا واحتكاكا بعد ظهور الإسلام فأنجبت حركات الترجمة التي بلورت ظهور الحضارة العربية الإسلامية والتي كانت من أهم الروافد التي غذت الحضارة اليوم، كما حدث حوار حضاري عن طريق ما سمي بطريق الحرير بدءا من الصين مرورا بشمال همالايا وانتهاء بتركيا على ساحل المتوسط كما لا يفوتنا بهذا الصدد أن نشير إلى الحوار الحضاري الذي جرى بين الحضارة اليونانية والحضارة الفارسية والذي أقدم على إنجازه أسكندر المقدوني الأمر الذي أنجب ما يعرف بـ الحضارة الهيلينستية، أي الغربية الشرقية، كما لا ننسى في النهاية الحوار الحضاري الرائع الذي أحدثه الإسلام منذ انبلاجه مع كافة الحضارات في العالم والذي ساهم بشكل كبير في صنع الحضارة الإنسانية جمعاء.

(2) بين العقائد صراع أم حوار

نزلت الأديان السماوية جميعا على البشرية من لدن البارئ ـ عزّ وجلّ ـ وهي تدعو للإيمان بالله وللخير والفضيلة والسلام والوئام بين عموم بني آدم.. أهداف الأديان النبيلة تتحقق عندما يسود بينها الحوار واللقاء والتعاون والتآزر، وتختفي هذه الأهداف عندما يعم الصراع والصدام علاقاتها فتنزلق في الاتجاه الخاطئ لحركتها، فتخرج عن مسارها الطبيعي والسليم.

لقد أطلعنا في حقب التاريخ المتعددة على نوع من العلاقة السلبية كانت تسود بين الأديان فأنجبت الصدام بينها فأدت إلى خسائر فادحة في معسكر الإيمان بالله ـ عزّ وجلّ ـ ومن هذه الصراعات بين الأديان ما كان سافرا في نواياه مثل الحروب الصليبية التي استمرت قرنين من الزمن تقريبا، ومنها ما كان مختبئا وراء شعارات ومقاصد أخرى اقتصادية أو سياسية، مثل حركة الكشوفات الجغرافية أو مرحلة الاستعمار الأوروبي.

ومن أجل تسليط الضوء على مرحلة من مراحل صراع الأديان التي حدثت عبر التاريخ نجد أنفسنا ملزمين بتناول مرحلة الحروب الصليبية، وهذا لا يعني كون المراحل الأخرى التي حدثت أيام الكشوفات الجغرافية أو الاستعمار الأوروبي خالية من الصراع الديني ويكفي قادة الكشوفات الجغرافية البرتغال أن أعلنوا ضمن أهدافهم نشر المسيحية والقضاء على الإسلام فضلا عن مرحلة الاستعمار الأوروبي إذ كان يرافق المستعمرين بعثات تبشيرية تعمل على تغيير الديانة للمسلمين بالمسيحية وهذا لأمر بحد ذاته حرب ضد الإسلام كذلك، لكننا اخترنا الحروب الصليبية كنموذج واضح للصراع بين الأديان ويكفي لنا دليلا على ذلك هو الاسم الذي أطلق على هذه الحروب، بالرغم من أن هناك أسبابا أخرى اقتصادية وسياسية فضلا عن التبرير المعلن لها وهو الإساءة أو المعاملة السيئة التي يجدها النصارى عند زيارتهم الأماكن المقدسة في فلسطين.

لقد حدث الصراع بين الأديان عندما انطلقت الحروب الصليبية للفترة من 1069 إلى 1291 مسيحي، مستهدفة المسلمين الآمنين في بلدان الشرق الإسلامي وكان الصراع على شكل حملات عسكرية، يختلف المؤرخون في عددها ما بين سبع أو ثماني حملات أدت إلى اندلاع حروب طاحنة بين النصارى والمسلمين نجم عنها مآسي كثيرة وكوارث كبيرة لم تشمل الجنس البشري المؤمن فحسب بل تعدته إلى المزارع والمدن، كانت الحروب الصليبية مناسبة مأساوية للقاء بين الشرق والغرب([5]).

ولكن من غرائب التاريخ أن يتحول هذا الصراع بين الأديان إلى حوار حضاري، حيث ساعدت هذه الحروب أوروبا إلى الاستفادة من الحضارة الإسلامية، فمن الغريب أن ينجب هذا الصراع الديني تلاقحا حضاريا، إذ عرف الأوروبيون خلال هذه الحروب زراعة العديد من المحاصيل لأول مرة كالسمسم والذرة والأرز والليمون وغيرها.

---

(5)مسيرة الحضارة، موسوعة علمية مصورة، ص465.

كما عرفوا العديد من صناعات الأنسجة والأقمشة السورية والموصلية فضلا عن العقاقير وأدوات الزينة كما اطّلعوا على مختلف العلوم والمعارف الإسلامية وترجموها إلى اللاتينية.

ومن جانب آخر استفاد المسلمون من بعض المظاهر العسكرية الأوروبية كالقلاع والحصون وغيرها.

لكن الأهم هو إطّلاع الأوروبيين خلال هذه الحروب على الأخلاق الإسلامية كالتسامح وحسن معاملة الأسرى واحترام المواثيق والمعاهدات الأمر الذي خفف عندهم من روح التعصب إزاء المسلمين مما أدى لاحقا إلى التقليل من حدة الصراع الديني لدى معظم الأوروبيين.

بعد أن تناولنا الجانب السلبي للعلاقة بين الأديان ألا وهو الصراع بينهما حري بنا الانتقال إلى الجانب الآخر وهو الإيجابي والذي يفترض بالأساس أن يكون بين الأديان ألا وهو الحوار والذي تمثل بشكل جلي وواضح مطلع ظهور الإسلام على وجه البسيطة، وقد استمر المسلمون يدعون لذلك عبر العصور المتعاقبة، والأمثلة التاريخية على ذلك كثيرة ومعروفة ومن بينها سلوك المسلمين في الأندلس حيال الأديان الأخرى وقد أشاد بذلك السلوك أبناء الديانات الأخرى، وللأسف ينكر بعض الباحثين الأوروبيين المعاصرين هذا الأمر ويطلقون على الفتح الإسلامي لأسبانيا بالغزو العسكري، وقد رد المفكرون المنصفون من أمثال المفكر الفرنسي (روجيه جارودي) على هذا الإدعاء الباطل فذكر لهم بأن عدد السكان في أسبانيا كان زهاء عشرة ملايين نسمة في ذلك الحين، ولم يزد عدد المسلمين المقاتلين في الأرض الأسبانية على سبعين ألفا وقد لعب التفوق الحضاري دورا حاسما في الفتح، حيث أقام المسلمون في بلد كانت تمزقه الفوضى الاقطاعية أجمل منشآت الري التي عرفها العصر وهذا مثال بسيط لما قدمه المسلون أيام فتحهم لأسبانيا وليس من موضوع المقال التطرق للكثير.

ومن المفيد الإشارة بهذا الصدد إلى أن بقية مناطق أوروبا قد حسدت أسبانيا على فتحها من قبل المسلمين، حيث تخلصت من دياجير الجهل والتخلف ودخلت عالم النور

والعلم والحضارة والغنى والازدهار في كافة الميادين، فهذه فرنسا قد تألمت لانتصارها في معركة (بلاط الشهداء) أمام تقدم جحافل المسلمين وتمنت لو أن الانتصار قد تحقق للمسلمين ودخلوا فرنسا لتدخل معهم معالم الحضارة والتمدن.. والدليل على ذلك ما قاله الكاتب الفرنسي (أناتول فرانس) في كتابه (الحياة الجميلة): "سأل السيد (دويوا) السيدة (نوزير) عن اشأم يوم في تاريخ فرنسا ـ أي أتعس يوم في تاريخ فرنسا ـ ولكن السيدة لم تكن تعرف، فقال السيد (دوبوا): إنه يوم معركة (بواتيه) ـ أي يوم معركة بلاط الشهداء ـ عندما تراجع العلم العربي والفن العربي والحضارة العربية سنة 732 أمام همجية الفرنجة[6].

مما تقدم ندرك مدى الحسرة التي اعتلجت في نفوس الفرنسيين جراء وقف التقدم الإسلامي تجاه فرنسا وظل المفكرون الفرنسيون المعاصرون يذكرون بألم هذه المعركة التي وقعت حائلا أمام المد الحضاري الإسلامي لربوع فرنسا آنذاك.

لابد لنا في النهاية أن نؤكد على أهمية الحوار واللقاء بين الأديان وعلى تفعيل هذا الحوار واللقاء بصورة منتظمة ومستمرة لما له من فوائد جمة في تعزيز التيارات الإيمانية بوجه تيارات الكفر والإلحاد والعبثية، لا سيما وأن هناك العديد من تجمعات النخبة المؤمنة في أواسط الأديان الأخرى والتي تؤمن بصدق بأهمية الحوار وفائدته لجميع الأطراف دون استثناء، كما لا يفوتنا بهذا الصدد أن نثمن عاليا الدور الذي تضطلع به جمعية الدعوة الإسلامية العالمية والجهود الصادقة والحثيثة التي تبذلها هنا وهناك في سبيل دعم الحوار بين الأديان وديمومته وآخرها وليس أخيرها إقامة الملتقى الكبير للحوار بين الأديان تحت شعار (لتعارفوا) والذي شارك فيه العديد من رجال الدين والمفكرين والباحثين في الديانتين الإسلامية والمسيحية ومن مختلف بقاع العالم وقد أجمعوا على احترام الأديان وخصوصيتها، منطلقين في ذلك من أن مصادر الأديان السماوية جميعا هو الله ـ سبحانه وتعالى ـ فضلا عن الاحترام لكل الأنبياء والتصديق برسالاتهم ومعجزاتهم.. وفق هذه الأسس نجح الملتقى نجاحا باهرا كما عقد بذلك الآمال على تجدد مثل هذا اللقاء ونجاح الحوار في تحقيق أهدافه التي هي بالأساس أهداف الأديان السماوية جميعا في التعارف والتآخي والسلام.

---

[6] جارودي، روجيه : حوار الحضارات، ص ص98-97.

(3) العولمة مفهوم إسلامي أصيل ! انتحله الغرب(*)

كثيرا ما تتردد اليوم كلمة "العولمة" في جميع وسائل الإعلام التي أوصلتها إلى جميع أبناء المعمورة، وقد أختلف المفكرون والباحثون في تفسيرها ومعناها على الرغم من أن المعنى لها ظاهر وبيّن حيث اشتقت كلمة العولمة من كلمة "العالم" وهي بهذا المعنى تقف بالنقيض من مفهوم الدولة الوطنية أو القطرية وإنما تشمل العالم بأسره، ومن الغريب، أن يعتقد البعض بأن العولمة بمدلولها الواضح هي من بنات أفكار الغرب ومبتكراته الحديثة، وأن ما يريده الغرب للعالم أجمع هو بناء نظام كوني جديد، مرتكزاته الأساسية الاقتصاد الحر والايدولوجية الواحدة والديمقراطية بحيث يتشكل من البسيطة قرية واحدة لا غير وللأسف، تلقى الناس ما طرحه الغرب بانبهار، وقد شارك بعض العرب والمسلمين في مباركة هذا الطرح ناسين أو متناسين بأن مفهوم العولمة بالأساس ليس مفهوما غربيا بحت وإنما هو مفهوم إسلامي أصيل يعود بجذوره إلى أكثر من أربعة عشر قرنا عندما أرسل اللـه سبحانه وتعالى رسوله الكريم محمد ـ صلى اللـه عليه وسلم ـ إلى الناس كافة ليدخلهم في الدين الحنيف فكان النبي ـ صلى اللـه عليه وسلم ـ مبشرا للناس بدين العولمة الجديد ومنذرا إياهم بذات الوقت من مغبة عدم اعتناقه حيث لا يقبل اللـه عزّ وجلّ بغير الإسلام دينا لعموم البشرية.

وقد استجاب رسولنا الكريم لنداء اللـه سبحانه وتعالى وأوامره فبعث برسائله إلى جميع الرؤساء والملوك في العالم يومذاك يدعوهم لدخول الدين الجديد كما جهز الإسلام جيوشه لنشر مبادئه في كافة أصقاع الأرض وإلى مختلف الأمم على تباين ألوانها وألسنتها وأصولها.

إن الإسلام لم تقتصر دعوته على الجزيرة العربية فحسب، أو على أمة العرب لوحدها، وإنما شمل العالم بأكمله.. ألا يمكننا ـ على ضوء ذلك ـ أن ننعته بدين العولمة!! إلا أن هناك بونا شاسعا وفرقا كبيرا بين العولمة وفق المفهوم الإسلامي وبين ما أنتحله الغرب اليوم من عولمة جديدة.

---

*جزء من البحث الموسوم (الثراث العربي الإسلامي الحضاري والعولمة) الذي ألقي في المؤتمر الدولي السابع للتراث الذي نظمته جامعة اليرموك بالاشتراك مع منظمة اليونسكو في العاصمة الأدردنية "عمان" للفترة بين 16 ـ 20 ديسمبر من عام 2002.

الحضارة العربية العربية الاسلامية والمفاهيم المعاصرة

فعولمة الغرب اليوم تمسح كل الحضارات وتلغي كافة المفاهيم والقيم والأديان وتحطم جميع طرق الاقتصاد ووسائل الثقافة وتبقى على مفهوم واحد ألا وهو حضارة وقيم وثقافة واقتصاد الغرب لا غير، فهي كما عرفها لنا الدكتور مانع بن حماد الجهني: حركة تستهدف تحطيم الحدود الجغرافية والجمركية وتسهل نقل الرأسمالية عبر العالم كله كسوق كونية(7).

لقد مهد الغرب لطرح مفهومه للعولمة بأفكار وقيم غربية بحتة، أو لنقل أمريكية بشكل خاص منها ما طرحه الكاتب الأمريكي ذو الأصل الياباني "فوكوياما" من فكر من خلال نظريته المعروفة بـ "نهاية التاريخ" والتي اعتبر فيها أن الرأسمالية قد حققت النصر النهائي والمؤزر وذلك بعد انهيار الاتحاد السوفيتي، كما مهد الغرب قبيل طرحه لمفهوم العولمة بما أسماه بالنظام العالمي الجديد رافقته طروحات شتى مثل حقوق الإنسان والديمقراطية وقد صاحب كل ذلك نزول مشهيات تكنولوجية إلى الأسواق مثل الاتصالات السريعة عبر العالم وشبكات الإنترنت والتلفزة الفضائية وكأن العالم قد أصبح بالفعل قرية صغيرة.

لذلك، نستطيع القول بأن العولمة التي دعا لها الغرب اليوم لا تقتصر على جانب واحد في الحياة كالاقتصاد مثلا وإنما هي شاملة تدخل فيها جميع الميادين السياسية والاجتماعية والاقتصادية والثقافية وغيرها من مرافق الحياة ومناحيها المتعددة.

ويرى الغرب كل ذلك بأنه يطمح لتذويب الحدود وخلق معدلات كبيرة في التشابه بين المجتمعات من أجل إيصال المعلومة إلى الجميع بسهولة ويسر.. ولكن أي معلومة.. أكيد أنها معلومة وثقافة الغرب ليس إلا.

أن عولمة الغرب في الواقع أسلوب مبتكر جديد للسيطرة على العالم برمته وفي الرؤية الأمريكية الجديدة وهو لا يختلف البتة عن الأساليب القديمة كالاستعمار والتدخل العسكري بهدف الهيمنة والاستغلال وتحقيق المصالح الغربية.

لقد أطلق عليها الأستاذ عبد اللـه بن خالد رئيس تحرير مجلة الوثيقة البحرينية "الطوفان القادم" حيث ذكر لنا بأنها:

(7)صحيفة الدعوة الإسلامية، العدد 627، في 6/ 1/ 1999، تصدر في طرابلس ـ ليبيا.

"ليست استعمارا قديما يقوم فيه ملك ما بغزو أرض أخرى حتى يحكم دولا بدل دولة، وحتى يصبح إمبراطورا بدل أن كان ملكا.. وهي ليست استعمارا عسكريا تتصارع فيه الدول وتسيل فيه دماء الشعوب للسيطرة على خطوط التجارة وامتلاك مناطق المواد الخام ومد نطاق المجال الحيوي والاستيلاء على ثروات الأرض.. وهي ليست استعمارا حديثا يفرض نمط حياة معينة على الآخرين ويجبرهم أن يكونوا تابعين سياسيا وثقافيا لنفوذه وهيمنته.. وهي ليست حربا باردة تتقاسم العالم فيها قوتان كبريان تنشر كل منهما مبادئها ونظريتها وسياستها وأهدافها.. وهي ليست نظاما تهيمن فيه القوة الوحيدة.. هي ليست شيئا من ذلك منفردا ولكنها كل ذلك مجتمعا، ومن هنا كانت طوفانا.. ومن هنا تأتي خطورتها([8]).

أما العولمة التي جاء بها الإسلام ودعا إليها فهي تلكم المبادئ السامية التي انطلقت من رسالة السماء إلى عموم البشر حيث خاطبهم اللـه تعالى: {يا أيها الناس إنّا خلقناكم من ذكر وأنثى وجعلناكم شعوبا وقبائل لتعارفوا} كما أنها تنطلق من مبدأ المساواة بين الناس أي أنهم سواسية في الحقوق والواجبات على اختلاف أجناسهم وألوانهم وأصولهم لكونهم خلقوا من نفس واحدة مصداق قوله تعالى: {يا أيها الناس اتقوا ربكم الذي خلقكم من نفس واحدة وخلق منها زوجها وبث منهما رجالا كثيرا ونساء}.

وقد أكدت أحاديث الرسول الكريم محمد ـ صلى اللـه عليه وسلم ـ هذا المنحى عندما قال: "كلكم لآدم وآدم من تراب" وكذلك قوله: "ليس لعربي على أعجمي أو أبيض على أسود فضل إلا بالتقوى"، ومن هذا المنطلق أصبح الصحابي سلمان باك ـ الفارسي الأصل ـ من آل بيت الرسول عندما قال عنه ـ صلى اللـه عليه وسلم ـ سلمان منّا آل البيت.

لقد وضع الإسلام مفهوما للعولمة مبنيا على المساواة بين الناس ونبذ التمييز كما لم يجبر الإسلام أيا من البشر اعتناق الدين الحنيف بالقوة والإكراه، فعندما بلغ المسلمون أصقاعا عدة من الأرض وأمما مختلفة في لغاتها وأجناسها وثقافاتها وحتى دياناتها لم يكره أحدا أو يفرض على أحد لغة معينة أو ثقافة معينة أو حتى الدين الإسلامي تيمنا بقوله ـ عزّ وجلّ ـ :{لا إكراه في الدين}، إذ ترك حرية الاعتقاد للناس جميعا وقد ذكرت لنا المصادر التاريخية بأن اليهود في بلاد الأندلس التي فتحها المسلمون عام 711ف قد أشادوا بموقف

---

(8)مجلة الوثيقة، العدد 35، سنة 1999، البحرين.

المسلمين منهم عندما تركوهم يؤدون طقوسهم الخاصة بخلاف النصارى الأسبان الذين كانوا يجبرونهم على ترك ديانتهم والدخول في المسيحية.

ومن الجدير بالذكر أن العصور الإسلامية المتعددة قد شهدت انضواء ثقافات شتى تحت خيمة الإسلام دونما تصارع أو اصطدام، فالثقافات التركية الفارسية والهندية والأوروبية جميعها كانت تعيش في ظل الإسلام بحرية وازدهار بخلاف عولمة الغرب التي تدعو اليوم إلى إلغاء كل الثقافات ليبقى الجميع تحت طائلة الثقافة والديانة الغربية فقط.

كما أن الإسلام كان يعطي الدور والأهمية لأقل الأمم شأنا وعددا ولأقل الأفراد دخلا فهو لم يميز أبدا بين السيد والعبد والأبيض والأسود أو الغني والفقير حيث لا فضل لأحد على غيره سوى بما يقدم من خير وسعادة للبشرية.. لأن أكرمهم عند الله اتقاهم وذلك لأن الجميع أمام الله متساوون ولا يميزهم سوى تقواهم، والتقوى بمعنى مخافة الله ومخافة الله هي السلوك الحسن المعبر عن الخير والصدق والنزاهة والايثار في سبيل سعادة الآخرين، كما لا يفوتنا أن نذكر بأن الناس في مجتمع العولمة الإسلامي لا يحتاجون إلى مراقبة أو محاسبة لأن إيمانهم العميق الصادق هو المراقب لسلوكهم والمحاسب لأعمالهم وعلى ضوء ذلك يسير المجتمع الإسلامي بيسر وانضباط وبحرية تامة دون كبت أو إكراه.

وبعد كل هذا، أليست العولمة مفهوما إسلاميا أصيلا، وهي لم تكن أبدا مفهوما غربيا، لكن الغرب قد انتحلها وجعل منها مفهوما دخيلا يتعارض مع الإسلام ومبادئه بل يتعارض مع جميع الأديان الأخرى والحضارات والثقافات في العالم.

فعولمة الغرب اليوم أحادية النظرة تمثل النزعة الغربية المتمثلة بالنهج الخاص بالولايات المتحدة الأمريكية إذ تنبذ الخصوصية والتاريخ والحضارة لكل أمم الأرض، كما أنها تتعارض وتتنافى مع مفاهيم وقرارات الجمعية العامة للأمم المتحدة وما أقرته في إعلان عام "2001ف" عام الأمم المتحدة للحوار بين الحضارات، وقد أكد الأمين العام للأمم المتحدة السيد "كوفي عنان" في محاضرته التي ألقاها في مدينة اكسفورد على أهمية تفعيل أدوات الحوار بين مختلف الحضارات والثقافات من أجل تحقيق السلام العالمي كما أكد على حاجة العالم اليوم إلى منظومة أخلاقية عالمية[9]

(9)محاضرة ألقاها "كوفي عنان" الأمين العام لهيئة الأمم المتحدة في مركز اكسفورد للدراسات الإسلامية، عام 1999.

(4) دعوة.. إلى التقارب بين مذاهب الإسلام(*)

من البديهي أن الوحدة تمثل القوة والمنعة، وأن الفرقة تولد الضعف والتشرذم، وكثيرة هي الأمثلة حول ذلك سواء في المأثور الأدبي أو في أحداث التاريخ عبر عصوره المتعاقبة، ولا زالت الأمم على وجه البسيطة ليومنا هذا تحاول جمع شتاتها وتناسي خلافاتها من أجل أن تتحد لتصبح قوية مهابة الجانب، وما أجدر بأمتنا الإسلامية أن تسلك مثل هذا السبيل وتتخلص من عوامل الضعف فيها والتي استمرت قرونا عديدة تنخر بجسمها دون محاولة جادة وصادقة لنبذ خلافاتها الواهية والتي أدت بأبنائها خلال العهود المنصرمة إلى التناحر الذي وصل درجة الاقتتال وإراقة دماء المسلمين بأيدي المسلمين وقد خلّف كرها وبغضا لا يمتان بأية صلة إلى روح الدين السمحة ومبادئه السامية.

لقد تحول الاختلاف بن مذاهب الإسلام فترة من الزمن من الاختلاف في الرأي والاجتهاد في المسائل الدينية إلى اختلاف وصراع حول الوصول إلى سدة الحكم أي إغفال الفكر الإسلامي وتهميشه تماما خلال عمليات الصراع لتطفو على السطح صورة المنافسة الشديدة على كرسي الحكم والاهتمام بملذات الحياة الدنيا ومغرياتها دون تقوى الله أو طلب رضاه الأمر الذي أدى بالصراع أن يصل إلى تكفير طائفة من المسلمين من قبل طائفة أخرى دونما رادع ديني أو وخزة ضمير!!

الواقع دفعني لكتابة هذا الموضوع جملة أسباب منها:

إن شمس الإسلام قد مضى لبزوغها على أرجاء المعمورة أكثر من أربعة عشر قرنا فلا يمكن والحال هذه أن تظل المذاهب الإسلامية على ما كانت عليه في العهود السالفة من الغلو والقدح فيما بينها.. كما وأننا نعيش اليوم في عصر العولمة التي يتبناها الغرب ويدعو لها محاولا فرضها على جميع بلدان العالم بما فيها بلادنا الإسلامية، وإن نجاح العولمة بمفهومها الغربي يعني نجاح أعداء الإسلام وتمكنهم من تشتيت المسلمين والقضاء على حضارتهم زائدا أن الغرب إذا ما حقق نجاحا في هذا الميدان فهو يعني بالضرورة نجاح الصهيونية العالمية لما لها من باعٍ طويل في ميدان الاقتصاد العالمي من جانب وتحالفها

---

*نشرت في افتتاحية جريدة الدعوة الإسلامية التي تصدر في طرابلس باللغات العربية والإنجليزية والفرنسية، العدد (756) بتاريخ 27/ 6/ 1999.

الاستراتيجي المتين مع الغرب من الجانب الآخر، وبالتالي إذا كنا كمسلمين في حالة من التفرقة والانقسام سنكون حتما عاجزين عن الوقوف بوجه الطوفان الغربي الأمريكي الصهيوني القادم..

ومن بين الأسباب التي دعتني إلى إطلاق هذه الدعوة، هو أن هنالك بعضا من الدول الإسلامية ـ للأسف الشديد ـ تمارس الطائفية بشكل مقيت حيث تتعامل مع المسلم على ضوء مذهبه وتفتش ما بين حروف اسمه من خلال الاسم فقط تعتبر أنها قد قبضت عليه متلبسا بالجريمة التي في قاموسها لا تغتفر ثم تبدأ معه بممارسات ليست فقط بعيدة كل البعد على الإسلام العظيم ولكنها بعيدة عن أدنى حقوق البشر فتعمل على حرمانه من أبسط حقوقه وتغلق أمامه جميع أبواب الفرص للحياة والتي يمكن أن تسنح له، ولكم أن تصفوا الشعور الذي يعتري هذا المسلم والغبن والحيف الذي يلحق به دونما أية جنحة أو ذنب أقترفه ومن الطبيعي أن مثل هذا السلوك الذي يصدر وللأسف من بعض أقطارنا الإسلامية تجاه رعاياها أو تجاه المسلمين من الأقطار الأخرى سينعكس سلبا في داخل المجتمع الإسلامي ذاته فترى بعض المسلمين الذين ينتمون لهذا المذهب أو ذاك يسلكون حيال المسلمين من المذهب الآخر وكأنهم خارجون عن الإسلام لدرجة الامتناع عن الزواج منهم أو حتى زيارتهم لبيوتهم أو دعوتهم.. ولنا أن ندرك مثل هذا السلوك الذي هو بعيد كل البعد عن مبادئ الإسلام الحقة كم سيولّد من حالات العداء والكره داخل المجتمع الإسلامي بحيث لا يقوى هذا المجتمع أبدا على مواجهة الأعداء الحقيقيين أو الانتصار عليهم؟

لا شك، أن حالة التنافر والتباعد بين مذاهب الإسلام قد خلقها وزرعها أعداء الإسلام وتفيد لنا الوثائق التاريخية وكتب التاريخ ما يؤكد ذلك، فمعروف عن بريطانيا مثلا التي حكمت العالم فترة من الزمن وقد لقبّت نفسها بالإمبراطورية التي لا تغرب عنها الشمس، قد سعت بكل جهودها إلى زرع الفتنة والفرقة في العالم الإسلامي، وتذكر لنا الوثائق الإنجليزية بأن بريطانيا كانت تبعث بعملائها للدول الإسلامية بصيغ شتى في الأعم الأغلب تحمل الصفة الإنسانية في الظاهر، كالطب أو التعليم وتحملهم جملة تعليمات من أهمها أن لا يحاولوا خدش المشاعر الإسلامية وأن يتخلوا عن جميع الصفات والألقاب والمسميات والأزياء ذات الصفة الغربية والتي تحول دون التقرب والتودد للمسلمين لمعرفة أسرارهم وأخذ المعلومات منهم، كما تطلب الحكومة البريطانية من موظفيها في البلاد الإسلامية أن

يمتزجوا مع الأهالي بشتى الوسائل والسبل بما فيها الزواج منهم والتسمي بأسمائهم وحتى دخول ديانتهم لأن ذلك سيمكنهم من التغلغل بينهم والنفاذ إلى دخائلهم ثم في القدرة على التحكم بأمرهم كيف ما يشاؤون وفق المصالح البريطانية العليا في المنطقة الإسلامية.. وفي الحقيقة، لدينا الكثير من الأمثلة التاريخية الناصعة حول ذلك فقد أدعى البريطاني (جون فيليبي) الذي بعثته بريطانيا إلى منطقة الجزيرة العربية بأنه قد دخل الإسلام وأصبح اسمه الجديد (عبد الـلـه) كما أطلق الإنجليزي (وليم وليمسون) الذي بعث إلى العراق على نفسه اسم (الحاج عبد الـلـه وليمسون) مدعيا أنه قد أعتنق الإسلام كما تزوج امرأة من جنوب العراق وغيرهما الكثير([10]).

لقد كانت الحكومة البريطانية تزود مبعوثيها للمناطق الإسلامية بمعلومات ملخصها ومفادها تطبيق السياسة البريطانية المعروفة (فرق تسد) ومن بين القضايا التي حظيت بأهمية استثنائية لدى الإنجليز هي تعميق الفرقة والاختلاف بين مذاهب الإسلام كي لا تتوحد صفوف المسلمين وتقوى شوكتهم الأمر الذي يؤدي بالضرر الفادح لمصالح الإنجليز في بلاد المسلمين.

وتفيد إحدى الوثائق التاريخية الإنجليزية بأن أحد موظفي الإنجليز بعثته بريطانيا كمندوب لها في مدينة البصرة العراقية وقد أحتك المندوب البريطاني هذا بأهالي المدينة المسلمين من الطائفتين (السنة والشيعة) فرأى التنافر بينهم حادا، وعندما أراد الإطلاع على أسباب الخلاف بينهما وجد أن الأمر لا يستحق هذا التباعد والعداء، وأن الخلاف بينهما ليس بذي بال كما أنه ليس له صلة بالمبادئ الأساسية للإسلام فكتب لساسته في لندن يخبرهم بأن الطائفتين في البصرة من السنة والشيعة في عداء مستعر بيد أن الاختلاف بينهما ليس بالجوهري كما هو الشأن لدى النصارى حيث يصل الاختلاف إلى طبيعة الخالق نفسه، فكان رد الحكومة البريطانية له توبيخا وتقريعا حيث ذكرت له بأننا بعثناك كي تفرّق صفوف المسلمين وتضعف وحدتهم لا لتعمل العكس من ذلك.

والحقيقة، أن الخلاف بين مذاهب الإسلام على أشده في منطقة الشرق الإسلامي

---

(10)الحسيني، فاضل محمد: العلاقات البريطانية العمانية 1913-1939. أطروحة دكتوراه دولة، 1995، الرباط، ص154.

الحضارة العربية العربية الاسلامية والمفاهيم المعاصرة

على العكس مما هو عليه في منطقة المغرب الإسلامي، وأعتقد أن ذلك له صلة بالوجود البريطاني الذي كان طويلا في الشرق ومتغلغلا في كافة جوانب الحياة لكون الإنجليز قد اعتبروا منطقة الشرق حيوية لمصالحهم فضلا عن وقوعها على الطريق المؤدي إلى الهند والتي كانت بريطانيا تعدها الدرة اللامعة في التاج البريطاني، فضلا عن أسباب أخرى كوجود الدولتين الفارسية والتركية اللتين ساهمتا خلال حقبة زمنية من تاريخ المنطقة في تأجيج الصراعات المذهبية بين المسلمين.

وعلى ضوء ذلك، أكرر توجيه الدعوة إلى المسلمين كافة وبخاصة رجال الدين منهم والقادة وأولي الأمر لبذل الجهود والقيام بمبادرة جادة ومخلصة النوايا للتقارب بين مذاهب الإسلام.. وفي هذا الصدد أضع بعض النقاط كنصائح وليست شروطا من أجل هذا التقارب لعلّها تفيد في تعبيد الطريق وتيسيره وهي كالآتي:-

1- عدم التشبث بأحداث الماضي التاريخية والتي نجمت عنها الفرقة، على اعتبار أنها أحداث جرت في الماضي ولا يمكن استرجاعها بأية حال من الأحوال.

2- عدم التزمت بالمسائل الفقهية الشكلية الهامشية والتي لا تدخل في صلب الدين الحنيف.

3- مراعاة المبادئ الأساسية والأصولية في الدين كالاعتقاد بوجود اللـه ـ سبحانه وتعالى ـ ووحدانيته وبرسوله وخاتم أنبيائه محمد ـ صلى اللـه عليه وسلم ـ وبالقرآن الكريم كتابه العزيز وبالكعبة الشريفة قبلة للمسلمين وباليوم الآخر، هذه وحدها باعتقادي كفيلة بوحدة المسلمين على اختلاف مذاهبهم وأي اختلاف في أمر آخر خارج هذه المبادئ لا يعد كفرا أو ضلالا وإنما يدخل في الاجتهاد والاستئناس بالرأي، الأمر الذي يقوي من وحدة المسلمين وتشجيعه للشورى والرأي الآخر.

وفي الأخير أملي وطيد في أن تجد هذه الدعوى صدى كبيرا في نفوس الخيرين من أبناء أمة الإسلام ولا سيما رجال الدين والمسؤولين عن هذه الأمة، وقد جرت في السنوات الماضية محاولات على هذا الطريق منها الدعوة التي أطلقها المغرب[11] مطلع التسعينات

(11)إن أقطار المغرب العربي مؤهلة أن تلعب هذا الدور، فقد عشت في قطرين منهما (المغرب وليبيا) لفترة تزيد على العقد من الزمن فلم ألمس وجود مثل هذه الحساسية المذهبية في الأوساط الإسلامية مثلما هو موجود في أوساط الشرق الإسلامي وذلك باعتقادنا يعود لجملة أسباب منها ما ذكرناه أعلاه.

كما سمعنا بدعوة مثلها من قبل المؤتمر الإسلامي ومنظمات إسلامية أخرى هنا وهناك ولكن هذه الدعوات بمرور الأيام قد خَفِت ضوؤها رويدا رويدا حتى كاد ينطفئ تماما ولا نعرف ما هي المعوقات في هذا السبيل!

في الوقت الذي يتحتم على المسؤولين في أمة الإسلام أن يُشَمروا عن سواعدهم بجدية لهذا الجهد الخيّر لأن الفرقة بين مذاهب الإسلام لم تسلب المسلمين وحدتهم حاضرا فحسب بل قد سلبت وحدة كتابة التاريخ الإسلامي كذلك، فالذي يروم الإطلاع على التاريخ الإسلامي لكافة عهوده سواء من قبل المسلمين أنفسهم أو من خارجهم سيجد تضاربا في الأحداث واختلافا شاسعا في تفسير مجرياته فضلا عن الطعن بزيد أو التشويه لعمرو وأن هذا الأمر يخلق ضبابية معتمة لا تشد المسلم إلى تاريخه ولا تحبذ لغير المسلم الدخول إلى الإسلام!

لذلك كله، أكرر في الختام دعوتي إلى التقارب بين مذاهب الإسلام من أجل الإسلام ذاته، وأن ذلك ليس بالعسير أو بعيد المنال فمن داخل الإسلام لدينا تجربة ناجحة وبارقة أمل في تحقيق ذلك ألا وهو التقارب الحاصل بين مذاهب الشافعي والمالكي والحنفي والحنبلي تكني (الجميع) بمذهب السنة وكأنها مذهب واحد وليست مذاهب أربعة.

(5) العروبة والإسلام وجهان لعملة واحدة

رفع الله سبحانه وتعالى من قدر العرب عندما اختار الجزيرة العربية مهبطا للدين الحنيف خاتم الأديان السماوية، وعندما أختار نبي الإسلام محمد ـ صلى الله عليه وسلم ـ خاتم الأنبياء من العرب وجعل أقدس المقدسات في المعمورة قاطبة بيت الله وقبلة المسلمين في أرضهم العربية، كما أنزل كتابه العزيز ـ القرآن الكريم ـ بلغتهم العربية وجعل على أيديهم انتشار الإسلام في أغلب أرجاء البسيطة وبسواعدهم انهيار أعتى إمبراطوريتين ـ الفرس والروم ـ في العالم يومذاك.

وفي المقابل، قدّم العرب الكثير للإسلام، فهم أول من آمن به وأعتنقه وراح ينشر تعاليمه بين الناس بدءا بالأقربين من أهلهم وذويهم وقد تصدوا للذين لم يؤمنوا منهم بالدين الجديد بكل شجاعة وتضحية الأمر الذي وصل إلى هجرهم على الرغم من صلات الرحم

ووشائج المصالح، ثم هبَّ العرب لنشر الإسلام في أصقاع شتى ونائية عن بلدانهم وقراهم متحدّين الصعاب متجاوزين الجبال والشعاب عابرين البحار والمحيطات حاملين أرواحهم على أكفهم فرادى حينا وتصحبهم عوائلهم أحيانا هدفهم واحد هو نشر الدين الإسلامي أو الاستشهاد دونه.

لقد قدّم العرب كلّ ما يملكون من جهد وغالٍ ونفيس وجادوا بأرواحهم للدين الجديد والتبشير به في كل مكان ولم يكتف العرب بنشر الدعوة الإسلامية في كل من آسيا وأفريقيا وأوروبا فقط بل أقدموا على إرساء الدول الإسلامية الكبرى ذات النظم والقوانين والبناء الاجتماعي السليم فضلا عن انغماسهم في بحار العلوم والمعرفة والترجمة لعلوم ومعارف الأقدمين وبالتالي تمكنوا من إرساء اللبنات الأولى لصرح حضارة عربية إسلامية استمروا في تغذيتها وبنائها فاسحين المجال كله للمسلمين من غير العرب بالمساهمة والإثراء حتى بلغت الحضارة العربية الإسلامية شأوا كبيرا إبان القرون الوسطى فشكلت أحد أبرز الروافد وأهمها للنهضة الأوروبية ثم في بناء الحضارة الإنسانية التي نعيش اليوم آفاقها وأبعادها العلمية والمعرفية، حقا لعب العرب ولغتهم وآثارهم بصورة عامة دورا كبيرا في بناء دولة الإسلام وحضارتها فكانوا العنصر الأول والأساس الذي حمل لواء الإسلام ومهمة الجهاد لنشر الدين الجديد خارج بلادهم وتوصيله لشعوب الدنيا قاطبة.

ومن هنا يتضح لنا جليا تعذر بل صعوبة التمييز أو التفريق بين العروبة والإسلام فأحدهما يكمل الآخر ويعبر عنه، وعلى الرغم من كل ما تقدم وجدنا البعض عبر العصور الإسلامية المختلفة ينال من العروبة لحساب الإسلام أو العكس.

وفي هذه المقالة نتناول بالحديث عن القسم الأول أي الذين هدفهم النيل من العروبة لحساب الإسلام والذين نعتوا بالشعوبيين وأطلق على حركتهم بالحركة الشعوبية وهم الذين يهدفون إلى الحط من مكانة العرب وقدرهم وحججهم في ذلك واهية جدا لا تقوى على الصمود أمام الحقائق الدامغة، فمن أقوالهم إن العرب كانوا سيئين وجهلة قبل بزوغ شمس الإسلام على الجزيرة العربية، وللأسف فقد انساق بعض المسلمين ليومنا هذا لطروحاتهم الشائنة بحسن نية ودونما قصد، ومن بين الطروحات الشعوبية هو أن الـلـه ـ سبحانه وتعالى ـ قد اختار الجزيرة العربية لمولد الإسلام فيها بسبب السوء والجهل والتخلف الذي كان يعم

أبناء جزيرة العرب فيكون الإسلام كالمنقذ لهم ويدعمون قولهم هذا بما أطلق على العصر الذي سبق ظهور الإسلام بالعصر الجاهلي.. بيد أن الحقائق خلاف ذلك تماما وسنورد فيما يلي أهم هذه الحقائق لكون المقالة لا تسمح بالاسهاب والتفصيل شأن ذلك في البحث...

وأهم هذه الحقائق هي:-

1- عراقة الحضارة العربية وأصالتها منذ القدم.

أثبتت الدراسات التاريخية من خلال الأبحاث والحفريات، أن الوطن العربي يمتلك إرثا حضاريا بعيد الغور مغرقا بالقدم، فموقعة ((تل السلطان)) في أريحا على سبيل المثال كانت تقطنها أكثر من ثلاثة آلاف نسمة إبان العصر الحجري قبل حوالي سبعة آلاف سنة قبل الميلاد وكذلك مستوطنة ((تل حسونة)) بالفرات يعود تاريخها إلى ما قبل ستة آلاف سنه قبل الميلاد.

وفي منطقة جزيرة العرب بالذات كانت التجمعات البشرية العربية قديمة جدا قدم الطوفان بل قبله ثم استمرت فيما بعده حتى الألف الثاني قبل الميلاد أيام سيدنا إبراهيم وولده إسماعيل وقصة بنائهما للبيت العتيق.

وأن ممالك عربية عديدة نشأت في شمال وغرب الجزيرة العربية مثل مملكة الثموديين الذين ورد ذكرهم في القرآن الكريم والذي أكدّهم المسح الأثري في مواقع تبوك والعلا ومدائن صالح وحائل وهي تعود للألف الثالثة قبل الميلاد، ومن الممالك العربية الأخرى في الجزيرة مملكة ((اللحيانيين)) وهم عرب قدماء من فرع ثمود مركزهم عند مدائن صالح ومن أهم آثارهم الباقية لليوم هو قصر زلوم المعروف بقصر ((السموؤال)) ([12])

ويفيد المؤرخون وعلماء الآثار أن الممالك العربية القديمة قد اعتمدت التجارة في حياتها بشكل رئيسي وأن الموانئ التي كانت معتمدة من قبل سكان الجزيرة هي العقبة والحوراء وينبع وهي تقع على البحر الأحمر، وأن منطقة الحجاز على الرغم من كونها جبلية جرداء لكنها كانت تمتلك العديد من الواحات التي مثلت يومها محطات تجارية هامة منها مكة والمدينة والعلا وتبوك.

(12)عبدالرزاق الحسني: العراق قديما وحديثا. ط2، 1956، صيدا، ص12.

الحضارة العربية العربية الاسلامية والمفاهيم المعاصرة

2- لو اقتربنا من العصر الذي سبق ظهور الإسلام والذي أطلق البعض عليه بالعصر الجاهلي لوجدنا خطل هذه التسمية علميا وتاريخيا..

فالعصر هذا كان حافلا بالأدب واللغة، فالجميع يعرف المعلقات السبع المشهورة التي علقت على الكعبة لشعراء كبار لا زالت أسماؤهم وأشعارهم خالدة لليوم، وقد كشف لنا هذا الشعر من خلال تقاليده الشعرية وبحوره وقوافيه وموسيقاه ومواضيعه عن تطور فني رفيع كما كشف لنا النثر فيه عن لغة عربية غنية بمفرداتها وتراكيبها ودقائقها عبرت عن مستوى رفيع كذلك لا ينجم إلا عن مستوى مماثل من الفكر.

3- أما التنظيم السياسي والاقتصادي والتقدم الفكري فكان واضحا في الجزيرة العربية وخاصة في قلبها ((الحجاز)) وكأنها تستعد للقفزة الحضارية الكبرى التي سيأتي بها الإسلام وكأن اللـه جلّ وعلا قد وجد المؤهلات الكافية في هذه المنطقة بالذات دون غيرها لتستقبل الدين الجديد وتؤمن به وتسعى لنشره في العالم.

لقد شكلت الممالك في الجزيرة العربية مثل مملكة كندة التي سعت إلى وحدة القبائل العربية في دولة واحدة، ونظام القبيلة الذي عرفه عرب الجزيرة ودار الندوة في مكة الذي مثل المجالس الاستشارية[13]، مؤشرات إيجابية عن التنظيم السياسي في الجزيرة قبل الإسلام وقد تطور هذا التنظيم عندما اضطلع قصي بن كلاب من (قريش) على تشكيل نظام سياسي شبه جمهوري وذلك عندما وزّع أدوار المسؤولية على المتنفذين في قريش حيث أوكل اللواء إلى بني عبدالدار والقيادة إلى بني أمية والمالية إلى بني سهم، كما جرى مثل ذلك في بقية أنحاء الجزيرة مثل يثرب التي كانت تقطنها قبائل الأوس والخزرج ومثل ذلك جرى أيضا مع بني حنيفة وبني سليم وغيرهم.

أما التطورات الاقتصادية في الجزيرة العربية قبل الإسلام فقد كانت قريش تقوم برحلاتها التجارية السنوية المعروفة برحلتي الشتاء والصيف كما عرف العرب في الجزيرة تنظيمات تجارية تتجلى في الأسواق التي كانت تطوف الجزيرة العربية سنويا وكانت

(13)أبو الخليل: مرجع سابق. ص129.

مواسمها الكبرى مناسبة أدبية ثقافية اجتماعية فضلا عن التجارة ومن أبرزهـا سوق عُكاظ.

4- بقى أن نذكر صراحة أن العرب كانوا يجهلون الإيمان بالله ووحدانيته قبل ظهور الإسلام، وحتى هذا الأمر لم يكن عاما شاملا لكل أبناء الجزيرة العربية إذ أن بلاد الحجاز ونجران واليمن قد عرفت الديانتين اليهودية والمسيحية، وكان من بين عرب الحجاز الاحناف وهم اتباع دين إبراهيم ـ عليه السلام ـ والذين مهدوا لتقبل الإسلام والإيمان به.

أما ما يعاب عليه المجتمع العربي قبل الإسلام بعادة ((وأد البنات)) التي وردت في القرآن الكريم فقد كانت محصورة بين بعض الأُسر وليست شاملة وعامة لكل قبائل العرب ولو كان ذلك لاختفى الرجال من الجزيرة العربية وإلا من أين جاءت هذه الجحافل الهائلة من الرجال الذين آمنوا بالإسلام وضحوا من أجله؟!

وفي الختام، نود أن نقول على ضوء كل ما تقدم ذكره.. بأنه لا يوجد في اعتقادنا عربي أصيل يؤمن بعروبته وهو كاره للإسلام مهما كانت ديانته ومعتقداته، وبنفس الوقت لا يمكن أن يكون هناك مسلما حقيقيا صادق العقيدة ويضمر الكره للعروبة أو يحاول المساس بها والنيل من قدرها لأنه يؤدي فروض الإسلام بالعربية ويقرأ كتاب الـلـه بالعربية ويعلم أن سيد الكائنات محمد ـ صلى الـلـه عليه وسلم ـ وآل بيته وقادة المسلمين الأوائل كلهم من نسل العرب فكيف والحالة هذه يتجرأ على المساس أو الطعن بالعروبة.

ومن المفيد أن ننوه بأننا في الوقت الذي نحفظ للعروبة مكانتها ودورها في خدمة الإسلام لا يعني هذا أبدا أن نصل بها إلى درجة التعصب لها على حساب سائر القوميات لأن هذا الأمر والعياذ بالله سيصل بنا إلى مسار العنصرية التي ظهرت في تاريخنا الحديث مثل النازية والفاشية التي لفظتها الإنسانية في مزبلة التاريخ بل أن نظرتنا للعروبة نظرة إنسانية فمثلما نعتز بها كقومية لنا نقدر اعتزاز الآخرين بقوميتهم.

وفي الأخير نود أن نورد أمثلة من التاريخ الإسلامي تعبر عن حب العرب للمسلمين من غير العرب وقد احتلوا مكانة مرموقة في الإسلام ولا سيما عند رسول الرحمة وخاتم النبيين، أمثال الصحابي الجليل "سلمان الفارسي" ومؤذن الرسول ـ صلى الـلـه عليه وسلم ـ

"بلال الحبشي"، كما أن هناك العديد من الأمثلة لغير العرب من المسلمين الذين أحبوا العروبة كحبهم للإسلام وأبدعوا في اللغة العربية بالذات مثل ((سيبويه)) ومؤلفه في النحو ((الكتاب)) وغيره أمثال البيروني والخوارزمي والغزالي وغيرهم الكثير وقد ظلت إسهاماتهم علامة بارزة على صحة ما ذهبنا إليه من تلاحم مفهومي العروبة والإسلام، وترابطهما الجدلي الذي لا ينفصم عراه على مرّ الأيام وتوالي الأحداث.

(6) كتابة التاريخ الإسلامي أمانة علمية ومسؤولية دينية×

يشترط في المؤرخ مواصفات دقيقة وعديدة، في مقدمتها، الحياد والتجرد وعدم الانحياز فضلا عن العلمية والثقافة الواسعة ومعرفته للعلوم المساعدة كاللغات الأجنبية.. إضافة إلى اللغة الأم ـ وعلم الاجتماع وعلم النفس، لأن من يكتب التاريخ ليس كمثل الذي يكتب القصة أو المقالة من بنات أفكاره وإبداعه الشخصي، غير مسؤول أمام أحد بما يكتب ما عدا الضوابط الفنية المطلوبة في مثل هذه الفنون، وأن المؤرخ تستند كتاباته إلى وثائق غيره بخلاف الكاتب الذي يستمد كتاباته من فيض مشاعره وأحاسيسه، وفي هذا الصدد ذكر العلامة الدكتور جواد علي: ((أن الكاتب يختلف عن المؤرخ بكون الأول منبعه النفس أو القلب لكن الثاني تأثره بوثائق الغير)) (14).

كما أن المؤرخ يتحمل مسؤولية تامة في كتاباته التاريخية ولا سيما أمام الأجيال القادمة المتعاقبة فهي تأخذ منه الأحداث التاريخية كمسلمات بها لتطلع وتتعظ، والتاريخ الإسلامي له خصوصيته وحساسيته وأمانته المزدوجة من حيث هو تاريخ للإنسانية بشكل عام من جانب ومن حيث اتصاله الصميم بصلب الدين الحنيف كسيرة المسلمين ومواقف الإسلام من الوقائع عبر العصور السالفة من جانب آخر، والحالة هذه تشكل كتابة التاريخ الإسلامي مسؤولية تاريخية دينية فضلا عن كونها أمانة علمية.

في تاريخنا الإسلامي عبر عصوره المتعاقبة الكثير من المؤرخين الذين للأسف الشديد ـ حملهم الانحياز والهوى والخروج عن جادة الصواب ونطق الحقيقة فخلفوا لنا تركة ثقيلة من

_____

(14) نشرت في جريدة الدعوة الإسلامية في العدد (808) بتاريخ 26/ 6/ 2000.

المعلومات المتضاربة غير الدقيقة فضلا عن أسلوبهم الروائي القصصي لنقل الأحداث دون تمحيص وتحليل ونقد، وقد تعرض هؤلاء إلى نقد وتقريع العلامة الفذ (ابن خلدون) وهو الذي مثل نموذجا للمؤرخ المتميز وقد نال أسلوبه ونهجه التاريخي إعجاب وانبهار الأجانب وخاصة الأوروبيين قبل العرب والمسلمين، فقد قال عنه (أرنولد توينبي) في كتابه دراسة التاريخ: ((إن ابن خلدون نسيج وحده في تاريخ الفكر، لم يدانه مفكر كان من قبله أو جاء من بعده في جميع العصور)) ([15]).

أدخل ابن خلدون إلى طريقة كتابة التاريخ نهجا علميا فريدا وهو ما عرف بفلسفة التاريخ، وقد استهجن كتابات أغلب الذين سبقوه في كتابة التاريخ الإسلامي حيث أشار إلى عدم محاولتهم كشف العوامل التي تسيِّر وقائع التاريخ والقوانين العامة التي تتمشى عليها الدول والشعوب، كما استنكر ابن خلدون أسلوبهم وعدم جديتهم في إيجاد معيار سليم يتحرون به طريق الصواب من الخطأ فيما ينقلون من أخبار ووقائع.

لقد استندت الدراسة للتاريخ عند ابن خلدون على التحليل والنقد فأكد لنا بأن المؤرخ يحتاج إلى حسن نظر وتثبت يفيضان بصاحبهما إلى الحق وينكبان له عن الزلات والمغالط لأن الأخبار إذا اعتمد صاحبها على مجرد النقل ولم يحكم أصول العادة وقواعد السياسة وطبيعة العمران والأحوال في الاجتماع الإنساني ولم يقس الغائب منها بالشاهد والحاضر بالذاهب فربما لم يؤمن فيها من العثور ومزلة القدم والحيد من جادة الصدق([16]).

وفي تاريخنا المعاصر قد برز العديد من المؤرخين الذين ساروا على نهج ابن خلدون والتزموا بالحياد وسلكوا طريق النقد والتحليل غير آبهين بالمؤثرات الخارجية سواء كانت سياسية أو اجتماعية، وفي مقدمة هؤلاء يقف العلامة المؤرخ الدكتور جواد علي ((الذي كتب لنا إنجازه الرائع)) المفصل في تاريخ العرب قبل الإسلام، في عشرة أجزاء الإنجاز الذي شبهه البعض بالمعجزة، إذ قدّم لنا تاريخنا العربي المخبوء والموجود في الخرائب والأماكن المنسية بأسلوب حيّ رشيق وقد أنجز ما لم تستطيع المؤسسات بما امتلكت من خزائن من إنجازه، كما أتحفنا الدكتور جواد علي بعد هذا الإنجاز بمؤلفه الكبير ((تاريخ العرب في

---

(15)علي جواد: تاريخ العرب في الإسلام. دار الحداثة، بيروت، ط2، 1988، ص7.

(16)أبو خليل: مرجع سابق. ص27.

الإسلام)) وهو يصول ويجول في ميدان التاريخ الإسلامي بمهارة الفنان المقتدر وهو يدرك مدى حساسية كتابة مثل هذا التاريخ الذي يتطلب شجاعة وعدم انحياز وعدم التأثر بعاطفة أو ضغوط، وقد قال عن هذا الكتاب بأنه: ((وسطا بين الإطناب والإيجاز وبين المفصل والاختصار خاليا من الهوى والغرض، لم أكتبه جبرا لخاطر ولا إرضاء لأحد)) ([17]).

ومثلما فعل ابن خلدون في التصدي للمؤرخين الذين وقعوا في شراك الهوى والانحياز كذلك انتقد جواد على هؤلاء قائلا:-
((إن بعض المؤرخين يرسمون القصد في أدمغتهم ويضعون الأهداف في رؤوسهم قبل الشروع في الكتابة، فإذا كتبوا عمدوا إلى ما يروقهم من خبر، وما يلائم قصدهم من رواية.. وكلام مثل هذا مهما قيل في أغراضه وفي طريقة بحثه، هو في نظري توجيه ودعاية، يراد منه هدف خاص لا بحث علمي غايته البحث في تاريخ الإسلام وحسب)) ([18]).

لقد مثل جواد علي المؤرخ برجل المختبر الذي يجب أن يكون ذا استعداد عظيم في التحليل، وذا حظ عظيم من العلم في المواد التي يريد تحليلها، وذا ذكاء خارق يمكنه الاستنباط والاستنتاج، ومن إجراء المقابلات والمطابقات والمفارقات والمقارنات، لتكون أحكامه منطقية سليمة، وآراؤه معقولة مقبولة، وإلا صار قاصا من القصاص([19]).

وإذا أردنا في هذه المقالة الإتيان بالأمثلة والشواهد على الذين كتبوا تاريخنا الإسلامي تحت تأثير الهوى والانحياز فابتعدوا عن جادة الحق والصدق، سنجدهم كثرا سواء في العصور التاريخية السابقة أو في عصرنا الراهن، ولذلك سنكتفي هنا بالإشارة إلى بعض هذه الكتابات التي يتوضح فيها الانحياز بشكل جلي ومنها.. ما كتبه البعض عن الفاطميين ودولتهم التي نشأت أول الأمر في تونس ثم امتدت إلى مصر لتتخذ القاهرة عاصمة لها.. وعلى الرغم من وجود هذه الدولة الإسلامية في التاريخ وامتدادها لأراض إسلامية ليست بالصغيرة وفي فترة زمنية ليست بالقصيرة، إلا أننا نجد بعض المؤرخين من يتجاهلها تماما عندما يتطرق للعصور الإسلامية أو الدول الإسلامية مثل الدولة الأموية والعباسية، بل إن

---

(17) ابن خلدون: المقدمة. 37.

(18) علي: مصدر سابق، ص4.

(19) علي: المصدر السابق. ص12.

البعض أخذ يطعن بنسب مؤسسها (عبيد الله المهدي) الذي يصل بنسبه إلى رسولنا الكريم محمد ـ صلى الله عليه وسلم ـ ومن المعروف أن العباسيين في وقتهم حاولوا مثل ذلك ولم يفلحوا نظرا للعداء السافر الذي كان بين العباسيين والعلويين، وللأسف، نجد اليوم من يكرر المحاولة لا لشيء وإنما للانتقاص من الدولة الفاطمية بفعل انحيازه للعباسيين دون محاولته ذكر الحقائق كما هي.

كما نلاحظ بعض المؤرخين المعاصرين الذين يكتبون التاريخ الإسلامي عندما يصلون إلى كتابة تاريخ الدولة العباسية يتجاهلون تماما تحالفها الوثيق مع العلويين خلال الفترة السرية ولغاية انطلاقتها الأولى وإعلانها في مدينة الكوفة، ثم الاختلاف الذي حصل بين العباسيين والعلويين والذي نجم عن غلبة العباسيين والانتقال بدولتهم إلى بغداد كعاصمة لهم أيام المنصور.

ومن جانب آخر، نجد من ينكر ويتجاهل تماما ما أقدم عليه الأمويون من فتوحات إسلامية باهرة في مناطق شتى وما أرسوه من دعائم وركائز قوية للحضارة العربية الإسلامية التي شمخت وتألقت فأضاءت بنورها ليس الأرض العربية الإسلامية فحسب بل انتشلت أوروبا من دياجير الظلام والجهل كذلك.

وهناك أمثلة أخرى على انحراف الكتابات في التاريخ الإسلامي ما زال البعض يصرون عليها ويعتبرونها حقيقة بيد أنها لا تنتسب للحقيقة بشيء، منها أن غالبية المؤرخين يؤكدون بأننا لم نتوصل إلى أية كتابات جرت أيام الرسول محمد ـ صلى الله عليه وسلم ـ أو في زمن الخلفاء الراشدين ولغاية العصر الأموي، غير أننا نجد من يورد صورة للرسائل التي بعث بها نبينا الكريم محمد ـ صلى الله عليه وسلم ـ إلى الملوك والرؤساء ليدعوهم للدين الجديد ولا ندري من أين أتوا بذلك، ففي هذا الصدد يقول المؤرخ جواد علي: ((وليس في يد أحد هذا اليوم أصل من أصول كتب الرسول إلى الملوك والرؤساء)) ([20])

وفي الأخير، لابد من وقفة جادة يتفق فيها الجميع من فقهاء وعلماء ومؤرخين فضلا عن المسؤولين وأولي الأمر على أن كتابة تاريخنا الإسلامي يجب أن تذكر وقائعه وحقائقه

---

(20)المصدر نفسه، ص9.

الحضارة العربية العربية الاسلامية والمفاهيم المعاصرة

كما هي ووفق الوثائق أو الشواهد التاريخية ودون اعتبار لتلك الفئة أو هذه الطائفة، مثلما حصل الاتفاق على إنجاز نسخ القرآن الكريم دون تلاعب وتزوير، وباعتقادنا لا خوف من ذكر الحقائق التاريخية كما هي وأن شملت الهنات والهفوات والأخطاء فذلك لا يمس أبدا الإسلام ومبادئه وتعاليمه، وإنما ذلك نضح لبعض المسلمين الذين ضعف الإيمان في قلوبهم، فغادروا طريق الله وقد جذبتهم شهوات الدنيا، ومثل هذا يحدث في كل العصور ومنه عصرنا الذي نجد فيه من يتهافت اليوم على الموبقات واجتراح المحرمات والتعامل مع أعداء الإسلام، دون أن يمس ذلك روح الإسلام ومبادئه.. حيث لا يزال من يتوجه إليه ويعتنقه ويدافع من أجله..

231

الفصل العاشر

آفاق الحضارة العربية الاسلامية
في جنبات القارة السمراء

(1) شذرات من تاريخ القارة السمراء

أشاع الكتاب والباحثون الاستعماريون بأن أفريقيا لا تمتلك أصولا حضارية وليست لها جذور في التمدن حتى وليست لها جذور في التمدن حتى وصلها الرجل الغربي الأبيض لتكون عبئا عليه فأخذ بيدها نحو أسباب التقدم والنهضة، وقد كان ذلك واجبا أملاه عليه الحضارة الأوروبية، وعلى ضوء ذلك، وصفوا لنا القارة السمراء بأنها بلاد بدائية لم تسهم في تشكيل تاريخ البشرية حتى وصلها الاستعمار الأوروبي، بيد أن الحقائق التاريخية الناصعة ترى خلاف ذلك وأن الوثائق أو الوشاهد الآثارية كثيرة جدا تلك التي تؤكد على عراقة التاريخ في أفريقيا وقدم الحضارات فيها، كما أكدت الدراسات الحديثة ذلك وأثبتت بأن غرب القارة الأفريقية وشرقها كما هو شمالها قد عرف حضارات كبرى.

ومن المعروف أن الحضارت عبر التاريخ قد نشأت وترعرعت ونمت وإزدهرت على ضفاف الأنهار، وأفريقيا كغيرها من القارات التي تظهرت فيها بواكير الحضارة حول الأنهار عرفت هي أيضا حضارات شاهقة حول نهر السنغال ونهار السنغال ونهر النيجر ونهر زائير ونهر الزمبيري ونهر اللمبويو وحو بحيرة تشاد ونهر النيل وفي ساحل بنين المطل على خليج غينيا.

إن الشعوب الأفريقية قد أدركت منذ وقت مبكر يتراوح بين خمسين وأربعين قرنا قبل الميلاد تدجين الحيوانات، ومارست الزراعة وكانت لها نظمها الاقتصادية والاجماعية والسياسية كما كانت لها فنونها وعاداتها وتقاليدها، إن الافارقة قد عرفوا الذهب والنحاس قبل الميلاد بثلاثمائة سنة، كما شهدت أرضهم ممالك قديمة خلفت آثارا فنية رائعة ومن أبرز تلك الممالك دولة غانا ودولة مالي وولة كانم، وقد ذهب بعض الباحثين إلى القول: بأن حضارة أفريقيا قد فاقت الحضارات التي التي عاصرتها في أوروبا([1]).

لقد دلت الآثار التي تعود إلى قبل مئات الألوف من السنين والتي عثر عليها في أرجاء مختلفة من أفريقيا ولا سيما في شرقها وشمالها وهي عبارة عن مجموعات بشرية الملامح فضلا عن البقايا الكثيرة التي وجدها العلماء والتي رجحت لدى الكثير منهم بأن القارة

---

(1) أحمد، إبراهيم خليل وآخرون: تاريخ العلام الثالث الحديث: الموصل 1989 ـ ص 34.

السمراء مهد الإنسان الأول، إذ ظهر فيها الإنسان قبل حوالي ستين ألف سنة وانتشر الإنسان العاقل فيها ما بين عشرين إلى خمسة عشر ألف سنة، وأن الإنسان الإفريقي قد عرف منذ القدم استخدام الصوان وسكن الكهوف واستخدام النار.

كما أثبتت الدراسات التاريخية والأثرية بأن الجماعات التي استوطنت القارة كانت تنقسم إلى أربع جماعات عرقية قد وطدت أقدامها في القارة السمراء وهي:

أولا: البوشمن الأولون الذين سكنوا الأجزاء الجنوبية والشرقية من القارة.

ثانيا: الأقزام الأوائل الذين سكنو الأقاليم الغابية من حوضو الكونغو.

ثالثا: الحاميون – القوقازيون الذين سكنوا في الشمال والشمال الشرقي من القارة.

رابعا: الزنوج وهم أقدم من سكن القارة وانتشروا في المناطق الباقية فيها وعلى هامش المناقطق الغابية والاستوائية.

بيد أن الصحراء الكبرى التي اخترقت القارة السمراء من سواحل البحر الأحمر وحتى المحيط الأطلسي والتي عملت على فصل شمال القارة عن وسطها وجنوبها، هذا الحاجز الصحراوي الكبير قد دلت الأبحات والآثار الطبيعية بأنه لم يكن موجودا قبل عشرة آلاف سنة، وأن الإسنان الافريقي كان وجوده ممتدا عبر القارة ولم يفصل تجمعاته بعضها عن بعض مناطق جافة ورملية مثلما نجدها اليوم والمتمثلة بالصحراء الأفريقية الكبرى.

لقد ترك لنا الانسان الافريقي بصمات حضارية عريقة واضحة في ذا ت الصخور الصحراوية مثل موقع (تسيلي) وموقع (جبارين) وآثارا للوديان التي جف بعضها وآثارا للبحيرة التي ما زالت ليومنا هذا باقية والتي أخذت بالتقلص باستمرار ألا وهي بحيرة (تشاد) كل هذه الشواهد والآثار تنم عن حداثة الصحراء الأفلريقية التي اتسعدت بالتدريج حديثا بأثر الضغط للمناخ وانسحاب العصير المطير.

ومن الجدير بالذكر أن القارة السمراء قد شهدت قبل قرون الميلاد تطورين هامين هما:

1- انتشار جماعات البانتو وهم أقوام خليط من الزنج والحاميين تكونت عند مناطق البحيرات ثم اتجهت نحو الغرب والجنوب والشرق.

2- دخول القارة السمراء عصر الحديد وذلك عن طريق وادي النيل حيث وصلها الحديد ابان القرنين الثامن والسابع قبل الميلاد([2]).

في الواقع إن الباحثين والكتاب الاستعماريين الغربيين قد شوهوا كثيرا من تاريخ أفريقيا، ومن بين ما كتبا عنا زورا بأنها قارة معزولة عن الركب الإسنان بينما الحقيقة والترايخ يذكران لنا بأن القارة السمراء لم تكن يوما من الأيام بمعزل عن موكب الانسانية في تقدمه ونهوضه بل أنها على لاعسك كانت في مقدمة هذا الموكب عبر العصور التاريخية حيث تذكر لنا وقائع التاريخ بأن القارة الافريقية قد أمدت الامبراطورية الرومانية بحاجتها من القمح والشعير، وأن ملوك أوروبا عندما كانوا يقاتل بعضهم بعضا خلال العصور الووسطى كانت سفن الأوريين عاجزة عن الوصول إلىمحيط الهندي أو حتى ساحل غرب أفريقيا بينما كان ملوك أفريقيا يحتفظون بعلاقات تجارية متطورة مع الصين، وهذا الرحالة العربي (إبن بطوطة) كتب لنا عندما قام بزيارة أفريقيا عام 1331 قائلا: بأنه قد وجد السلام والروة في كل من المدن التجارية للساحل الشرقي من الشمال إلى الجنوب سواء مقاديشو أو ماليندي أو ممباسا، وقد استقبل من حكام هذه الأقاليم بحفاوة بالغة([3]).

لقد أكد الباحثون بأن مدن أفريقيا في الفترة الواقعة بين القرن العاشر ولغاية القرن السابع عشر للميلاد كانت مدنا تزهو بالحضارة والتألق وتزدهر موانئها بالتجارة تجارة العاج والذهب وقد بلغت بضائعها أسواق الصين وظلت هذه المدن الأفريقية مزدهرة متألقة حتى جاء المستعمرون البرغاليون فدمروها، عندئذ فقط دخلت أفريقيا فترتها المظلمة.

كما كتب الباحثون المستعمرون عن أفريقيا زورا فذكروا بأن القارة السمراء لم تبدع فكرا ولا أدبا ولا فنا، بيد أن صفحات التاريخ زاخرة بالحقائق الناصعة عن الفنون في أفريقيا حيث امتلكت القارة السمراء ثروة هائلة من الصور المرسومة أو المحفوزة على الصخر بيد إنسان ما قبل الترايخ ولا سيما في منطقتي (تاستيلي) و (تبستي)، وتحفل

(2) مسيرة الحضارة، المجلد الأول، المجموعة الثانية، موسوعة علمية مصورة مراجعة د. شاكر مصطفى 1982 ، إيطاليا، ص ص 62 - 65.
(3)ابن بطوطة، محمد بن عبد الـلـه: رحلة بن بطوطة تحفة النظار في غرائب الأمصار وعجائب الأسفار، القاهرة، 1928 ص 126.

مناطق أوروبية بالعديد من التماثيل امنحوتة لرجال ونساء وحيوانات أبدعتها أيا\ لفنانين أفارقة قبل ستة آلاف عام قبل الميلاد ويقف فنانو اليوم مبهورين أمام تماثيل البرونز وخشب الابنوس والعاج من نيجيريا وبنين والكاميرون وهي شواهد حية على تراث فني رفيع وحضارة راقية حتى بالمقاييس الفنية المعاصرة، وفي حقل الموسيقى، برعت القارة السمراء باعتراف الجمعي أن الموسيقى الجاز والرومبا والسامبا أفريقية المولد، وقد انتقلت هذه الموسيقى إلى العالم الجديد مع الافارقة عندما نقلهم الأوروبيون إلى هناك.

لا بد لنا من الاشارة ونحن بصدد الحديث عن عراقة وقدم الحضارة في القارة السمراء إلى ما كشفته الدراسات التاريخية الحديثة حول وجود تأثيرات حضارية واضحة المعالم وعريقة بين شمال أفريقيا وأجزائها الأخرى، فإلى جانب تأثيرات الحضارة المصرية التي ظهرت منذ خمسة آلاف سنة قبل الميلاد وهي بنت الطبيعة الأفريقية، هناك أيضا تأثيرات حضارية أخرى جاءت من عالم البحر المتوسط فدخلت قلب القارة السمراء، إذ أن الفينيقيين أدخلوا إلىأفريقيا بعض معالم الحضارة كما دخلت الحضارة العتيرية نسبة إلى عتير حنوةب تونس ومعالم الحضارة الضبعانية نسبة للكهف الضبعة في ليبيا، كما انتشر في القارة جنس البحر المتوسط والتي تكشف لنا أثاره الحضارة الوهرانية التي تعود إلى خمسة عشر ألف سنة قبل الميلاد، وقد عثر على أثارها في الجبل الأخضر بليبيا أيضا، وكذلك الحضارة القفصية التي تعود إلى ما بين تسعة إلى خمسة آلاف سنة شرقي جبال أوراس([4]).

وقبل ظهور الإسلام، احتفظ العرب بعلاقات واشجة وعريقة مع افريقيا لانهم قد عرفوا القارة السمراء منذ ما قبل الميلاد، واعتقد الأوروبيون بأنهم أول من اكتشف مجاهل افريقيا حتى جاءت الدراسات العلمية الحديثة لتثبت لهم قدم العلاقات العربية الافريقية([5]). حيث انطلق العرب من قلب الجزية العربية نحو افريقيا منذ العصور الأولى لجر التاريخ، وبعد بزوغ شمس الاسلام على البسيطة جاء العرب ثانية نحو أفريقيا إبان القرن السابع للميلاد ليبشروا بالدين الحنيف واللغة العربية بين أبناء القارة السمراء، وبذلك تم ارساء المفاهيم الأولى للحضارة الاسلامية في أفريقيا فضلا على ما أحياه العرب المسلمون في أفريقيا من

(4) مسيرة الحضارة، مرجع سابق، ص 64.

(5) تاريخ العالم الثالث، مرجع سابق/ ص 36.

الصناعات والفنون والعلم، وقد كان للأفارقة قدرة خارقة في التفاعل مع التأثيرات الحضارية الخارجية، وهذا ما يثبت بما لا يرقى إليه الشك على حيوية الحضارة في أفريقيا ويؤكد بأن لأبناء القارة السمراء نصيبا وافرا من التراث الحضاري الإنساني، وأن هذا التراث الحضاري لم يلق العناية والاهتمام الكافيين إلا مؤخرا بسبب حرص المستعمر الأوروبي على طمس معالم وتزييف تاريخ القارة السمراء، الأمر الذي يتطلب من أبناء القارة جهودا حثيثة ومكثفة لازالة الغبار الذي ران على تراثهم الأصيل والانصراف إلى اعادة كتابة تاريخ العريق وفق منظور علمي رصين.

(2) أثر الحضارة العربي الاسلامية في المجتمع الافريقي:

بعث الله سبحانه و تعالى رسوله الكريم محمدا - صلى الله عليه وسلم - إلى الناس كافة مبشرا ونذيرا مصداق قوله عز وجل في سورة الفتح (إنا أرسلناك شاهدا ومبشرا ونذيرا).

كما بعثه رحمة للعالمين في قوله تعالى: (وما أرسلناك إلا رحمة للعالمين) فما أن بزغت شمس الاسلام على الجزية العربية وما أن تمكن الايمان بالدين الجديد في قلوب العرب المسلمين الاوائل حتى هرعوا الى نشر الاسلام في شتى اصقاع المعمورة ومنها أفريقيا، إذ أقبل الافارقة على تقبل الدين الجديد فاعتنقوه عن قناعة وايمان حيث وجدوا فيه ضالتهم من عدالة اجتماعية ومساواة بين الناس على اختلاف أجناسهم وألوانهم.

لقد كان دور الاسلام كبيرا عندما انتشر بين الافارقة حيث كان تأثيره عظيما في مختلف جوانب القارة الافريقية الاقتصادية والاجتماعية والسياسية والحضارية، وقد شكل الاسلام الحجز الاساسي في تطويد العلائق والصلات العربية الافريقية، فقد أكد لنا الرحالة والمؤرخون بأن هناك صلات للعرب مع الافراقة قبل ظهور الاسلام، غير أن مجيء الاسلام قد عمق من هذه الصلات وعمل على تمتينها بحيث شملت غالبية الشعوب الافريقية بعد أن كانت مقتصرة على شرق أفريقيا وشمالها الشرقي غبان العصور القديمة، إذا قامت ممالك اسلامية في أفريقيا خلال العصور الوسطى التي ظهر فيها الدين الاسلامي، وقد ساهمت هذه الممالك في نقل الحضارة الاسلامية إلى تلك المناطق، فالدين الاسلامي كما هو معروف ليس مجرد طقوس تؤدي، وإنما هو حضارة وثقافة شاملة، وعلى ضوء ذلك تمكن الاسلام من تغيير حياة الأفارقة جذريا عندما اعتنقوه، وقد ذكر لنا الرحالة

المغربي المسلم ابن بطوطة بأنه قد زار جميع العالم الاسلامي بما فيه القارة الافريقية، فلم يشعر بأنه انتقل الى عالم غريب عنه على الرغم من الفوارق الاقليمية، والسبب في ذلك يعود لدور الشريعة الاسلامية التي طوعت لارادتها العادات والتقاليد والخصائص المحلية، كما أبرزت للثقافة الاسلامية شخصية متميزة([6]).

إن النجاح الذي حققه الاسلام في القارة الافريقية يعود لمبادئ الاسلام وقيمة ، فهو يدعو للاخاء والمساواة والحرية والعدالة، فضلا عن التسامح الذي ميزه، لذلك سرعانما صادفت هذه القيم والمبادئ قبولا كبيرا في أوساط القبائل الأفريقية، لكون الاسلام من خلال مبادئة وقيمه قد حافظ على كرامة الانسانالافريقي وحارب التمييز العنصري، ورفض الفرقة بين الناس لاختلافهم في الجنس واللون.

لقد استطاع الاسلام توطيد الصلة بين العرب والأفارقة من خلال سعة الاختلاط البشري بين المسلمين حتىوصل الامر في هذا الاختلاط إلى التزاوج بين العرب والزنجيات، غذ لم يحرّم الاسلام هذا النوع من التصاهر بل شجعه مما نتج عنه تولد شعب اسلامية مختلفة لاعراق متباينة الألوان يربطهم رباط مقدس هو الاسلام.

تمكنت القبائل الأفريقية بعد اعتناقها الاسلام من التخلي عن الكثير من عاداتها الضارة، فقد هجروا حياة الراء أو شبه العراء واهتموا بالاغتسال والنظافة لون الاسلام يدعو إلى النظافة، كما تضاءلت لديهم جرائم السلب والنهب والاعتداء على الغير، وبفضل الاسلام تخلصوا من عادة ذميمة وهي وأد الأطفال... وهذك تمكن الأفارقة بعد اسلامهم من التخلص من عاداتهم المؤذية والسلبيةوالتي كانت تنخز في حياتهم وتنغص عيشهم، وفي هذا الصدد يشير لنا الباحث (هاميتون) في البحث الذي نشرته جريدة التايمز عام 1987 ف عن الاسلام قائلا: (أنه عندما تدين أمة من الأمم الافريقية بالاسلام تختفي من بينها في الحال عبادة الأوثان، ووأد البنات، وتضرب عن الكهانة، ويأخذ أهلها في أسباب الاصلاح وحب النظافة) ([7])

(6)ابن بطوطة: مصدر سابق: ص130

(7) ضيدان، حميد دولاب: الجذور التاريخية للصلات العربية الافريقية، منشورات مركز البحوث والدراسات الافريقية، سبها، بدون تاريخ ، ص ص 101- 102.

لقد احتك العرب المسلومن بغرب وشرقي أفريقيا والذي يعد أول اتصال حضاري بهاتين المنطقتين، وكما هو معروف أن الاتصال كان في بدايته تجاريا محضا ثم بعد ظهور الاسلام استخدم العرب المسلمون ذات الطرق التجارية نحو أفريقيا، غير أن بضاعتهم هذه المرة كانت نشر الدين الجديد بمبادئه السامية ولا يخفى أن الهجرات الاسلامية الأولى نحو افريقيا كانت تلك التي أوعز بها نبي الاسلام محمد - صلى الله عليه وسلم - إلى الحبشة تخلصا من أذى واضطهاد المجتمع المكي الوثني يومذاك، تلت هذه الهجرة هجرات عديدة منها ما حدثت أيام الخلفاء الراشدين ومنها ما حدثت ابان العصر الاموي، إذ تمت اول هجرة زمن الامويين، وهي جماة أهل الشام، هربا من بطش الحجاج ولم تقف الهجراء الاسلامية لافريقيا عند هذا التاريخ بل استمرت كذلك خلال العصر العباسي، كما حدثت ك1ل أيام هجوم المغول على بغداد واسقاطها عام 1258 م .

تمكنت الهجرات العربية في ظل الاسلام من نقل مبادئ الاسلام ومعالم الحضارة الاسلامية الى مناطق الافريقية التي هاجرت اليها عبر العصور، وقد شكلت هذه المعالم الحضارية الاسلامية ثورة في المجتمع الافريقي يومذاك واكسبته ملامح حضارية جديدة، فعلى سبيل المثال .. كان لادخال (الجمل) إلى افريقيا تأثير كبير في تغيير معالم الحياة الافريقية، كما أن ادخال العرب المسلمين للعديد من المحاصيل الزراعية إلى افريقيا، منها مثلا القرنفل الذي اشتهرت به زنجبار والتي اصبحت تمد العالم كله بهذا المحصول بعد أن زره المسلمون لأول مرة في تربتها، فضلا عن محاصيل زراعية أخرى كالأرز والقطن وقصب السكر وغيرها.

إن بداية العلاقات العرية الافريقيةكانت تجارية - كما أسلفنا - إلا أن ظهور الاسلام وانتشاره في القارة السمراء لم يغفل الجانب التجاري كذلك، بل على العكس من ذلك، فضلا عن تركيز جهود المسلمين على نشر الدين الجديد ومبادئه فقد ازدهرت التجارة العربية الافريققية في ظل الاسلام، كما تطورت الملاحة وصناعة السفن، وقد تطلبت الفتوحات الاسلامية انشاء اسطول حربي كبير ليساهم ينشر الاسلام ي الاصقاع البعيدة، ومنها قارة أفريقيا إذافة إلى استخدامها الاسطور أيام السلم للتجارة بين العرب والأفارقة.

ومن المفيد أن نشير بأن بداية ظهور الاسلام في القارة الافريقية تختلف تحديده

بدقة المصادر التاريخة، ولكن هناك من يذكر بأن السواحل الشرقية الافريقية قد تأثرت بالدين الجديد في الوقت نفسه الذي بدأ فيه الاسلام يرسي كيانه في أرجاء الجزيرة العربية فالبرفسور BIGBY يذكر: ((أن تلك الأجزاء الشرقية من أفريقيا قد تأثرت بالإسلام منذ القرن السابع للميلاد أيام خلافة عمر بن الخطاب، وأن المسلمين قد بنوا ميناء مقديشو وغيره من الموانئ على السلاح الصومالي مباشرة بعد الهجرة في عام 622) ([8])

وهناك من المصادر تذكر بأن القرن الثامن للميلاد كان بداية ظهور الاسلام في أفريقيا على أيدي المهاجرين العرب المسلمين الذين شهدتهم القارة الافريقية.

وعلى العموم، فمن المؤكد أن ناك صلات قبل الاسلام بين عرب عمان والجزيرة من جهة والقارة الافريقية من جهة أخرى، وقد تأكدت هذه الصلات بعد ظهور الاسلام وبالتحديد خلال العصر الاموي بين العمانيين الهاربين من بطش الوالي الاموي الحجاج بن يوسف الثقفي وبين الافارقة، وكان للعمانيين دور كبير في نشر تعاليم الاسلام في شرق افريقيا وجزر القمر ومدغشقر وسيشل والكونغو وموريشيوس، كما كان لهم دور في ايصال معالم الحضارة الاسلامية الى افريقيا مثل فن العمارة وأعمال الاخشاب وادخال الزراعة، وقد نتج عن ذلك كله تمتين الصلات العربية الافريقية حيث تم المزج الحضاري العربي الافريقي مما أدى إلى تبلور ثقافة متميزة المعالم، منها مثلا استقرار اللغة السواحلية التي تكتب بحروف عربية وتضم أكثر من 50 % من المفردات العربية ([9])

ومن الجدير بالذرك ان القرن العاشر للميلاد قد شهد تأسيس مدن ومراكز اسلامية عربية، وقد تحدث لنا عن هذه المدن والمراكز المؤرخ العربي المسلم الشهير (المسعودي) والذي لقبه بعض المستشرقين بـ (هيردوت العرب) وهو صاحب كتاب (مروج الذهب ومعادن الجوهر) التاريخي القيم ... تحدث لنا عن القرن الافريقي وبلاد الواق واق وكثيرة الذهب والعاج، ومن طريف ما قاله: أن الافارقة في هذه المدن والمراكز شاهدهم يصنعون السلاسل لمشايتهم من الذهب لكثرة وجوده عندهم([10]). ولا بد من الاشارة إلى أن توجه

(8) الجبير، مرجع سابق، ص 13

(9) الجبير: المرجع السابق، ص 14

(10) المسعودي: مصدر سابق، ص 128

العرب المسلمين نحو افريقيا قابلة توجه مضاد كذلك حيث انضم العديد من ابناء افريقيا إلى الجيوش الاسلامية أيام العباسيين، كما التحق العديد من طلبة أفريقيا بمعاهد العلم في مكة وبغداد والقاهرة طلبا للعلم، كما ظهرة العديد من البضائع الافريقية في الاسواق العربية الاسلامية، وما أن ترسخت العقيدة الاسلامية في أفئدة المواطنين الافارقة من)البربر) و(النبوية) و(القالا) والأفارقة السود حتى تولو زمام المبادرة بأنفسهم في نشر الاسلام وتعاليمه بين أبناء جلدتهم.

وفي الختام، إننا نلمس اليوم زيادة توجه الأفارقة نحو الاسلام بعد أن عانوا من ظلم وبطش واستغلال المستعمرين الاوروبين لهم، فقد تأكدوا بأن الاسلام يمدهم بسياج فكري وعقائدي يساهم في وحدتهم الوطنية ويمنحهم التقدم والازدهار ويضمحل في ظله التمييز العنصر والضعف والقهر والاستعباد، كما أدركوا بأن العرب أخوتهم في العقيدة والمصالح المشتركة، وأن الاسلام كان منذ البدء الركيز الاساية للثقافة العربية، كما كانت اللغة العربية وما زلت لغة القرآن الكريم وهي وعاء الفكر الاسلامي والثقاة الاسلامية، و على ضوء ذلك كله يبدو جليا حتمية الصلات العربية الافريقية وديمومتها.

(3) الاسلام وتجارة الرقيق التي أوجدها الغرب وألصقها بالعرب(*)

تشير المصادر التاريخية بأن البرتغال أول دولة أووربية دخلت القارة الأفريقية، وأن أميرها هنري الملاح أول من زاول تجارة الرقيق في القارة السمراء عام 1442 ف، عندما احضر عشرة من الرجال السود لعرضهم في لشبونة كنوع من المخلوقات الغربية، وقد أكد اثنان من هؤلاء العشرة لهنري الملاح أنهما غذا ما أعيدا الى بلادهما فسيكون استطاعة في استطاعة قبيلتهما دفع جزية مجزية، وفر الرحلة التالية أعيدا الى افريقيا وهناك حصل هنري الملاح أنهما إذا ما أعيدا إلى بلادهما فسيكون في استطاعة قبيلتهما دفع جزية مجزية، وفي الرحلة التالية أعيدا الى افريقيا وهناك حصل هنري الملاح على فدية دفع جزية مجزية، وفي الرحلة التالية أعيدا البلادهما فسيكون في استطاعة قبيلتهما دفع جزية مجزية، وفي الرحلة التالية أعيدا إلى أفريقيا وهناك حصل هنري الملاح على فدية كانت عبارة عن عشرة من الرجال والنساء السود ينتمون غلى قبائل مختلفة زيادة على سلع أفريقية من بينهما كميات من تراب الذهب أما الثمانية الباقون الذين وصلوا من الرحلة الاولى فقد تم بيعهم في لشبونة بأسعار باهظة.

ومن هنا، أدرك المستعمرون الأوروبيون بأن أسر الأفارقة وتسويقهم إلى أوروبا هي

(*) نشرت في صحيفة الدعوة الاسلامية في العدد (697) بتاريخ 2000/5/10

تجارة رائجة ومن هذه البداية البسيطة نشأت تجارة الرقيق على أيدي الأوروبين ، وقد وجدت هذه التجارة مناخها الملائم عند اكتشاف العالم الجديد وانتشار المستعمرات الزراعية الشاسعة فأقبل الانجليز والفرنسيون والدنماركيون والسويديون والألمان والهولنديون على هذا الميدان التجاري الجيد بهمة ونشاط كبيرين، إذ قُدر ما كان يباع في أسواق لشبونة من الرقيم عام 1539 ف تراوح ما بين (100.000) مائة ألف إلى (120.000) مائة وعشرين ألفا ([11]) كما ذكرنا لنا المؤرخون بأن تجار بريستول واليفربول كانوا يصدرون في عام 1680 ف نحو خمسة عشر ألفا من الأفارقة ، وأن الانجليز وحدهم قد قبضوا ما يزيد على المليوني أفريقي بين عام 1680- 1786 ف وفي أوج هذه التجارة كانت تعمل 192 سفينة بريطانية تحمل (47000) سبعة وأربعين ألف شخص في كل رحلة، كما أصبح في عام 1791 على ساحل افريقيا الغربي حوالي (40) مركزا متخصصا بتجارة الرقيق. وفي عام 1850 ف كان ثلث سكان القارة الافريقية يعيشون خارج حدود قارتهم، الأمر الذي أدى إلى ظهور الحركة القومية الافريقية والتي عرفت فيما بعد باسم الجامعة الافريقية([12]).

يبدو واضحا مما تقدم أن أصابع الاتهما تتجه بقوة نحو الأوروبيين في خلق وممارسة تجارة الرقيق، ولكننا نرى الأوروبيين يلصقون تهمة هذه التجارة بكل صلف ووقاحة بالعرب وقد شكلت الكتابات الغربية وأشرطة الفيديو التي توزعها المسسات الاستعمارية في القارة الافريقية التي وصفت فيها العرب بأنهم أرباب تجارة الرقيق وهم لا غيرهم الذين ساقوا الأفارقة بسياطهم إلى تلك السفن الراسية على السواحل الافريقية للاتجار بهم مع الغرب والشرق، وكان هدف هذا النشاط الغربي المحموم - بطبيعة الحال - هو الاساءة إلى العلاقات العربية الافريقية وعرقلة تطورها وللأسف، فقد انطلت هذه الاكذوبة على بعض الأفارقة وقد ساعد على ذلك عدم التصدي بحزم لهذه الاشاعات الاوروبية المغرضة من قبل الكتاب والباحثين العرب والمسلمين، على أساس أن المموضوع برمته قديم وليس له صلة بطبيعة العلاقات العربية الافريقية المعاصرة.

---

(11) فياض ، هاشم نعمة: أفريقيا درساة في حركات الهجرة السكانية، بغداد، بدون تاريخ ، ص 21 .

(12) أحمد : مرجع سابق، ص ص 41- 42.

آفاق الحضارة العربية الاسلامية في جنبات القارة السمراء

ولو أردنا التحري لموضوع الرقيق قبل أن تتكون تجارة الرقيق على أيدي البرتغاليين منتصف القرن الخامس عشر للميلاد لرأينا بأن دول الرق في العالم قد ظهرت منذ عهود سحيقة، إذ أن نظام الرق أوما يسمى بالنظام العبودي من أهم المراحل في تاريخ البشرية القديم، فمنذ القرن الثامن قبل الميلاد تكون النظام العبودي في اليونان وفي القرن السادس قبل الميلاد تكون في روما القديمة، كما نشأ في أراضي أمريكا الوسطى والجنوبية قبل مجيء المستعمرين الأسبان بقرنين تقريبا، وهو دليل عى لانتصار أسلوب الانتاج العبودي، والعبودية هي حالة الخضوع التام من قبل انسان لانسان أخر، فضلا عن أن العبيد محرمون من وسائل الانتاج، وهم ملكية خاصة للسيد المالك الذي له حق بيعهم وشرائهم وحتى قتلهم، وقد اعتبر البعض أسرى الحرب هم أول الرقيق، وقد ظهرت دول الرق في أغلب مناطق المعمورة ولم تقتصر على منطقة معينة بالذات، وم الجدير بالذكر أن شريعة حمورابي قد ورد في بعض قوانينها دفاع عن مصالح الرقيق([13]).

نستدل من كل ما تقدم بأن الرق ليس ظاهرة حجيثة، ولم يتقصر على شعب معين أو منطقة محددة، ولكن تجارة الرقيق التي أوجدها وتبناها الاوروبيون بشكل سافر وعلني وغير انسان منذ أيام هنري الملاح كما أسلنا هي التي ندين، والأنكى من ذلك أن خلفاء هنري الملاح قد ساروا من بعد على ذات النهج فاهتموا باقامة القواعد الساحلية لاحتكار تجارة الرقيق وعندما اكتشف البرتغاليون جزر (ساوتومي) و (برانسيبي) عند خليج غانا احتلوها، وتوافدوا اليها بكثرة من أجل مزاولة تجارة الرقيق بعد أن اتخدوها مراكز رئيسية لهذه التجارة، وقد أشارت المصادر التاريخية إلى قيام المستعمرين البرتغاليين باختطاف ابناء أفريقيا وشحنهم قسرا للعمل في مزارع القطن ومناجم الذهب بالقارة الامريكيةن وكانت المنطقة (انكولا) التي سميت باسم احد الغزاة البرتغلايين من أبرز المراكز المزدهرة لتجارة الرقيق، كما قامت البعثات التبشيرية بدور مهم في تسهيل تجارة الرقيق([14]).

وفي الواقع إن الحديث عن تجارة الرقيق حديث مأسوي ومؤلم ولا يمكننا التحدث عن القارة السمراء دون تناول موضوع الرق وتجارة الرقيق التي امتدت لقرون عدة إذ كانت

(13) ضيدان: مرجع سابق، ص ص 60 -64

(14) أحمد : مرجع سابق. ص 42

حقيقة سائدة في أفريقيا، ولم تنته بشكل قاطع إلا في مطلع القرن العشرين، فكانت بحق جريمة كبرى ارتكبها الاوروبيين بحق الشعوب الافريقية المسالمة، ولم يعرف التاريخ البشري مجازر وحشية مثل تلك التي ارتكبت أيام تجارة الرقيق، والأدهى من ذلك ان البرتغاليين قد عملو على تحريض الأفارقة بعضهم على بعض لاقتناص الرقيق وسوقهم بالجملة نحو أوروبا وأمريكا، غذ قام البرتغاليون بتزويد أهالي (بنين) بالبنادق والاسلحة النارية كي يستخدموها في محاصرة لأهالي في الغابات والمناطق الداخلية واصطيادهم أحياء وسوقهم نحو ساحل غينيا كي يباعوا هناك بالجملة ومنثم تصديرهم إلى البرتغال حيث يباعون منجديد بالجملة أو فرادى في سوق النخاسين، وهذا الامر لم يقتصر على منطقة أفريقية معينة مثل بنين بل استخدموه مع غالبية المناطق الافريقية، فمنطقة جنوب نيجيريا مثلا أصبحت خالية من الناس تماما بعد مطلع القرن الثامن عشر للميلاد([15]).

أما موقف الاسلام من الرق بصفة عامة وتجارة الرقيق بصفة خاصة فكان وما زال موقفا واضحا لا لبس فيه أو غموض، إذ اعتنى الاسلام منذ ظهوره في الجزيرة العربية بشؤون الرقيق وأسرى الحرب، كما نادى بالغاء الرق ووضع الاسس العامة لتحرير الرقيق وعتق رقابهم من العبودية، كما لا يوجد في الدين الاسلامي الحنيف سواء في محكم الكتاب العزيز أو في التشريعات الاسلامية ما ينص على استرقاق الناس أو اتخاذهم عبيدا أو قد أمر بقتل الاسرى وهم أهم مصدر للرق إبان العصور الاسلامية، وهذا الامر نابع من جوهر الاسلام الذي يعتبر الانسان أرقى المخلوقات، وقد أبدى الرسول الكريم محمد - صلى الله عليه وسلم - شخصيا الاهتمام بعتق الارقاء وهو الذي اختار (بلال الحبشي) ليؤذن على ظهر الكعبة الشريفة كما عين - صلى الله عليه وسلم - (أسامة بن زيد) وهو مولى حديث السن قائدا لجيش المسلمين الذي كان يضم الكثير من الصحابة المعروفين، ولم يترك الاسلام فرصة لتحرير الرق إلا وانتهزها، حيث جاء في الشريعة الاسلامية السمحة عتق الرقيق في حالات عدة، كالتكفير عن يمني حنث فيها سيدة او كفارة عن بعض الذنون أو وفاء لنذر أو تقربا لله سبحانه وتعالى أو التماس توبه، كما خصص المشرع الاسلامي جزءا

(15) فياض ، هاشم نعمة: أفريقيا دراسة في حركات الهجرة السكانية، بغداد، بدون تاريخ ، ص 21 .

من مبالغ الزكاة لعتق الرقاب، كما كان المسلمون الأوائل يتحلون بالخلق الرفيع الذي يمنعهم من استعباد الناس، فقد روي عن الامام على بن أبي طالب، كرم اللـه وجه - أنه قال: (أني لاستحي أن استعبد انسا يقول ربي اللـه).

ومن المفيد الاشارة إلى أن الاسلام قد عالج ظاهرة الرق بشكل تدريجي ومن خلال تربية المسلمين على احترام الانسان وحرية الفرد وحقوق الانسان، كما حرم استرقاق المسلم رجلا كان أو إمرأة.

ولا يفوتنا أن نكذر فيالنهاية أن معالجة الاسلام للرق نابعة بشكل أساس من جوهر الدين الاسلامي، حيث جاء في كتاب اللـه العزيز بأن البشر متساوون ومن أصل واحد كما ذكر لنا اللـه. عز وجل، بأن لا فضل لأحد على الآخر الا بتقواه (إن أكرمكم عند اللـه أتقاكم) كما دعمت أحاديث نبينا المصطفى الشريفة هذا الاتجاه في قوله - صلى اللـه عليه وسلم - : (لا فضل لعربي على أعجمي ولا أبيض على أسود إلا بالتقوى).

(4) قِدم العلاقات العربية الأفريقية [*]

لم تكن العلاقات العربية الافريقية وليدة اليوم، وإنما هي بعيدة الغور موغلة في القدم، ولعل العوامل الجغرافية والبشرية والطبائع والعادات والتقاليد المتشابهة والمصالح المشتركة كانت سببا في ارتباط العرب بالأفارقة قبل أي شعب آخر في العالم.

ومن المؤسف أن العلاقات العربية الأفريقية قد تعرضت للكثير من التشويه وطمس الحقائق في كتابات العديد من الباحثين الأجانب والذين لا يمتون بصلة إلى هذا الجانب أو ذلك، فداءت كتاباتهم مليئة بالتصليل والكذب والتهم الباطلة، وسنحاول في هذه المقالة العربية الأفريقية، وسنجد بأن هذه العلاقات قد بينت بالأساس على الاحترام المتبادل وخدمة القضايا المشتركة بخلاف ما كانت عليه علاقات الاوروبيين بأفارقة والتي ارتكزت على الاستعباد ونهب الخيرات.

---

[*] نشر في مجلة تاريخ العرب والعالم، العدد (194) لسنة 2001 التي تصدر في لبنان.

سيقتصر حديثنا في هذه المقالة عن عراقة العلاقات العربية الافريقية حيث تعتمد جذور العلاقات العربية الأفريقية إلى العهود السحيقة أي إلى ما قبل التاريخ وبالتحديد إلى ما يقرب من ثلاثة ملايين سنة عندما كانت الجزيرة العربية جزءا مكونا للقارة الأفريقية وأدى إلى ظهور خليج عدن والبحر الأحمر الذي فصل بينهما كما هو عليه الآن.

وعلى الرغم من ظهور البحر الأحمر غلا أنه لم يكن عائقا دون الاتصال البشري بين العرب والأفارقة، وقد امتدت هذه الصلات بين الجانبين إلى أكثر من ألفي سنة، وتؤكد المصادر التاريخة ذلك وتفيد بأن صلات العرب بالأفارقة في شرق أفريقيا تعود إلى ما قبل التاريخ، وأن الاتصال الحضاري كان قائما بين بلاد الرافدين وشرق أفريقيا منذ عهد سرجون الاكدي أي حوالي سنة 2709 قبل الميلاد، إذ عثر على نقوش سومرية وبابلية في ساحل شرق أفريقيا توضح وصول أبناء الرافدين إلى هذه البقاع، ومما يدعم هذا الاتصال ويؤكده وجود بعض العادات والتقاليد المتشابهة في كل من أفريقيا وبلاد الرافدين مثل اتخاذ القرن رمزا للقوة والجبروت ([16])

وتفيد الآثار المصرية القديمة التي حفلت بأخبار رحلات القوافل التجارية مع أواسط وشرق أفريقيا منذ عهد الفرعون (ساحورع) الذي حكم من 2553 إلى 2539 قبل الميلاد بأن العلاقات المصرية الأفريقية إبان عهد الفراعنة كانت مستمرة لصالح الجانبين ولم تقتصر على البلاد الواقعة حول نهر النيل بل تعدت ذلك إلى بلاد الصومال وشرق أفريقيا وغربها، ومن البديهي أن يحصل بين العرب في شبه الجزيرة العربية والأفارقة صلات لكون الجزيرة العربية تقع شرق أفريقيا ولا يفصل بينهما سوى البحر الأحمر، وأن هجرات عربية قد اتجهت نحو أفريقيا خلال العصور الأولى لفجر التاريخ عن طريق شبه جزيرة سيناء وبرزخ السويس شمالا وعن طريق باب المندب جنوبا، وأن أسباب الهجرات الأولى للعرب كانت تعود لحالات الجفاف والقحط التي ألمت بالجزيرة العربية في فترات متتالية من تلك العصور، الأمر الذي دفع سكان الجزيرة العربية إلى الهجرة لمناطق أكثر غنى ووفرة في متطلبات العيش، مما أدى إلى انتقال العديد من القبائل العربية من الجزيرة العربية لتعيش

(16) ضيدان: مرجع سابق. ص 64.

على الأرض الافريقية وتستقر فيها مشكلة بذلك مجتمعات جديدة. لم تقتصر الهجرات العربية إلى افريقيا على الاستقرار في السواحل الشرقية لأفريقيا فحسب، بل أنها دخلت وسط القارة الأفريقية حيت عبرت القبائل العربية مضيق باب المندب باليمن نحو شرق أفريقيا ثم سارت باتجاه اليوربا غربي نيجيريا فاستقرت فيها، كما توغلت نحو الجنوب عن طريق بحر العرب والمحيط الهندس إلى زنجبار وشواطئ كينيا وتنجانيقا فوصلت جبال القمر وهضبة البحيرات ثم إلى خط تقسيم المياه بين نهري النيل والكونغو([17])

ومن الجدير بالذكر أن الهجرة لم تقتصر على العرب وحدهم عندما قدموا إلى القارة الأفريقية من الجزيره العربية بل حدث العكس كذلك عندما توجه الأفارقة من القارة السمراء نحو الجزيرة العربية، وذلك حينما زحف الأحباش الأفرقة نحو اليمن من الساحل الغربي، وكانت هجرتهم تنساب عبر الحدود بين وقت وآخر مثلما قام العرب بهجرتهم الغربي، وكانت هجرتهم تنساب عبر الحدود بين وقت وآخر مثلما قام العرب بهجرتهم الواسعة نحو افريقيا، ولد كان نصيب الحبشة منها وافراص حتى ذكرت لنا المصادر التاريخية أن بأن أصل اسم الحبشة آت من اسم القبيلة العربية اليمانية (حبشت) والوافده من الجزيرة العربية([18])

مما تقدم نلحظ بشكل واضح عراقة العلاقات العربية الأفريقية وأصالتها وإنها لم تكن علاقة حديثة العهد أو طارئة، بل أنها علاقة مبنية على الارتباطات الجغرافية والتداخلات البشرية والامتدادات التاريخة والاقتصادية والحضارية، فالصلات الجغرافية التي لا يمكن طمسها يوما ما أو تجاهلها، حيث ارتبط العالم العربية بالقارة الأفريقية منذ القدم وهو يشكل جزءا كبيرا من القارة السمراء إذ يبلغ عدد سكان البلدان العربية الأفريقية ما يقارب ثلاثة أرباع سكان البلدان العربية بمجملها، كما أن المساحة تشكل كذلك القسم الأكبر من مساحة العالم العربي فالسودان مثلاً لوحدها تبلغ مساحتها (2.506.000) مليونين وخمسائة وستة آلاف كيلو متر مربع ([19])

---

(17) الجيبر: مرجع سابق، ص 126 .

(18) مجلة الدراسات الأفريقية السنة الثانية، ع 2، 1989، مظاهر علاقة العرب بافريقيا الشرقية أ. علي الطاهر عزمي، ص 59.

(19) أطلس العالم الجغرافي، ص 175.

أما التدخلات البشرية فموغلة في القدم كذلك حيث الهجرات العربية نحو القارة الأفريقية بدوافع شتى منها: بهدف التجارة وكسب العيش أو الاستطلاع الجغرافي، أو تلك الهجرات التي أجبروا عليها لأسباب طبيعية تتعلق بظروف الحياة القاسية الطاردة لشبه جزيرة العرب، أو بدوافع سياسية نتيجة الصراعات السياسية والفتن والثورات الداخلية وما رافق ذلك من ملاحقة الخصوم والانتقام منهم، وتؤكد لنا المصادر التاريخة على قدم العلاقات الأفريقية العربية، حيث للعرب تاريخ غني ومضيء أشار إليه الرحالة اليونا عبر مؤلفاتهم إبان القرن الأول للميلاد، حيث عبروا عن ذهولهم لكثرة ما شاهدوه خلال هذا القرن من وجود أعداد هائلة من السفن العربية على الساحل الشرقي لأفريقيا، وعن قدرة العرب في العيش بين الأهالي والاختلاط بهم من خلال التزاوج معهم، كما ذكروا لنا بأن التجار العرب يأتون وسفنهم محملة بالخناجر والرماح والزجاج ليحملوا معهم في العودة من أفريقيا العاج والجلود والبخور والحرير والنحاس والذهب، وقد ذهبت بعض المصادر التاريخية أبعد من ذلك، حيث أكدت لنا على عمق الصلات العربية الأفريقية من خلال إقامة الممالك العربية على الأرض الأفريقية ومنها مملكة (عزان) وهي التي أقامتها القبائل العربية التي هاجرت بالكامل من جنوب الجزيرة العربية إلى ساحل أفريقيا الشرقي لتؤسس مملكة أطلق عليها المؤرخون الإغريق والرومان اسم مملكة عزان([20])

كما أكد لنا العالم (كورين ماكيفيدي) صاحب أطلس التاريخ الافريقي والمختص بالجغرافية التاريخية على أن بعض القبائل العربية هاجرت من شبة الجزيرة العربية عام 500 قبل الميلاد وعبرت البحر الأحمر لتستوطن في منطقة ارتيريا وسرعان ما أصبحت لها السيادة على الشعوب والقبائل التي كانت تسكن السواحل الغربية للبحر الأحمر. أما العلاقات التجارية بين العرب والأفارقة فأمرها معروف للجميع إذ شكلت التجارة الحجر الأساس في إقامة الصلات الأولى بينهما منذ زمن بعيد، كما شكلت العلاقات التجارية بين العرب والأفارقة الأساس الرئيسي في ازدهار الحضارة وإنشاء المدن والدول والمراز التجارية في مختلف الأماكن التي وصلها العرب في أفريقيا، ومن الطريف أن نذكر بأن التبادل التجاري العربي كان مع غرب افريقيا بالذات لكونه معروفاً بوفرة الذهب حيث كان

---

(20) ضيدان: مرجع سابق. ص 41.

يتم فيه نوع من التجارة العربية، وهي ما سميت بالتجارة الصامتة SILENT TRADE وهي أن التجار العرب يأتون ببضائعهم ويضعونها في مكان معرةف ثم يختفون فيأتي عندئذ الأفارقة ليضعوا بجوار البضائع نظيرها من الذهب ثم يختفون هم أيضا، ثم يأتي التجار العرب فإن رضوا بقيمة الذهب الموضوع أخذوه وانصرفوا والا تركوه واختفوا ثانية ليخرج الأفارقة فيزيدوا كمية الذهب ويستمر هذا الأمر حتى تتوفر القناعة للطرفين([21])

ومن المفيد الاشارة إلى أن الصلات التجارية العربية الأفريقية قد تطورت بتطور الانتاج، فأصبح التبادل التجاري بينهما منظما يتم من خلال البيع والشراء، كما تجدر الاشارة إلى أن نشوء أولى الصلات التجارية كان مع البلدان الواقعة على شواطئ البحر وضفاف الأنهار، فالفينيقيون كانت لهم صلات تجارية مع آسيا حيث يستوردون الفضة والرصاص، كما كانت القوافل التجارية العربية تمر على امتداد البحر الأحمر منطلقة من شبة الجزيرة العربية نحو أفريقيا، وهو الطريق الذي سمي فيما بعد بطريق العطور، كما لا ننسى ما كان لمكة المكرمة من دور هام، إذ كانت تعد أعظم محطة تجارية في الجزيرة العربية قاطبة، وذلك بسبب قدسيتها وموقعها على طريق التجارة وللعقلية التجارية لأبنائها، لذلك احتكرت التجارة لبلاد العرب، كما كانت مركزاً للقواف الذاهبة إلى مصر، ولا بد لنا في نهاية المقالة من أن ننوه بدور العرب في اكتشاف أجزاء واسعة من قارة أفريقيا في الوقت الذي كانت فيه أوروبا تجهل هذه القارة تماما، وذلك لأن العرب قد جاوبوا القارة بأسطيلهم واختراعاتهم البحرية كالبوصلة والاسطرلاب وخرائط الماء، وعندما قدم الأوروبيون إلى أفريقيا أخذوا ذلك عن العرب، ولا ينكر الأوروبيون ذلك إذ أشاروا في كتابتهم إلى اعتمادهم في اكتشاف افريقيا على ما كتبه المسعودي وابن حوقل والبكر والأرديسي والحموي وابن بطوطة.

وقد سرق الأوروبيون الكثير من التراث الحضاري للعرب في أفريقيا خلال استعمارهم بها حيث يوجد الآن الكثير منه في متحف اللوفر البريطاني وهي تقف خير شاهد على قدم العلاقات العربية الافريقية وعراقتها.

---

(21) المرجع السابق، ص 48.

(5) الأبعاد الحضارية للقارة الأفريقية*

بلغت القارة الأفريقية شأن كبيرا في ميدان الحضارة قبل الغزو الأوروبي لربوعها، إذ كانت أكثر تقدماً وغنى من أي بلد أوربي قبل القرن السادس عشر للميلاد، وللأسف لا يدرك هذه الحقيقة التاريخية إلا النزر اليسير، فالناس لا تعرف عن أفريقيا سوى نتف من حقائق لا يصلها ببعضها شيئ وذلك بسبب ما تعرضت له القارة السمراء من تشويه وتضليل في تاريخها المدون بأقلام المستعمرين الأوربيين تلك المدونات التي أفادت بأن الأفارقة لم يطوروا حضارة من صنعهم وأن أفريقيا لا تاريخ ولا ماضي لها، وأن ما عرف عنها لا يستحق الاهتمام والعناية، وقد نقلت لنا أقلامهم المغرضة آلاف القصص عن بؤس أفريقيا وأهلها قل قدوم الرجل الأبيض إليها مطلع القرن السادس عشر للميلاد.

لكن الحقائق التاريخية الدامغة والشواهد الآثارية العديدة أكدت لنا بما لا يرقى إليه الشك خلاف ما كتبه المستعمرون عن أفريقيا حيث ذكرت الدراسات والأبحاث التاريخية بأن القارة السمراء قد عرفت حضارات زاهرة في القرون التي سبقت التوغل الأوروبي لأراضيها.

وفي هذه الموضوع سنتطرق لأبرز أبعاد الحضارة في قارة أفريقيا والتي هي:

أ. بناء الدول والممالك:

لا يخفى على الجميع أن بناء الدول وتأسيس الممالك يعد من أبرز مظاهر الحضارة والرقي، ولن نكون مبالغين إذا قلنا بأن أبناء القارة السمراء قد أظهرو عبقرية في بناء الدولة في مواطنهم لا يمكن أن يجاريهم فيها شعب آخر باستثناء شعب (الأنكا) الذي كان يستوطن أمريكا الجنوبية.

هناك العديد من الدول والممالك التي تم تأسيسها في أفريقيا، لكننا سنكتفي هنا بايراد مثالين أو نموذجين لتلك الدول هما:

1. مملكة أوغندا: (حضارة شعوب الباجاندا) التي تقع شمال غربي بحيرة فكتوريا حيث كانت تمتلك تنظيما سياسيا واجتماعيا يعطي صورة واضحة عن تقاليد نشأة

* - القي البحث في مؤتمر الأساتذة العرب الذي انعقد في طرابلس عام 2000 .

الدولة لديهم إذ تشكل مجتمعهم من طبقات ثلاث وكان كيان الدولة يدور حول الملك الذي كانت أعماله المكلف القيام بها دينية وسياسية بذات الوقت ويلي الملك الوزير الأول وكانت المملكة مقسمة إلى عشر مقاطعات يرأس كلا منها موظف كبير كان عليه تطبيق الدل والمحافظة على النظام وكان لدى المملكة مجموعة من القوانين تنظم الحقوق والواجبات للأفراد كما كانت تجني الضرائب من الناس.

2. المملكة داهومي: الواقعة في غرب القارة والتي كانت تمتلك مجتمعا منظما تنظيما دقيقا، ومن المفيد الاشارة إلى أن مملكة داهومي انعدمت فيها طبقة العبيد لكون قانونها كان ينص بأن كل من يولد على أرض داهومي فهو حر، وعلى ضوء ذلك يمنع استعباد المواطنين. وكان هذا الأمر بطبيعة الحال قبل قدوم الأوروبيين إلى أفريقيا أربعين قبيلة ولك قبيلة زعيم مسؤول أمام الدولة وكانت المملكة داهومي مقسمة إلى أثنتي عشرة مقاطعة يحكم كلا منها حاكم ورائي، ومن الملفت للنظر في هذه المملكة اهتمامها بالاحصاء حيث تعد ذلك من مميزات المملكة الأساسية الخاصة بها إذا يجري في كل عام احصاء دقيق لعدد السكان فيها ومن مميزات المملكة داهومي كذلك وجود جيش دائم فيها يتولى الدفاع عن سيادتها وأمنها([22])

فوجئ الأوروبيون عند غزوهم القارة الأفريقية وهالهم ما رأوه من تنظيم اداري للدولة عندما دخل البرتغاليون الكونغو عام 1484 ف، وجدوا أنفسهم أمام أنظمة من الحكم في الدويلات التي غزوها فضلا عن المعاهدات التي كانت ترتبط بها هذه الدويلات علاوة على وجود سلطة للملك بالغرم من أن ملوك أفريقيا لم يكونوا من ذوي السلطة المطلقة كما هو الشأن في أوروبا وإنما كانوا مجرد زعماء للقبائل لا غير.

ب. التجارة والصلات التجارية:

من البديهي ان مزاولة التجارة واستخدامها على نطاق واسع وفهمها فهما دقيقا يعد أداة واضحة من أدوات الحضارة والمدينة.

(22) لنتون، رالف: شجرة الحضارة. ترجمة أحمد فخري، القاهرة - نيويورك ، بدون تاريخ، ص ص 95 - 126.

لقد وهب اللـه تعالى أفريقيا الكثير من المعادن النفسية التي منحت أهلها فرصة مزاولة التجارة واهتمام دول العالم للاتجار من جانب كما دفعت المستعمرين الأوروبيين لغزوها وسطو ما فيها من نفائس من الجانب الآخر.

أكد لنا المؤرخون والرحالة بأن المدن الأفريقية ابان الفترة التي سبقت الغزو الأوروبي كانت موانئها مزدهرة بالتجارة ولا سيما تجارة الذهب والعاج وقد بلغت بضائعها اسواق الصين واستمرت هذه المدن بممارسة التجارة بكل أشكالها، كما كانت الممالك الأفريقية تمتلك صلات تجارية واسعة مع العديد من أقطار العالم فقد قال الرحالة المغربي (ابن بطوطة) بانه قد وجد السلام والثروة في كل المدن والتجارة الأفريقية التي زارها (23).

وعندما غزت أوروبا القارة السمراء لم يتمكن الأوروبيون من تجاهل هذه الحقائق بل اثبتوها في كتاباتهم وأكدوا مزاولة الأفارقة للتجارة الواسعة النشطة والتي كان نفعها يعود على أبناء القارة سواء المردود المالي حيث الثروة والمال أو انعكاس الثراء على مرافق حياتهم الاجتماعية، فقد ذكرنا لنا واحد من الهولنديين الذين غزو جزيرة (كلوا) التجارية عام 1583 ف، والتي كانت تابعة لجنوب أفريقيا خلال القرن الخامس عشر فكان بادئ الأعجاب بما رأى وهو يقول عنها: " إن سكانها يلبسون الحرير الأبيض كما يلبس بعضهم أقمشة ناصعة البياض من نسيج القطن، ويلبس نساؤهم عقود الذهب وأساور الأحجار الكريمة حول أعناقهن وأذرعتهم يحلين بها أجسامهن الحسنة القوام، كما يعيش الناس في مساكن من الحجر عادة تحوطها بساتين فيها أنواع الخضر والفواكة والزهور المعطرة.

ثم تساءل قائلا لن يجرؤ أحدنا على القول بأن " امستردام " في القرن السادس عشر كانت أحسن حالا من مدينة " كلوا " الأفريقية التي كانت تتمتع بتجارة واسعة ذات صلة وثيقة بداخل القارة كلها وبالمحيط الهندي والخليج العربي(24)

كما أكد لنا المستعمرون البرتغاليون مزاولة الأفارقة الاتجار بالمعادن الثمينة وبشكل خاص الذهب إذ عثروا عليه بمقادير كبيرة ونوعيات متميزة في منطقة " مونوموتابا " التي أطلق عليها البرتغاليون منطقة ذهب الرمل لتشبه الذهب فيها بذرات الرمل الصغيرة وقد

(23) ابن بطوطة: مصدر سابق. ص 6.

(24) دافسن ، بازل: أفريقيا تحت أضواء جديدة، ترجمة جمال أحمد، أديس أبابا ، 1961، ص 371.

استعمل المستعمر الأوروبي هذه التجارة لصالحه بعد أن حرم أبناء القارة السمراء من عوائدها أو الاتجار بها.

ج. الفنون:

تعكس الفنون بأنواعها وألوانها الحضارة والرقي لدى المحتمعات التي تمتلكها وأفريقيا قد امتلكت منذ عهود سحيقة أفاقاً فنية عديدة عكست تقدمها في هذا الجانب ولئن حاول المستعمرون تشويه الوجه الحضاري لافريقيا في هذا المضمار حيث ذكروا لنا بأن القارة السمراء لم تبدع فكرا ولا أدبا ولا فنا، بيد أن صفحات التاريخ زاخرة بالحقائق الناصعة عن الفنون الافريقية، إذ امتلكت أفريقيا ثروة هائلة من الصور والرسوم والتماثيل المنحوتة أو المحفورة على الصخر للرجال ونساء وحيوانات صنعها الأنامل الأفريقية، وقد وقف فنانو اليوم مبهورين إزاء هذه التحف الفنية المصنوعة من البرونز وخشب الأبنوس والعاج في مناطق نيجيريا وبنين والكاميرون وهي شواهد حية على الفن الرفيع الذي وصلته أفريقيا خلال السنوات التي سبقت الغزو الأوروبي لأراضيها.

وفي ميدان الموسيقى الذي برعت فيها أفريقيا باعتراف الفنون المعاصرة فموسيقى الجاز والرومبا والسامبا كانت أفريقية المولد ثم انتقلت الى العالم الجديد صحبة الأفارقة الذين نقلهم الأوروبي إلى هناك .

إن الفنون الأفريقية بمختلف ألوانها قد اتخذت أخيرا مكانها المرموق بين فنون العالم حيث لم يعد الفن الأفريقي بمعزل عن غيره، يدرسه اليوم طلاب الفنون لكي يتعرفوا على طبيعته المتميزة.

وفي الختام يتضح لنا بشكل جلي من خلال هذه الاطلالة المختصرة لمظاهر الحضارة في القارة السمراء أنها كانت تمتلك أبعادا حضارية واضحة المعالم قبل مجيء الأوروبيين إليها مطلع القرن السادس عشر للميلاد ولئن أطلقنا كلمة " حضارة " على ما كان في أوروبا من فنون مادية وعادات اجتماعية فمن العدل أن نطلق كذلك كلمة " حضارة " على ما كان في افريقيا من انجازات مادية واضحة التفوق سواء في أسلوب الحكم ووسائل العيش أو امارات الثراء في الخلق والابداع.

المصادر والمراجع

المصادر والمراجع

المصادر والمراجع

1- القرآن الكريم.

2- أمين، أحمد: ظهر الإسلام. ط3، القاهرة، 1962.

3- الإنصاري، أحمد النائب. المنهل العذب في تاريخ طرابلس الغرب. اسطنبول، 1899.

4- أحمد، إبراهيم خليل وعوني السبعاوي: تاريخ العالم الثالث. الموصل، 1989.

5- ابن الأثير، عزالدين أبوالحسن علي الشيباني: الكامل في التاريخ، ط2. بيروت، 1980.

6- أوليري، دي لاسي: علوم اليونان وسبل انتقالها إلى العرب. ترجمة د. وهيب كامل ومراجعة زكي علي. القاهرة، 1962.

7- بامات، حيدر، مجالي الإسلام، نقلها إلى العربية عادل زعيتر. القاهرة، 1958.

8- بروكلمان، كارل. تاريخ الشعوب الإسلامية. ترجمة نبيه أمين فارس. بيروت، 1954.

9- البلاذري، أحمد بن يحيى: فتوح البلدان. مصر، 1901.

10- ابن بطوطة، محمد بن عبد الله : رحلة بن بطوطة، تحفة النظار في غرائب الأمصار وعجائب الأسفار. القاهرة، 1928.

11- بيشون، جان: المسألة الليبية في تسوية السلام. ترجمة علي ضوي، مراجعة د. صالح المخزوم. طرابلس، 1991.

12- الجميلي، رشيد حميد حسن: حركة الترجمة في المشرق الإسلامي في القرنين الثالث والرابع للهجرة. طرابلس، 1982.

13- الجميلي، رشيد عبد الله : دراسات في تاريخ الخلافة العباسية، الرباط، 1984.

14- جحا، فريد: تراث العرب القديم في ميدان علم النبات. تونس، 1989.

15- ابن جبير، أبوالحسن محمد: الرحلة. ليدن، 1907.

16- جب، هاملتون: دراسات في حضارة الإسلام. ترجمة د. احسان عباس ود. محمد نجم ود. محمد زايد، دار العلم للملايين، بيروت، 1964.

17- الجبير، أحمد: العلاقات العربية الأفريقية. طرابلس، 1990.

18- جارودي، روجيه: حوار الحضارات. ترجمة عادل العوّا، منشورات عويدات. بيروت، 1978.

19- الحسني، عبدالرزاق: العراق قديما وحديثاً. ط2، صيدا، 1956.

20- بن حبيب، مال الـلـه بن علي: ملامح من تاريخ عمان. ترجمة محمد محمد كامل، مسقط، بدون تاريخ.

21- حلاق، حسان: العلاقات الحضارية بين الشرق والغرب في العصور الوسطى. بيروت، 1986.

22- حلاق، حسان: دراسات في تاريخ الحضارة الإسلامية. بيروت، 1989.

23- الحجي، عبدالرحمن علي: أضواء على الحضارة والتراث. الجزائر، بدون تاريخ.

24- الحايك، سيمون: تعربت.. وتغربت أو نقل الحضارة العربية إلى الغرب. بيروت، 1987.

25- الحسيني، فاضل محمد: عُمان في عهد الإمام أحمد بن سعيد، ط2، مسقط، 1994.

26- الحسيني، فاضل محمد: العلاقات البريطانية العمانية 1913- 1939. اطروحة دكتوراه دولة. الرباط، 1995.

27- حوراني، جورج فضلو: العرب والملاحة في المحيط الهندي. ترجمة يعقوب بكر، مراجعة يحيى الخشاب. القاهرة، 1958.

28- الحموي، ياقوت بن عبد الـلـه : معجم البلدان. بيروت، 1957.

29- الحلبي، كامل البالي: نهر الذهب في تاريخ حلب. حلب، 1993.

30- حمارنة، سامي: علوم الحياة. بنغازي، 1990.

31- أبوخليل، شوقي: الحضارة العربية الإسلامية. طرابلس، 1987.

32- ابن خلدون، عبدالرحمن بن محمد: العبر وديوان المبتدأ والخبر في أيام العرب والعجم والبربر. ط3. بيروت، 1967.

33- ابن خلدون، عبدالرحمن بن محمد: المقدمة. بيروت، 1986.

34- ديورانت، ويل: قصة الحضارة. ترجمة محمد بدران. القاهرة، 1957.

35- دروزة، محمد عزة: تاريخ الجنس العربي. بيروت، بدون تاريخ.

36- الدوري، تقي الدين عارف: دراسات في تاريخ العرب وحضارتهم في صقلية. ليبيا ـ الخمس، 1997.

37- دافسن، بازل: أفريقيا تحت أضواء جديدة. ترجمة جمال أحمد. أديس أبابا، 1961.

38- زبادية، عبدالقادر: الحضارة العربية في عالمنا المعاصر، العلاقات بين الحضارتين العربية والأوربية. تونس، 1985.

39- سرور، جمال الدين محمد: قيام الدولة العربية الإسلامية. ط3. القاهرة، 1964.

40- الشريف، أحمد إبراهيم: مكة والمدينة في الجاهلية وعهد الرسول. القاهرة، 1965.

41- الشكعة، مصطفى: معالم الحضارة الإسلامية، دار العلم للملايين، ط3. بيروت، 1978.

42- صابر، محي الدين: الحضارة العربية بوصفها حضارة عالمية، وقائع ندوة همبورغ. تونس، 1985.

43- صالح، محمد محمد: تاريخ أوربا من عصر النهضة وحتى الثورة الفرنسية، 1500-1789. بغداد، 1982.

44- ضيدان، حميد دولاب: الجذور التاريخية للصلات العربية الأفريقية، منشورات مركز البحوث والدراسات الأفريقية. سبها، بدون
تاريخ.

45- الطيبي، أمين توفيق: دراسات في تاريخ صقلية الإسلامية. بنغازي، 1990.

46- الطبري، محمد بن جرير: تاريخ الرسل والملوك، القاهرة، 1960.

47- عبدالحميد، سعد زغلول: تاريخ العرب قبل الإسلام. بيروت، 1975.

48- علي، جواد: المفصل في تاريخ العرب قبل الإسلام، دار العلم للملايين، بيروت، 1968.

49- علي، جواد، تاريخ العرب في الإسلام، دار الحداثة، ط2. بيروت، 1988.

50- عاشور، سعيد عبدالفتاح: أوربا في العصور الوسطى، النظم والحضارة. القاهرة، 1991.

51- عباس، رضا هادي: الأندلس، محاضرات في التاريخ والحضارة. مالطا، 1998.

52- ابن عذاري، المراكشي: البيان المغرب في أخبار الأندلس والمغرب. بيروت، 1950.

53- العدوي، إبراهيم أحمد: الدولة الإسلامية تاريخها وحضارتها. القاهرة، 1981.

261

54- الفش، محمد أبوفرج: النقود العمانية من خلال التاريخ الإسلامي. مسقط، 1984.

55- فياض، هاشم نعمة: أفريقيا دراسة في حركات الهجرة السكانية. بغداد، بدون تاريخ.

56- فخري، ماجد: الفلسفة والتاريخ، عبقرية الحضارة العربية منبع النهضة الأوربية، ترجمة عبدالكريم محفوظ. بنغازي، 1990.

57- قدورة، زاهية: تاريخ العرب الحديث. بيروت، 1985.

58- قدورة، زاهية: بحوث عربية إسلامية. بيروت، 1984.

59- كحالة، عمر رضا: معجم قبائل العرب القديمة والحديثة. ليبيا، 1968.

60- الكروي، إبراهيم سلمان وشرف الدين: المرجع في الحضارة العربية الإسلامية، منشورات دار السلاسل. الكويت، 1984.

61- كاوبر، هـ.س: مرتفع آلاهات الجمال، تعريب أنيس زكي حسن، 1897.

62- لنتون، رالف: شجرة الحضارة (قصة الإنسان منذ فجر ما قبل التاريخ حتى بداية العصر الحديث)، ترجمة أحمد فخري، مؤسسة فرانكلين للطباعة والنشر. القاهرة - نيويورك، بدون تاريخ.

63- لوبون، غوستاف: حضارة العرب، نقله للعربية عادل زعيتر. حلب، 1969.

64- لاندو، روم: الإسلام والعرب، نقله للعربية منير البعلبكي، دار العلم للملايين، ط2. بيروت، 1977.

65- مايلز، س. ب: الخليج بلدانه وقبائله، ترجمة محمد أمين عبد الله . عمان، 1990.

66- مهنا، محمد نصر وفتحية النبراوي: الخليج العربي، اسكندرية، 1988.

67- المسعودي، أبوالحسن علي بن الحسين: مروج الذهب ومعادن الجوهر. بيروت، 1965.

68- المرهوبي، عامر علي عمير: عُمان قبل وبعد الإسلام. عُمان، 1980.

69- مهران، بيومي محمد: دراسات في تاريخ العرب القديم. الإسكندرية، 2000.

70- المقدسي، أبوعبد الله بن محمد بن أحمد: أحسن التقاسيم في معرفة الأقاليم. ليدن، 1906.

71- المجدوب، عبدالعزيز: الرازي من خلال تفسيره. تونس، 1981.

72- ندا، طه: فصول من تاريخ الحضارة الإسلامية. بيروت، 1974.

73- ناجي، عبدالجبار: دراسات في تاريخ المدن العربية الإسلامية. البصرة، 1986.

74- الهمداني، أبومحمد الحسن بن أحمد: الإكليل. بغداد، 1931.

75- هونكة، زينغريد: شمس العرب تسطع على الغرب أو أثر الحضارة العربية في أوربا. نقله عن الألمانية فاروق بيضون وكمال دسوقي راجعه ووضع حواشيه مارون عيسى الخوري، ط9، الدار البيضاء، 1991.

76- هامرتن، جون: تاريخ العالم، ترجمة وزارة التربية والتعليم المصرية، مجلد5. القاهرة، بدون تاريخ.

77- الهاشمي، محمد يحيى: المثل الأعلى للحضارة العربية. دار الكاتب العربي. بيروت، بدون تاريخ.

78- ويلسون، ارنولد: تاريخ الخليج، ترجمة محمد أمين عبد الله ، ط3. عُمان، 1988.

79- اليعقوبي، أحمد بن أبي يعقوب بن جعفر: البلدان. ليدن، 1886.

الدوريات

1- "شؤون عربية" مجلة تصدرها الأمانة العامة لجامعة الدول العربية بالقاهرة.

2- "تاريخ العرب والعالم" مجلة تاريخية تصدر في بيروت بلبنان.

3- "الوثيقة" مجلة تاريخية محكمة تصدر في البحرين.

4- "الخليج العربي" مجلة الدراسات الخليجية تصدر في البصرة بالعراق.

5- "الدراسات الأفريقية" مجلة تعنى بالدراسات الأفريقية تصدر في سبها في ليبيا.

6- "عُمان في أمجادها البحرية" مجلة صدرت في مسقط بعُمان.

7- "مسيرة الحضارة العربية" موسوعة علمية مصورة صدرت في إيطاليا.

8- "الدعوة الإسلامية" صحيفة تصدر بلغات ثلاث العربية والإنكليزية والفرنسية، مقرها طرابلس ـ الجماهيرية الليبية.

المراجع الأجنبية

1 -Durant, Will: Astory of Civilization, New Yourk, 1435.

2 -Eyre, S: A history of Europe, London, 1956.

3 -Garudy, Roger: Pour un dialogue des civilisation Eddenoele, 1977.

4 -Sarton, G: Introduction to the history of Socinece, 1952, London.

5 -Thomas ,Arnold and Alred Guillaume: The Iegecy of Islam, Oxford university Press, 1968.

6 -Toynbee, Arnold: Astudy of history, Vol .I, Oxford university, 1955.

الملاحق

الملاحق

لائحة بأسماء العلماء العرب الذين نقلت مؤلفاتهم من العربية إلى اللاتينية في القرون الوسطى مع أسماء الناقلين

رم	اسم المؤلف	المؤلفات العربية	اسم الناقل إلى اللاتينية
.1	الكندي	رسالة في ماهية النوم والرؤيا	جيرارده الكريموني
.2	الكندي	كتاب العناصر الخمسة	جيرارده الكريموني
.3	الكندي	رسالة في العقل	جيرارده الكريموني
.4	الكندي	التوحيد	جيرارده الكريموني
.5	الكندي	في الاحكام	روبرت الانكليزي
.6	قسطا بن لوقا	الفرق بين النفس والروح	يوحنا الاشبيلي
.7	الزرقالي	صفيحة الزرقالي	يوحنا بريشيا
.8	ثابت بن قرة	حركة الفلك	جيرارده الكريموني
.9	ثابت بن قرة	المدخل إلى المجسطي	جيرارده الكريموني
.10	الرازي	الحاوي	فرغوت
.11	الرازي	كتاب الجدري والحصبة	فالا
.12	الرازي	تقسم العلل	جيرارده الكريموني
.13	الرازي	أمراض المفاصل	جيرارده الكريموني
.14	الرازي	كتاب الخواص	جيرارده الكريموني
.15	الرازي	في البذور والجذور العطرية	جيرارده الكريموني
.16	الرازي	في الاملاح	جيرارده الكريموني
.17	ابن الجزار	كتاب طبائع العقاقير	اسطفن السرقسطي
.18	الزهراوي	الجراحة	جيرارده الكريموني
.19	الزهراوي	كتاب التصريف	سيمون الجنويرم.
.20	ابن سينا	القانون	جيرارده الكريموني
.21	ابن سينا	في طب القلب	ارنلده فيلانوفا

.22	ابن سينا	في النفس	يوحنا الاشبيلي
.23	ابن سينا	علم الحيوان	ميخائيل سكوت
.24	الفارابي	شرح كتاب المنطق	هرمان الألماني
.25	الفارابي	رسالة في ماهية النفس	سراشيا بن آسحق
.26	الغزالي	تهافت الفلاسفة	غندسلبة
.27	الغزالي	مقاصد الفلاسفة	غندسلبة
.28	اولاد موسى بن شاكر	كتاب الاخوة الثلاثة	جيرارده الكريموني
.29	الخوارزمي	مختصر من حساب الجبر والمقابلة	جيرارده الكريموني
.30	الخوارزمي	الجداول الفلكية	اديلارد الباثي
.31	ابو معشر	كتاب هيئة الفلك	يوحنا الإسباني
.32	أبو معشر	كتاب المدخل الكبير	هرمان الإلماني
.33	البتاني	كتاب معرفة مطالع البروج	أفلاطون التبرتيني
.34	الدمشقي	أصول اقليدس	جيرارده الكريموني
.35	احمد بن يوسف	كتاب الثمرة	جيرارده الكريموني
.36	ابن الهيثم	كتاب المناظر	جيرارده الكريموني
.37	ابن الهيثم	الفجر	جيرارده الكريموني
.38	ابن زهر	كتاب التيسير	يعقوب تباقينوس
.39	ابن رشد	الكليات	ارمنفود
.40	ابن رشد	في جوهر الكون	ميخائيل سكوت
.41	ابن رشد	شرح السماء والعالم	ميخائيل سكوت
.42	ابن رشد	شرح النفس	ميخائيل سكوت
.43	ابن رشد	شرح الآثار العلوية	ميخائيل سكوت
.44	ابن رشد	الجدل	إبراهيم البلمسي
.45	ابن رشد	تهافت التهافت	كالو كالونيموس
.46	ابن رشد	السعادة	إبراهيم البلمسي

بعض المؤثرات اللغوية العربية التي انتقلت إلى اللغات الأوربية عن طريق صقلية

الكلمة باللغات الاوربية	الكلمة باللغة العربية
Scheek	صك
Tariffa	تعرفة
Magazine	مخزن
Gittare	قيثارة
Rakete	مضرب الكرة
Sucre	سكر
Admiral	امير البحر
Almanach	المناخ
Alkhohol	الكحول
Askari	عسكرى
Café	قهوة
cid	السيد
mesquino	مسكين
mohair	قماش المهير
tasse	طاسة
gasena	خزانة
cassara	خسارة
zecca	السكة
rotola	الرطل

cantaro	القنطار
marascia	المرشة
zabbara	الصبارة
mazzara	المعصرة
cassaro	القصر
pasteque	البطيخ
noria	الناعورة
gabbia	الجابية
galiggi	الخليج
cuba la	القبة
ziza la	العزيزة

سد مأرب " أشهر سدود التاريخ القديم في اليمن "

آفاق الحضارة العربية الاسلامية

" خزنة فرعون" معبد الحارث الثالث " 87-62 ق.م "

أشهر لملوك الانباط الذي انجز الروائع في عاصمته البتراء التي منها " المسرح المخطط "

" تدمر " كانت مركزا عالميا للتجارة إبان القرنين الثاني والثالث للميلاد

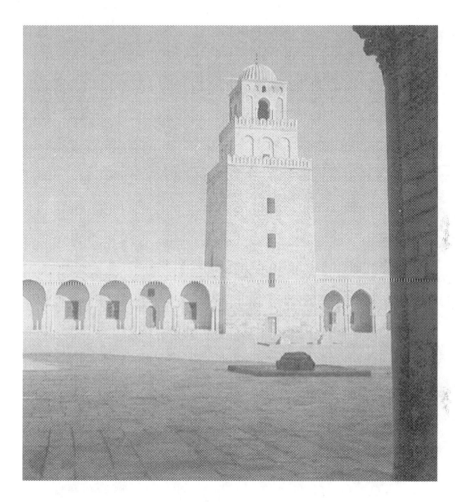

جامع القيروان

الملاحق

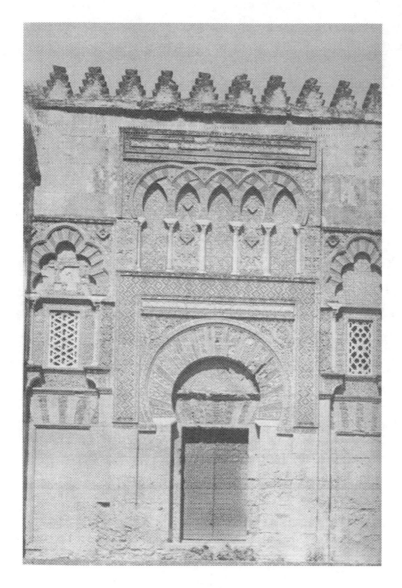

أحد أبواب جامع قرطبة

آفاق الحضارة العربية الاسلامية

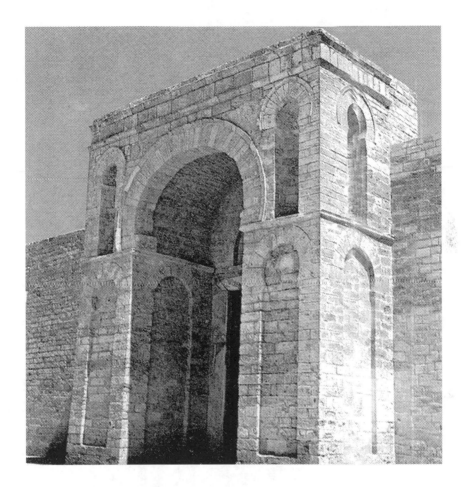

" الجامع الكبير " بناه الفاطميون في المهدية، بتونس عام 916 ك

276

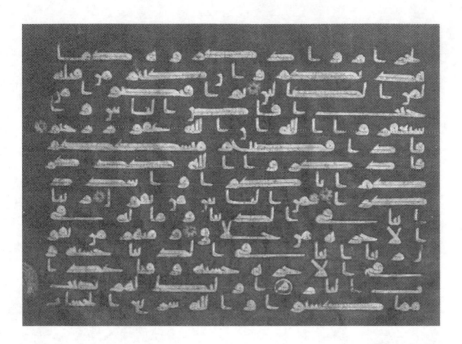

صفحة من القرآن الكريم كتبت بالخط الكوفي وبالذهب على

رق ازرق في القرن التاسع للميلاد

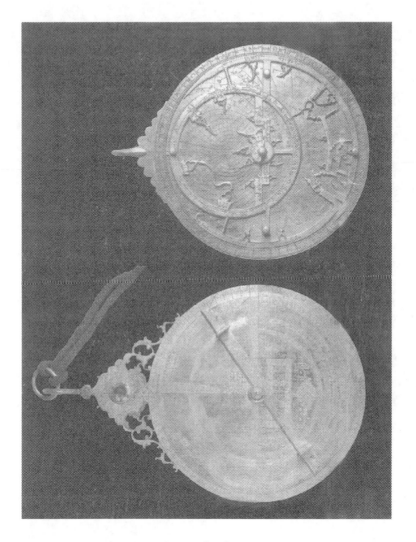

" الاسطرلاب " أهم الألات الفلكية العربية

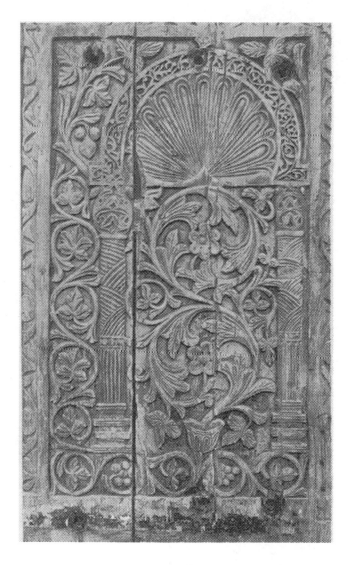

الباب الخشبي للمسجد الأقصى في اواخر القرن الثامن للميلاد

" مصباح " تكامل فيه الفن الاسلامي حيث الرقة والشفافية مع التلوين والتزيين بقلم النسخ ..

في الموصل خلال القرن الثالث عشر للميلاد

280

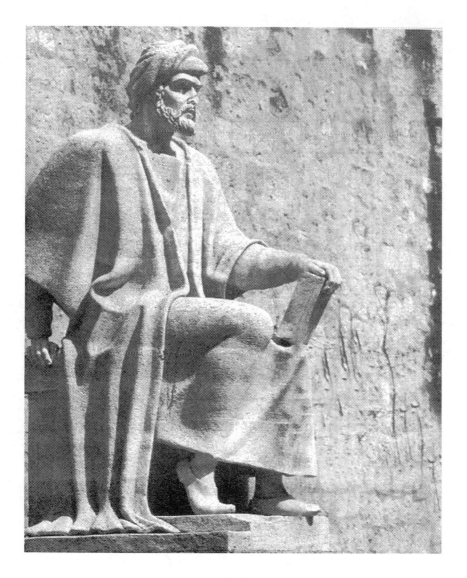

ابن رشد

مدينة " الزهراء " التي بناها عبد الرحمن الناصر الثالث خارج قرطبة

الملاحق

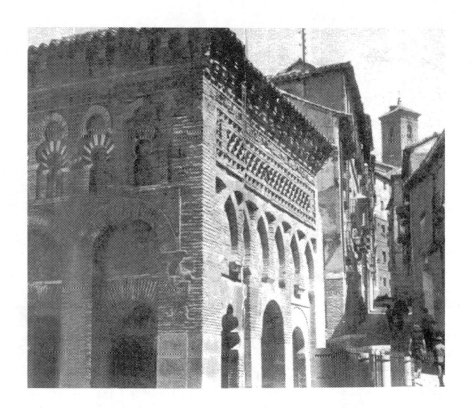

مسجد طليطلة

آفاق الحضارة العربية الاسلامية

AVICENNAE CANTICA,

AB ARMEGANDO BLASII DE MONTEPESVLANO EX ARABICO IN LATINVM TRANSLATA, ET AB ANDREA BELLVNENSI CASTIGATA:

cum Auerrois Cordubensis Commentarijs.

Inquit Aboolit Beuroist:

POstquam prius gratias egero Deo, largienti vitam perpetuam animarũ, & sanitatem corporũ, & medicanti morbos magnos per gratiam, quã contulit omni carni, ex virtutibus sanitatẽ conseruantibus et protegentibus à langore, dante intelligi artem Medicinę, et ingenium sanitatis diuinis, animosis, et intelligentibus: dedi operam ad cõmentandum librũ richimatum, qui intitulatur liber Benchine partium Medicinæ: ipse.n. vniuersaliter

" الارجوزة في الطب " نص مقتطف من ترجمة لاتينية القصيد ابن سينا

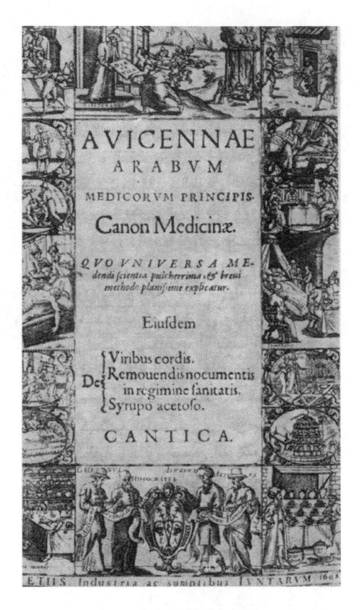

غلاف كتاب " القانون قي الطب " لابن سينا

احدى بوابات جامع قرطبة وقد استخدم فيه (الارابيسك)

كفن اسلامي معماري رفيع

286

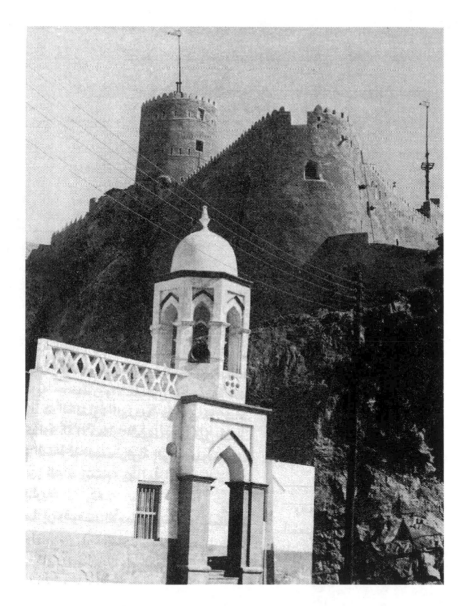

قلعة الميراني في عُمان

287

المؤلف في سطور

- تخرج من جامعة بغداد عام 1985م، بدرجة امتياز، وكان الأول على الكلية.
- حصل على شهاد الماجستير في التاريخ، من جامعة بغداد، عام 1988، بدردة امتياز
- حصل على شهادة الدكتوراة دولة في الأداب، من جامعة محمد الخامس، في المغرب، عام 1995 م.
- عمل في كل من جامعات بغداد بالعراق، ومحمد الخامس بالمغرب، وجامعتي ناصر و7 اكتوبر في ليبيا.
- شارك في العديد من المؤتمرات العربية والدولية.
- نشرت له عدة بحوث في كبرى المجلات العلمية المحكمة.
- من مؤلفاته كتاب عُمان في عهد الامام أحمد بن سعيد 1744-1783 م، الطبعة الثانية - لندن - عام 1994 م.
- نشرت له العديد من المقالات في الصحافة العربية والتي تعنى بالتاريخ والحضارة والفكر العربي الاسلامي.

T0208560

Printed in the United States
By Bookmasters